新时代高校学生工作模式转型研究

Research on the Transformation of College Students' work Mode in the New Era

周举坤 著

首都师范大学出版社
CAPITAL NORMAL UNIVERSITY PRESS

图书在版编目(CIP)数据

新时代高校学生工作模式转型研究 / 周举坤著. --北京 ：首都师范大学出版社，2023.11

ISBN 978-7-5656-7977-3

Ⅰ.①新… Ⅱ.①周… Ⅲ.①高等学校－学生工作－研究 Ⅳ.①G645.5

中国国家版本馆 CIP 数据核字(2023)第 223184 号

XINSHIDAI GAOXIAO XUESHENG GONGZUO MOSHI ZHUANXING YANJIU

新时代高校学生工作模式转型研究

周举坤 著

责任编辑 李 然

首都师范大学出版社出版发行

地 址 北京西三环北路 105 号

邮 编 100048

电 话 68418523(总编室) 68982468(发行部)

网 址 http://cnupn.cnu.edu.cn

印 刷 北京捷迅佳彩印刷有限公司

经 销 全国新华书店

版 次 2023 年 11 月第 1 版

印 次 2023 年 11 月第 1 版印刷

开 本 710mm×1000mm 1/16

印 张 12.75

字 数 243 千

定 价 58.90 元

前言

PREFACE

“培养什么人、怎样培养人、为谁培养人”，不仅是新时代高等教育和高校思政工作的根本性问题，还应贯穿和体现在新时代高校学生工作中。在我国高等教育全方位转型的时代背景下，深入分析当前高校学生工作模式并探讨其转型路径及相关问题，无疑具有较高的理论价值和现实意义。基于此，全书围绕高校学生工作模式“怎么样、为什么转、转什么、怎么转”等重要问题，对当前高校学生工作模式现状特征、新时代学生现状特征进行概述和分析，探讨高校学生工作模式适应学生全面发展方面存在的问题及根源所在。在此研究基础上，从“以学生为中心”的治理逻辑出发，分析了“以学生为中心”的学生权力运行方式、资源配置方式和主体作用发挥形式，提出了“以学生为中心”高校学生工作模式转型的基本路径。具体而言，主要围绕以下三个方面展开。

一是概述分析高校学生工作模式现状特征和高校学生现状特征，提出高校学生工作模式为什么要转型等重要问题。通过问卷调查、质性访谈等方式，对高校学生工作模式现状特征进行量化分析，对 2019 年全国高校学生思想状况调查数据和 Z 校 2017 年、2018 年、2019 年入学新生的生活形态调查资料进行实证分析。通过访谈 20 位不同类型本科高校辅导员和学生工作干部（又称学工干部），对高校学生工作模式的组织形态、运行方式、保障机制等方面的问题进行质性分析。在此分析基础上指出了当前高校学生工作模式存在“以我为主”、“一元化”凸显、组织形态滞后于学生多样性需求，运行方式指令驱强、经验主导、标准统一滞后于学生个性化需求，技术支持与学生大数据运用结合不足、缺乏科学性，保障机制滞后于“以学生为中心”的基本要求等系列问题。进而言之，现有学生工作模式对有效性过度追求以及制度化惯性行为是以上问题出现的主要原因；同时，“主体能动性失觉”导向的“程序化”模式、“封闭”系统、“还原式”路径和“静态均衡”等实践性误区，也是现有高校学生工作模式难以实现“以学生为中心”的重要原因。

二是研究构建“以学生为中心”的基本框架，明确高校学生工作模式转型的方向，明晰了“转什么”的问题。在转型目标方面，提出高校学生工作模式转型的价值取向方面应坚持中国特色、以人为本、内涵发展和专业化发展的价值取向。一流的学生工作是培养一流人才的基础，在统筹推进“双一流”建设进程中，持续关注学生的学习、服务学生的学习、引领学生全面成长是高校学生工作模式转型的重要遵循。在转型方式方面，以学生成长成才为核心点，以促进学生参与为关键点，建立“以学生为中心”的组织运行逻辑，基于学生个性能力提升，保障学生权力运行，丰富学生学习体验的逻辑起点。在评价原则方面，坚持适切性原则、融合性原则、协同性原则、开放性原则。

三是主要基于“以学生为中心”的治理逻辑，回答了“怎么转”的问题。在组织形态转型方面，提出了组织结构扁平化、组织体系多元化；在运行方式转型方面，提出从管控主导转向支持主导，从经验方式主导转向专业方式主导；在技术策略转型方面，提出构建“以学生为中心”的全数据管理、动态复杂管理、相关性管理；在保障体系方面，提出构建“以学生为中心”的育人领导体系、组织体系、评价体系。

全书在深入把握当前高校学生工作模式现状特征和高校学生现状特征，促进高校学生工作模式向“以学生为中心”转型，提升高校学生工作模式适应性和促进学生全面发展等方面做出了诸多探讨和分析，提出了一些具有建设性、可行性的方案与策略，为相关高校学生工作模式转型提供了有益参考和借鉴。

目 录
CONTENTS

第一章

绪　论

我国高校“学生工作”这一通用术语，国外高校与之对应的概念为“学生事务”(Student Affairs)，主要涵盖学生管理和服务等相关工作或事务，与“学术事务”相对；有所不同的是，我国高校的“学生工作”主要涵盖了学生日常管理、服务、教育和指导等工作，与“教学科研工作”是一组相对的概念。由此可见，我国高校通常使用的“学生工作”是对高校思想政治教育、管理、服务、指导等工作的全部概念、事项、活动的有机集合，是一类工作领域的总称。高校在开展这些工作中逐步形成的规范化组织形态和运行方式就是高校学生工作模式，它是高校学生工作领域权力运行方式、资源配置方式和学生主体作用发挥的整体呈现，是学生工作在人才培养中发挥作用的重要保障。高校学生工作模式转型是高校人才培养模式改革的重要组成部分，对高校学生工作效果和人才培养质量具有无可比拟的重要作用与影响。

面对培养担当民族复兴大任的时代新人、培养社会主义建设者和接班人的历史重任，随着人才培养模式改革的逐步推进，“以学生为中心”理念不断深化，全员、全过程、全方位育人格局正在形成，现有高校学生工作模式出现了诸多弊端，已难以适应新时代高等教育高质量发展的需要。因此，高校学生工作须紧紧围绕“立德树人”这一根本性任务，努力推进模式改革，逐步向“以学生为中心”转型。

第一节　研究缘起、背景与问题

一、研究缘起

"今天的'以学生为中心'与昔日的'学生大学'异曲同工，是对大学使命认识的再次提升。在具有深厚的'师道尊严'的教育传统中，实现这一升华，涉及大学的方方面面，既包括给予学生更多的人文关怀，也包括改变大学的组织体系和运行机制。大学只有改变了自己，才能改变学生的命运。"① 当前，我国高校正围绕"以学生为中心"，深入推进人才培养模式改革，作为其重要组成部分的学生工作模式也面临着新的要求与改变。弄清楚什么是"以学生为中心"，以及高校学生工作模式在适应改革过程中，需要改什么和怎么改的问题，对于我国高等教育实现高质量发展和推进高校治理体系和治理能力现代化具有重要意义。

长期以来，学界围绕高校学生工作相关主题展开具体而深入的研究，研究者主要有以下三类群体：一类是从事高等教育研究的学者；一类是教育行政部门负责学生思想政治教育工作及相关服务工作的管理者；还有一类是高校从事学生工作的相关人员，主要有高校机关职能部门从事学生工作的干部和院系辅导员。从研究成果方面看，从事高等教育研究的专家学者一般更擅长理论方面的探讨，教育行政部门管理者则擅长宏观层面的政策思考，而高校学生工作者虽具有较为丰富的实践经验和微观感受，但往往缺乏理论指导或宏观政策视野。事实上，高校学生工作的"实践性"决定了研究这一领域的问题更需要理论与实践、宏观与微观的有机结合。这不仅有助于丰富高校学生工作领域的相关理论，还有助于较好地解决其中的实际问题。"在中国高等教育的研究领域中，高等教育学及其分支学科的建设和高等教育改革与发展的实践问题的研究这两个方面并行地向前发展，相辅相成，学科建设为研究实践问题提供理论依据，实践问题的研究为学科建设不断地提供新的信息。"②

笔者长期从事高校学生工作，对高校学生工作和学生发展相关的一些重要问题较为熟悉，在攻读教育博士（专业博士）学位期间，结合工作实践又做了深入研究，如有关高校学生工作与学生发展、高校学生工作实效性评价、高校学生工

---

① 邬大光：《什么是"好"大学》，《北京大学教育评论》，2018 年第 4 期，第 169—182 页。

② 潘懋元：《高等教育研究在中国发展的轨迹——为〈高等教育研究在中国〉（英文本）而作》，《高等教育研究》，1998 年第 1 期，第 1—7 页。

作模式转型等。其中，以教育、管理、服务为主导的高校学生工作模式已实施多年。早期的学生工作多以管理为主，突出特点就是强调学生是工作的客体，突出管理的重要性，提倡通过层层管理，把学生纳入严密的组织管理体系，学校按年级、专业以及招生人数划定班级，对学生实施从入学到毕业的全程管理。21世纪初，随着《关于进一步加强和改进大学生思想政治教育的意见》（中发〔2004〕16号）下发，高校辅导员队伍建设进一步规范化、专业化，高校学生工作模式也从管理逐步走向管理与服务并行的模式。近些年来，针对学生工作模式中管理中心型和服务中心型存在的问题，学界提出了发展型学生工作模式，它旨在引领学生发展，在支持学生内在个性能力发展的同时，全面发展学生综合能力与素质。自2016年全国高校思想政治工作会议召开以来，“以学生为中心”的各项改革举措逐步落实落细，“围绕学生、关照学生、服务学生”已深入高校学生工作的各环节，然而如何将“以学生为中心”的理念落到高校学生工作模式改革具体实践中，尚无明确定论。进入新时代，需要我们对什么是“以学生为中心”的高校学生工作模式作出全面、系统、科学的回答。

什么是“以学生为中心”及其相对应的高校学生工作模式？在研究之初，笔者也仅停留于表面感受，并未做过深入分析。对于高校学生工作模式现状、存在问题及其背后原因没有深入思考，对于开展“以学生为中心”高校学生工作模式转型研究的意义也没有深刻认识。认识的改变来自与学生的互动和交谈，如问学生“什么事情让你觉得学校是‘以学生为中心’”时，一名学生直言：“老师，对于我个人而言，并不关注学校学生工作是什么样子，我最关注的是学校能给予我什么，或者说我能从学校感受到什么，感受到了才是中心。”另一位学生却说：“老师，四年大学生活我体会最深的是我和校长每天都有机会在同一个食堂就餐，让我觉得学校和我很近。”这些看似平常的回答，一方面反映了学生对学校的期待，另一方面也在督促高校各级管理者需要从学生发展角度重新审视我们过往的工作。探索“以学生为中心”的工作模式转型，需要回答清楚在这一过程中高校、学生以及学生工作者之间的关系将发生怎样的改变，这种改变对于教育、管理、服务具有怎样的影响，需要做出怎样的调整。同时，学生工作“教育、管理、服务、发展”是一体的，面向“以学生为中心”的转型，需要做出整体性考量，这会衍生出很多新的研究内容，有一定的理论价值，对学生工作亦有实践意义。笔者以为，这正是研究“以学生为中心”高校学生工作模式转型之目的和意义。

二、研究背景

从国际背景看，对于学生主体地位的关注成为全球高等教育发展的指向，受到各个国家和国际教育组织的关注。1998 年 10 月，联合国教科文组织在巴黎召开“世界高等教育大会”，此次大会通过了大会宣言：《21 世纪的高等教育：展望和行动》。该宣言呼吁，必须确立“以学生为中心”这一全新视角与模式，明确断言，“以学生为中心”教育理念一定会对 21 世纪的整个高等教育界产生深远的影响。[①] 自此，21 世纪前 20 年，全球教育界开始逐步认同“以学生为中心”教育理念，这一理念也得到众多国家认可并达成广泛共识。比如，美国斯坦福大学前校长唐纳德·肯尼迪（Donald Kennedy）曾提出要构建“以学生为中心”的研究型大学[②]。随着“以学生为中心”教育理念的不断深入，相应的教育实践也得到进一步扩大，其中尤以教学范式、教学模式改革率先推进，同时，“以学生为中心”的高校学生事务管理逐步走向实践。

从国内背景看，我国高等教育已进入高质量发展阶段，具体表现为三个重要转变：从教育大国向教育强国转变，从外延式发展向内涵式发展转变，从大众化向普及化转变。[③] 截至 2020 年，我国已有普通高等学校 2738 所，在读学生 4183 万，高等教育毛入学率达 54.4%。[④] 在学校、学生数量和入学率快速增长的同时，高等教育的类型和办学层次也在逐步完善，一个共同发展、相互补充的高等教育新格局正在形成。这表明我国高等教育正在全面发展，既在数量上有显著增长，又在办学多样化方面有新突破。随着开启全国建设社会主义现代化国家新征程和实现高等教育高质量发展，我国需要培育更多具有开拓创新意识的个性化人才和综合能力协调发展的多样化人才。[⑤] 鉴于此，努力探索和积极构建以学习者为中心，为不同类型和层次学习者提供高质量服务，促进他们主动学习、激发潜能、全面发展，实现个性化、多样性发展，适应新时代需要，已成为高校深化人才培养模式改革的努力方向。为此，《国家中长期教育改革和发展规划纲要（2010—2020）》提出，要关心每位学生，促进他们积极主动、生动活泼地发展，尊重教育

---

① 赵中建：《全球教育发展的研究热点：90 年代来自联合国教科文组织的报告》，教育科学出版社，2000 年，第 420—422 页。

② [美] 唐纳德·肯尼迪：《学术责任》，阎凤桥等译，新华出版社，2002 年，第 75 页。

③ 邬大光：《重新认识高等教育研究的存在价值——兼论大学治理中的经验与科学》，《大学教育科学》，2020 年第 1 期，第 8—13 页。

④ 教育部：《2020 年全国教育事业统计主要结果》 http://www.moe.gov.cn/jyb_xwfb/gzdt_gzdt/s5987/202103/t20210301_516062.html，访问日期：2021 年 3 月 1 日。

⑤ 周举坤：《“以学生为中心”的高校学生工作适应性思考》，《学校党建与思想教育》，2020 年第 15 期，第 8—13 页。

规律和学生身心发展规律，为每位学生提供适合的教育①。2019 年 2 月中共中央、国务院印发的《中国教育现代化 2035》提出了推进教育现代化的基本理念，明确“更加注重全面发展，更加注重面向人人”。② 由此可见，我国高等教育在实现高质量发展中，越发关注每位大学生的需求与发展，越发尊重学生的人格，越发重视学生个性得到应有发展。近年来，诸多高校都明确提出并落实“以学生为中心”理念，在实践中要办“以学生为中心”的大学。

从高校学生工作看，近年来，高校学生工作在培根铸魂、人格完善、创新能力培养、综合素质提升和学生全面发展等方面发挥了重要作用，取得了显著成绩。但在教育、管理、服务学生的具体实践过程中，还存在脱离学生发展实际情况或凭借强制性手段、行政化方式对待学生的现象，导致学生工作在实际运行中与“以学生为中心”的理念相背离甚至冲突。这些基于传统情况所形成的工作理念和工作模式已不适应新时代学生发展需要。同时，随着全员、全过程、全方位新的育人格局构建，高校学生工作职能进一步扩大，已涵盖除专业学习以外的所有领域，学生在校已经置身于学生工作的全场域之下。学生工作领域和内容的拓展，促使高校学生工作转换思维、调整思路，进而有了构建一个符合学生身心发展规律、思想教育规律，支持学生全面、可持续发展新工作模式的探究。

三、问题提出

1. 高等教育适应性问题

适应性是高等教育发展的核心问题之一。作为培养人的社会活动，在促进人和社会发展的过程中，高等教育适应性呈现全面性、能动性、个性化的特点。③

第一，高等教育适应的全面性。从定义上看，高等教育适应性指它在与环境互动中不断调和即对社会不断适应的过程。从内外部关系规律来看，作为社会大系统中子系统的高等教育，必然会受社会制约和影响，并引导高等教育与社会发展和时代发展相协调、相适应。需要明确指出的是，高等教育作为培养人的实践活动，必然在互动中受到人的身心发展规律的制约和影响。从这个角度而言，高

---

① 教育部：《国家中长期教育改革和发展规划纲要（2010—2020 年）》，http://www.moe.gov.cn/jyb_xwfb/s6052/moe_838/201008/t20100802_93704.html? eqid＝f39591ec001961530000002644149c1，访问日期：2010 年 8 月 2 日。

② 教育部：《中国教育现代化 2035》，http://m.moe.gov.cn/jyb_xwfb/gzdt_gzdt/201902/t20190223_370857.html，访问日期：2019 年 2 月 23 日。

③ 周举坤：《“以学生为中心”的高校学生工作适应性思考》，《学校党建与思想教育》，2020 年第 15 期，第 8—13 页。

等教育既要适应社会发展，还要适应受教育者身心发展规律。因此，高等教育的适应性既包括对人的适应，也包括对社会的适应，是一种全面性适应。

第二，高等教育适应的能动性。作为一种人和社会交互的独立性实践活动，高等教育培养人的过程实际上就是将社会性规则和意识（主要包括各种知识、生活方式、行为规范、意识形态），在与人的互动中内化于人的认知，使之社会化。同时，在实践领域，高等教育在促进人与社会的互动中主动寻找均衡，主要表现在为社会培养各种高级专门人才，并使他们在服务社会中不断完善发展。由此可见，高等教育的适应是一种具有能动性的选择，是在保持自身相对独立的同时不断做出科学理性判断，体现了双向互动性。高等教育适应的能动性，还体现在它的开放性上，主要指高等教育会根据人、社会环境的发展变化主动地调整自身，既包括促进人与社会需求的相互协调，也包括修正人和社会发展中的偏颇。

第三，高等教育适应的个性化。高等教育的适应取决于社会需求和个体需求的变化。进入新发展阶段，社会需求和个体需求的多样化对高等教育的适应性提出了新要求。一方面，社会需求多样化越发凸显。在这一过程中，任何高校都不可能满足社会发展的全部需求，都需要结合自身情况做出能动选择，包含自主选择与判断，由此带来因自身情况不同所做出的不同选择，并促使高等教育逐步走向个性化。另一方面，学生发展需求多样性也进一步促进了高等教育适应的个性化。伴随时代变化，学生自我发展多元化需求越发凸显，在培养创新型人才过程中，适应多元需求促使每个学生个性特质得到发展，这是高校适应性的重要体现。

2. “以学生为中心”的适应性问题

中国特色社会主义进入新时代，“以学生为中心”是教育领域对“以人民为中心”思想的诠释和应用。“以学生为中心”，一切从学生出发，我们做任何工作必须考虑学生喜欢不喜欢，愿意不愿意，拥护不拥护，答应不答应，发展不发展，这是教育工作的出发点。[①]

第一，适应“以学生为中心”的学生权力运行方式。关于学生权力，高校内部一般有两种表述方式：权力（Power）和权利（Right）。在学生工作模式转型中主要研究前者，“权力”一般指权威、法令和意志等，来源于拉丁文“antorias”。政治学、经济学、法学等诸多学科均从自身视角出发，对其概念和意蕴作了相应界定。[②] 虽然不同学科基于不同理论视角对“权力”作了不同界定，但综合起来，都有把权力看作一种能力或力量的意识。具体到“学生权力”，它作为一个具象

① 陈宝生：《努力办好人民满意的教育》，《人民日报》，2017 年 9 月 8 日。

② 周永坤：《法理学——全球视野》，法律出版社，2000 年，第 240 页。

概念，自然具有权力的本质属性，其存在和效能的发挥以主客体之间的非对称关系为基础和前提。[①] 当前，在“以学生为中心”理念的主导下，学生作为高校内部利益相关者，其权力将会进一步深化，其主体地位将获得进一步认可，其在学校治理中的合法权力将得到充分尊重；高校善治的重要体现就是学生权力合理发挥，这有利于促进高校内部组织扁平化、运行多中心化；高校将出现行政权力、学术权力和学生权力相互制衡的局面，在学生权力参与中实现动态均衡。进而言之，高校治理中学生权力是指在高校重大事务决策过程中，学生为了某种利益诉求或实现全面发展，依托自身独立判断展现出对决策过程和组织结构的影响和制约能力。在运行边界上，学生权力可分学生自治领域、行政管理领域、课程教学领域和后勤服务领域，基本包含了学校发展规划、校园文化建设、校内制度及政策制定、教学课程设置、教学管理实施、教学质量监控、学生政策出台、后勤生活保障、奖学助贷评选及评奖等方面。[②] 高校学生工作作为学生在校学习、生活以及各类教育实践的载体和平台，是学生权力运行的基本体现和重要保障，推动高校学生工作模式转型是促进学生工作适应学生权力合理运行的有效方式。

第二，适应“以学生为中心”的资源配置方式。一般而言，资源是社会经济发展的物质条件，是社会经济活动中人力、物力和财力的集合。在任何社会，人的需求作为一种可能欲望而没有止境，资源有限性与人的需求无限性构成了一种矛盾，资源稀缺性成为一种自然。因此，社会为了实现资源有效利用，必须通过一定方式把有限资源分配到各个领域中。也就是说，为了发挥好资源效用和获得最佳效益，就要用最少的资源耗费生产出最适用的商品和劳务。具体到高校学生工作模式而言，则反映了高校采用什么方式调节使用资源与学生建立关系。“以学生为中心”体现了高校从规模增长向质量提升发展态势的转变，决定了高校在评价机制、资源配置方式与治理方式上的变化。随着高校提升办学主导权及推进治理体系和治理能力现代化，资源配置方式将逐步从行政主导转向市场主导，需求导向将成为资源配置的主要方式。在这一转变中，高校学生工作作为学校资源配置的重要载体，将通过模式转型调整资源配置方式来适应学生发展新需求，从而解决原有模式对学生教育、管理、服务、指导中资源使用的不均衡、不充分问题。一段时期，高校学生工作在有效支持学生学业发展、能力提升和校园体验等工作中作用发挥不足，更多地着眼于学生的“管控”和“服务”层面。在目标设

① 董向宇：《识读我国高校学生权力》，《高等教育研究》，2012 年第 10 期，第 80—86 页。

② 宋丹、刘晏如、赵哲：《大学治理中的学生权力审视及其实现路径》，《大学教育科学》，2019 年第 4 期，第 41—46 页。

置上，学生工作模式习惯于预设工作目标，学生在学校中获得的支持常是根据已有目标配置，学生发展需要的支持较难得到重视，甚至会被学校忽视。在协同方面，现有的学生工作模式工作系统惯于封闭或半封闭状态，部门间协同育人的合力不足。由于工作系统长期处于独立运行之中，难以形成合力，学生难以获得多部门协同支持，难以获得充分发展。

第三，适应“以学生为中心”的学生主体作用发挥。学生主体主要包括三个方面：尊重主体地位、适应主体需求、激发主体创造性。“以学生为中心”学生主体作用发挥，关键在提高学生主体意识和责任意识，实现学生知情权、参与权、表达权、监督权与教育培养的有机结合。作为促进学生主体作用发挥的重要领域，高校学生工作要构建科学有效适用、适应学生个性化发展的模式。随着“00 后”大学生步入校园，面对新一代学生群体的诸多变化，原有的工作模式和变化的学生群体产生了新的不适应。究其原因，现有学生工作思维僵化、工作体制机制缺乏弹性、工作方式策略保守，与学生多样化、个性化发展不适应。在诸多因素影响下，现有学生工作模式会使学生处于一种被管束状态，难以激活学生主体参与性，学生的个性创造力难以得到充分挖掘和提升。

积极适应“以学生为中心”的人才培养模式改革是当前高校学生工作发展的重要趋势，以此将会引发一系列相关领域的思考：第一，高校学生工作适应“以学生为中心”需要关注什么？第二，高校学生工作模式如何转型以适应“以学生为中心”的发展需求？这些都是实践层面上亟待回答的重要问题，是在深化综合改革过程中对于学生工作领域进行改革的重要依据，也是高校学生工作围绕人才培养发挥作用的行动指南。

关于本书需要说明三点：一是高校“以学生为中心”的适应性问题，在高校某一工作领域或具体方面深入研究更能彰显价值。高校学生工作模式与学生成长与发展密切相关，是对高校学生工作适应性的集中反映，它的适应性问题既是高校人才培养模式的问题，也是高校办学模式的问题；既是某一高校面临的问题，也是当前高校需要普遍认识的问题。二是关于高校学生工作模式的适应性问题，涉及面比较广，在研究中难以面面俱到，需要有选择、有针对性地去讨论和分析。其中，组织构成、运行方式、技术策略和保障体系是最主要最直观且最核心的内容，本论文主要围绕它们展开研究。三是高校学生工作模式适应对象明确，因此，研究主要聚焦学生及其所处环境，将其与学生工作相关的学生权利、资源配置和学生主体作用发挥等方面的数据收集处理作为主要内容进行分析。

第二节 研究综述与启示

截至 2020 年 12 月 31 日，笔者在中国知网（CNKI）以“学生工作”“学生工作模式”“高校学生工作模式”“以学生为中心”“以学生为中心的高校学生工作模式”等为主题词进行高级检索，获得近 20 年的文献数据（见表 1-1）。从表 1-1 可以看出，国内研究者自 2000 年以来，对学生工作领域的相关问题研究持续增加，2006 年后有关高校学生工作问题的研究明显开始增多，2016 年至 2020 年学生工作相关文献研究总量是 2000 年至 2005 年总量的 3 倍多。由此可见，国内学界关于高校学生工作领域的问题研究在不断扩展和丰富。

表 1-1 2000—2020 年不同期间各类文献数据变化表

（单位：篇）

文献内容	时间			
	2000—2005 年间	2006—2010 年间	2011—2015 年间	2016—2020 年间
学生工作	5134	13280	18428	16311
学生工作模式	172	729	1425	1480
高校学生工作模式	69	341	577	730
以学生为中心	1852	3737	5035	6444
以学生为中心的高校学生工作模式	3	11	8	37

2011—2020 年这 10 年间有关学生工作、高校学生工作模式、以学生为中心的高校学生工作模式的研究文献量明显增加。2013 年，党的十八届三中全会提出进一步“深化教育领域综合改革”“完善学校内部治理结构”的要求。2015 年，为加快一流大学的建设进程，国务院印发了《统筹推进世界一流大学和一流学科建设总体方案》，无论是综合改革还是“双一流”建设都与高校治理紧密相关，高校学生工作模式作为高校人才培养模式改革的重要组成部分，也是提升的重要内容。其间，2016 年 12 月召开的全国高校思想政治工作会议，提出高校思想政治工作要“围绕学生、关照学生、服务学生”，对高校立德树人根本任务做了进一步明确。2017 年 10 月，党的十九大确立了“以人民为中心”的发展思想，“以学生为中心”的思想是其在教育领域的延展。因此，如何客观评价和分析当前高校学生工作模式的情形和问题，如何推动学生工作模式改革，向适应新时代“以学生为中心”模式转型，成为研究者的重要课题。

一、国内相关研究综述

积极向“以学生为中心”模式转型是高校学生工作领域新兴的研究主题，也是新时代对高校学生工作发展提出的新要求，指出了高校学生工作模式发展趋势和方向。无论是在研究思路、研究内容上，还是在研究方法上都呈现出不断深化的特点。目前，关于高校学生工作模式和“以学生为中心”高校学生工作模式转型的研究主要集中在以下三方面。

1. 关于高校学生工作模式转型的理论概述

从发展理论视角看，随着我国高等教育事业不断发展，现有学生工作模式已难以适应和满足学生发展需求，因此，高校学生工作模式应向发展型学生工作模式转型。盛云、杨连生、段志锦等人认为，高校发展型学生工作模式构建，立足于人本主义理论、“全人”教育理论和“人的全面发展观”、主体间性理论等理论基础，具有突出教育地位的互动性、教育过程的体验性、教育方法的自塑性、教育视野的广泛性等特点。① 王俊、陆林、王洪涛等人描述了发展型学生工作模式的理念和特征，相应的工作观包含三部分：发展的学生观、学生工作者观、学生工作组织观，具有三个鲜明特征：导向性、促进性、开放与互动性。② 洪文建认为这是在“以人为本”教育原则指导下对学生工作模式的探索，是对高校学生主体作用、思维方式和社会价值充分尊重和理解的理性回归。③

从治理理论视角看，有效提升治理能力和水平是促进高校发展的重要举措，其中，高校学生工作也必将随之做出调整。闵辉认为，面临着新的转型发展，高校学生工作在本质上破旧立新，也就是打破原有行政控制型管理的二维模式，构建体现法治、民主、协同理念的多方治理工作机制。对于高校学生工作而言，大学治理现代化蕴含着三重价值：法治是基础保障、民主是核心要求、协同是机制支持。④ 郭树航认为，学生工作系统自身具有很多明显特征，如目标的模糊性、控制系统的二重性、权力的非制度性和层级的混乱性，大学治理模式与这些基本特征高度契合，成为学生工作系统转型的重要基础。⑤

从大数据思维视角看，大数据将促进学生工作思维变革，促使学生工作模式

---

① 盛云、杨连生、段志锦：《高校发展型学生工作模式理论研究》，《教育科学》，2014 年第 2 期，第 62—68 页。

② 王俊、陆林、王洪涛：《构建发展型高校学生工作模式》，《江苏高教》，2010 年第 5 期，第 123—124 页。

③ 洪文建：《高等教育学视角下的发展型学生工作模式研究》，《教育学术月刊》，2013 年第 5 期，第 46—51 页。

④ 闵辉：《大学治理现代化视域下高校学生工作新思考》，《思想理论教育》，2016 年第 1 期，第 98—102 页。

⑤ 郭树航：《基于现代大学治理模式的学生工作系统运行方式研究》，《中国成人教育》，2015 年第 23 期，第 42—45 页。

从定性化经验积累向定量化分析研究转变，从无差别单向灌输向个性化定制转变，从事后应急处置向事前预警分析转变。王洁松认为，日益影响教育事业改革发展和人才培养质量的“最大变量”是互联网，它给高校学生工作带来巨大挑战。高校在新形势下落实立德树人根本任务、提升高校学生工作质量和水平，要求学生工作者充分借鉴互联网思维（用户思维、极致思维、迭代思维、大数据思维），用“互联网＋”改造传统的学生工作模式，更新工作理念、转变工作方式、升级工作要求。[①]沈千帆认为，从随机抽样到全样本数据，这带来大数据时代学生工作的思维变革；从精细化管理到精准化服务，这带来大数据时代学生工作模式变革；从大数据使用到大数据威胁，这带来大数据时代学生工作伦理挑战。学生工作者要顺势而为，主动树立大数据意识、培养大数据思维、运用大数据技术，不断探索学生工作规律。[②]

2. 关于高校学生工作模式运行机制的相关概述

学生工作模式与体制机制密切相关，不同工作模式呈现不同工作机制，进而构建了不同师生权力关系、资源配置方式，同时影响学生主体作用发挥。

在运行机制整体构建方面，池忠军认为，高等教育改革的基本内容是高校学生工作的改革。学生工作新模式是构建教育、管理、咨询、保障为一体的大学生成才服务保障体系。[③] 黄晓波认为，高校学生工作是一项复杂工程，一个完整运行机制是有效运作的基本前提。通过任务驱动、目标驱动、问题驱动优化研究式工作流程，在重点工作分析和重大事项议决过程中导入学习环节，增强系统性思考，加强督学考学，把工作当学问去研究，形成“工作学习化、学习工作化”的长效机制。[④] 胡元林认为，在新形势新要求下，高校学生工作实现现代转型，需要找准定位，构建现代高效学生工作制度，努力融入具有中国特色的现代大学制度。主要体现在六个维度：工作理念要从传统理念向现代理念转型，工作体制从一级管理向二级管理转型，工作模式从“小学工”向“大学工”转型，工作方式从强化管理向注重服务转型，工作方法从制度育人向文化育人转型，工作载体从一元载体向多元载体转型。[⑤] 王文建认为，在开始逐渐显现传统管理模式弊端的

① 王洁松：《“互联网＋”时代高校学生工作的新转变》，《学校党建与思想教育》，2016 年第 11 期，第 78—80 页。

② 沈千帆：《大数据背景下学生工作的理念变革与实践探索》，《中国高等教育》，2018 年第 3 期，第 39—41 页。

③ 池忠军：《构建大学生成才服务保障体系》，《江苏高教》，2001 年第 1 期，第 90—92 页。

④ 黄晓波：《关于研究式学生工作模式的探讨》，《思想教育研究》，2008 年第 5 期，第 10—13 页。

⑤ 胡元林：《论高校学生工作的现代转型》，《湖北社会科学》，2011 年第 9 期，第 178—181 页。

背景下，心理契约比制度契约更符合现代高等教育的宗旨，以学生为本的理念能够更好地体现在学生管理工作中，可以促进高校学生管理制度的完善和校园文化的建设。① 吴铭基于质量是国内高校“双一流”建设的核心要求和高等教育的生命，提出了质量导向的高校学生工作转型。他认为，学生工作范式转型是学生工作应对国际化趋势和质量要求，实现理论思维、学术话语、管理实践变革和创新，推动从以部门和功能为中心的行政驱动型、应对管理型、过程关注型、人力密集型、国内传统型，转变为以学生和需求为中心的数据驱动型、主动服务型、成效导向型、智力密集型、国际竞争型学生工作模式，实现移动化、集成化、智能化、泛在化、无断点。推动学生工作转型，需要重构学生工作体系、优化辅导员队伍体系以及加强质量保障体系建设。②

在运行机制的实践层面，曾波、王年军、房海宁等人分析了正在实施的学分制和大类培养教育模式，剖析了高校学生工作在两个不同阶段（专业分流前后）面临的问题，针对不同阶段结合实际工作提出了相应对策，主要包括以下几个方面的工作：推动学业规划、开展专业导航、完善分流规则、加强心理疏导。高校学生在学分制和大类培养教育模式下，会拥有更多个性发展空间，符合教育发展规律，但也给学生工作带来各方面挑战，需要有更多实践探索。③ 朱平、齐永芹研究高校辅导员配置和工作模式是基于价值排序和最优选择。他们认为，大致可以从三个维度进行：主体维度、场域维度、角色维度。并提出了相应的对策：在队伍配置上，高校辅导员应该以团队协作为主；在职责承担上，应以素质教育为主并包括思想政治教育在内；在工作场域上，应以教室为空间的班级建设与管理为主。④

3. 关于学生工作模式类型的相关概述

（1）以管理为中心的学生工作模式。在学生工作模式类型研究中，相关成果较为丰富，大多学者都认为，管控型的学生工作模式主要是以院系为管控主体，以学生为管控客体。学者从知识管理、院系主导等不同角度出发，表现出不同理论表述特点。史建锋、杨美荣认为，知识管理简单地说就是以知识为核心的管理，高校学生工作在知识经济时代应该顺应潮流，结合当代大学生特点，充分利

① 王文建：《谈契约式管理模式下高校学生管理工作》，《中国成人教育》，2013 年第 9 期，第 48—49 页。

② 吴铭：《质量导向的高校学生工作转型》，《思想理论教育》，2017 年第 3 期，第 108—111 页。

③ 曾波、王年军、房海宁：《大类培养和学分制教育模式下本科生学生工作策略研究》，《学校党建与思想教育》，2014 年第 9 期，第 36—37 页。

④ 朱平、齐永芹：《高校辅导员配置和工作模式的比较与审思》，《思想理论教育》，2017 年第 11 期，第 94—98 页。

用各种便利条件，如社会资源、外部环境发展等，开创基于知识管理的管理模式。[①] 在院系主导角度上，金新利认为，优化校院（系）两级管理机制，实行院系主导的学生工作模式，主要从三个方面着手：其一，以实现人才培养目标为学生工作目标定位；其二，推动院系整合资源，形成育人合力；其三，围绕"人"这个思想教育的核心来做文章，贯穿学生成人成才的全过程。[②] 薛平军认为，高校学生工作模式转换，实质上就是思想政治教育研究范式由社会哲学范式向人学范式的转换，从传统的"大一统"模式向院系主导模式转换，有利于形成统筹整合、互通互联的"学校指导、院系主导、教职工引导"机制，在学生思想政治教育和学生事务管理中自主发挥高校二级单位院系的主导作用，从而实现效力倍增和形成合力格局的学生工作模式。[③] 路琳认为开展高校学生工作应建立"一二三"工作模式，出发角度是建立管理教育一体化学生工作机制，对工作运行机制优劣的检验标准：是否有利于培养目标实现，即建立一套完备的学生工作规章制度，建设好两支学生工作队伍——学生干部队伍和学生政工干部队伍，搞好三方面的有机结合，形成"求实、创新、团结、进取"的学生工作局面。[④] 这种学生工作模式的实质就是管控型。

（2）以服务为中心的学生工作模式。关于服务型学生工作模式的研究，主要基于功能、效果、方式、策略和评估方面展开。胡德平认为，高校学生工作模式创新应坚持以顾客（学生）为导向，以流程为关键，以价值为目标的流程再造理论，旨在围绕结果而不是职能进行流程再设计和重建，坚持流程导向，让工作流程"简洁、高效、顺序和流畅"，以更好地服务学生。[⑤] 关于服务型学生工作模式的研究，池忠军认为，学生工作新模式应构建大学生成才服务保障体系，集教育、管理、咨询、保障四大板块为一体，各部分相互衔接、相互渗透，实现最优组合和功能互补。[⑥] 潘世墨认为，高校学生工作要正确处理好教育、管理与服务

---

① 史建锋、杨美荣：《基于知识管理的高校学生工作模式探究》，《思想政治教育研究》，2014 年第 3 期，第 109—111 页。

② 金新利：《试析院系主导的高校学生工作模式》，《学校党建与思想教育》，2015 年第 17 期，第 49—51 页。

③ 薛平军：《院系主导的高校学生工作模式分析》，《学校党建与思想教育》，2015 年第 17 期，第 52—69 页。

④ 路琳：《试论"一二三"学生工作模式》，《河南师范大学学报（哲学社会科学版）》，1996 年第 2 期，第 106—108 页。

⑤ 胡德平：《基于流程再造的高校学生工作模式创新》，《思想教育理论》，2009 年第 9 期，第 82—87。

⑥ 池忠军：《构建大学生成才服务保障体系》，《江苏高教》，2001 年第 1 期，第 90—92 页。

之间的辩证关系，我国高校学生工作发展的突破口与重点应该是强化服务功能，这既是着眼于未来的战略需要，也是面对现实、总结过去的理性选择。[①] 杨霄认为，创新学生工作模式需要立足新形势对学生工作的新要求，构建 ESM 学生工作新模式应坚持适应性、科学性和整体性等原则。在 ESM 模式中，教育是根本，服务是核心，管理是基础。[②] 余孟辉、欧阳婵认为，在科学发展观指导下，构建新型学生工作模式要在三个方面下功夫：突出学生工作服务功能、突出学生主体地位和突出学生工作文化特征。[③] 关于服务型学生工作模式与人才培养质量的关系研究，沈浩基于专业认证标准视角来看高校学生工作，他认为，开展专业认证工作，提升高校人才培养质量，必须构建创新型学生工作模式，要坚持以人为本、目标导向、学生主体、主动参与的原则，着力在创新工作理念、管理机制创新、工作内容创新、工作队伍创新、搭建工作平台创新和工作方法创新等方面下功夫。[④]

(3) 以发展为中心的学生工作模式研究。发展型学生工作模式是学界研究的热点，对于此模式内涵及其特点有不同看法。立足于发展型学生工作模式与“以人为本”理念相结合的角度，谢荣光认为，发展型模式是贯彻落实“以人为本”理念在教育领域上的创新体现，以学生的全面发展为核心，具有工作理念“人本化”、发展性、开放性、平实性、融渗性等工作特点。[⑤] 从高等教育大众化，发展素质教育的角度出发，盛云、杨连生、段志锦等人认为，大学生特点的嬗变和高校角色的转换为发展型学生工作模式的构建创造了有利时机，其具有四个特点，即突出教育地位的互动性、突出教育过程的体验性、突出教育方法的自塑性和突出教育视野的广泛性。[⑥] 王俊、陆林、王洪涛等人认为，发展型学生工作模式应以整合学生工作中各种传统要素与现代要素为宗旨，以培养高等教育人才、满足社会需求为目标，主要包括发展的学生观、学生工作者观、学生工作组织观

---

① 潘世墨：《高校学生工作：“教育、管理、服务”的辩证关系》，《中国高等教育》，2007 年第 10 期，第 11—13 页。

② 杨霄：《构建学生工作新模式的原则和内涵》，《中国高等教育》，2011 年第 23 期，第 38—40 页。

③ 余孟辉、欧阳婵：《基于以人为本的新型学生工作模式的构建与实践》，《学校党建与思想教育》，2008 年第 9 期，第 79—80 页。

④ 沈浩：《基于专业认证视角的创新型学生工作模式研究》，《辽宁大学学报》，2014 年第 5 期，第 187—192 页。

⑤ 谢荣光：《“发展型”高校学生工作模式的探讨》，《黑龙江高教研究》，2006 年第 10 期，第 132—134 页。

⑥ 盛云、杨连生、段志锦：《高校发展型学生工作模式理论研究》，《教育科学》，2014 年第 1 期，第 62—68 页。

等三部分。[①] 王俊、范赟、倪蛟认为，发展型学生工作模式是指以拓展内容体系为核心，在传统模式的基础上拓展为教育、指导、管理、服务和研究等五部分，且各部分的具体环节都应该体现促进学生发展的时代内涵。[②] 在高等教育改革和素质教育全面推进的背景下，冀学锋、陈发瑶、姜群瑛等人认为，要建立一体化发展型的学生工作模式。具体而言，冀学锋认为，高校必须着眼于学生的持续、全面、和谐发展，坚持以学生为本，积极构建融“教育、管理、服务、发展”为一体的发展型的学生工作模式，其主要包括育人目标的政治性、育人理念的“人本化”、管理方式的多样化、服务内容的系统化和学生工作的职业化等五大方面。[③] 陈发瑶、姜群瑛认为，建立高校学生工作“管理—服务—发展”模式是对高校学生工作模式的重大创新，应确立以“发展学生”为核心，坚持管理与服务并重，重视学生的个性。[④] 吴铭着眼于学生工作对于学生培养质量的发展意义，他认为，面对“双一流”建设客观推动和高等教育国际竞争，高校学生工作应该进行质量导向工作转型，在工作中关注学生学习成效，尊重多样性和差异化，将学生及其成长、发展需求放在中心位置，培养全面发展的人。[⑤] 于文明、许桂清强调高校学生工作对大学生自身发展的现实意义，大学应让学生根据社会发展需要学会设计自己、塑造自己、营销自己，在实现这三种能力的途径上，在时间和空间上，教学活动让位于学生这一主体、让位于学生的学习活动。[⑥] 关于高校学生工作对于高校教师的发展意义。金明媚、吴妍认为，在高校人才培养过程中，构建“基于专业”的高校学生工作模式，应充分调动教师、辅导员、学生三方力量，这是实现全员育人机制的创新途径。辅导员在这种模式中应充分整合专业资源，集中力量深入专业工作，形成学生工作与教学、科研、管理等条线的工作交叉、渗透与融合。从这个角度而言，学生工作模式的新尝试应该着眼于人才培养是否形成合力，骨干教师和辅导员队伍的综合磨炼与素质是否提升。[⑦]

---

① 王俊、陆林、王洪涛：《构建发展型高校学生工作模式》，《江苏高教》，2010 年第 5 期，第 123—124 页。

② 王俊、范赟、倪蛟：《高校发展型学生工作模式探赜》，《学校党建与思想教育》，2011 年第 19 期，第 63—64 页。

③ 冀学锋：《论高校发展型学生工作模式》，《高等教育研究》，2016 年第 6 期，第 98—101 页。

④ 陈发瑶、姜群瑛：《高校学生工作“管理—服务—发展”模式研究》，《黑龙江高教研究》，2001 年第 6 期，第 102—105 页。

⑤ 吴铭：《质量导向的高校学生工作转型》，《思想理论教育》，2017 年第 3 期，第 108—111 页。

⑥ 于文明、许桂清：《新世纪的大学：让学生学会什么》，《中国高等教育》，2003 年第 11 期，第 20—22 页。

⑦ 金明媚、吴妍：《“基于专业”的高校学生工作模式改革探索》，《思想教育研究》，2013 年第 8 期，第 92—95 页。

二、国外相关研究综述

放开眼界，纵观全球，高校学生工作模式伴随着高等教育发展，拥有了更科学的方法、更丰富的内涵、更完善的模式，尤其是世界发达国家及地区高校已经逐渐规范化、专业化和制度化，如“以人为本，全人教育”管理理念已经全面渗透在美国、英国、澳大利亚等国家高校学生事务管理模式中；积极营造宿舍文化，扩大育人功能；线性垂直的管理更高效，丰富全面的管理内容，充分考虑学生需要；管理队伍专业化，确保优质的工作水平，这些经验和做法都给予我们重要启示。基于此，本书选定以上三个国家作为研究和分析对象，对其高校学生工作模式的现状、类型、发展历程和实际运行等方面做了概括式梳理，以期对我国高校学生工作模式转型有所借鉴和启示。

1. 美国高校学生工作模式的相关研究

在概念方面，美国高校学生工作是指“学生事务”（Student Affairs）或“学生服务工作”（Student Service）。本书研究侧重美国高校学生事务管理的实践性定义：“学生事务管理是指对学生进行有组织的服务工作，包括每年录取一定数量的达到学校注册要求的新生，帮助其适应校园生活和实现学术和个人成长的目标，帮助学生设计和实施课外活动，使学生大学期间充实愉快，确保尽学校所能去照顾学生的健康、住宿，保证学生的正当权益和安全，使学生管理者意识到学生事关学校政策的制定、执行。”

在学生工作模式现状和发展历程方面，刘阳、马翔宇对美国五所一流大学的学生事务管理现状进行了概括性总结，主要包括使命、愿景、组织模式、组织结构、层级、职能部门和项目设置七个方面，并在此基础上归纳了其显著特征和发展趋势。[①] 辛希贤、蔡国春认为，美国学生工作模式演变经历了四个阶段：替代父母制、学生人事工作、学生服务、学生发展。对于现行美国高校学生工作模式，辛希贤认为，当前以美国为代表的欧美高校学生管理模式，在价值取向上以“个人本位”，重视学生个体发展，推崇“满足和服务于不同天赋、不同需要、不同目的、不同个性的全体同学”的学生工作模式，在教学中实行完全意义的“学分制”，在管理上实行“开放式”，在学生工作中突出“服务”，对我国加强学生管理工作有很好的借鉴意义。[②] 蔡国春认为，学生事务管理的实

① 刘阳、马翔宇：《美国一流大学学生事务管理的经验与启示》，《世界教育信息》，2021 年第 8 期，第 35—37 页。

② 辛希贤：《欧美国家高校学生管理模式分析及借鉴》，《理论导刊》，2002 年第 9 期，第 48—49 页。

践从无到有，走上专门化发展道路则是在二战之后。“学生服务”以服务学生为使命，学生事务管理要满足学生多样化需要，也是向学生提供一系列服务项目的要求，这种典型模式主要体现在当代美国高校学生事务管理这一职业领域。①

在学生工作模式类型方面，巴尔·玛格丽特（Barr Margaret）在《学生事务管理手册》（*The Handbook of Student Affairs Administration*）一文中，针对美国各类院校 100 多个学生事务管理分支机构做了相关调查，将管理中心型工作模式大致分为四种②，主要包括：直接监督模式（The Direct Supervision Model）、经费来源模式（The Revenue Source Model）、服务相关模式（The Affinity of Services Model）和联合协会模式（The Staff Association Model）。通过对四种模式的分析，可以总结如下特征：一是管理中心型模式强化汇报机制，注重上下级的联系联动，凸显了指令的作用；二是注重发挥经费资源的调动作用，以经费作为指向，通过资金的筹集与支出，对学生事务中的相关内容进行影响干预，进而实现对管理的掌控；三是通过支持服务形成影响，这种支持服务主要围绕学生生活展开，处于学生学习辅助层面；四是注重机构的联动，“作为庞大的官僚机构和组织计划呆板的直接管理的折中方案，这一模式允许学生处长对各种小组和协会进行统一领导”。③ 为了共同解决困难、调解矛盾冲突和策划总体活动，协会定期召集学生管理部门的负责人开会。协会成员和学生工作负责人之间基本上不存在上下级关系，前者只是向后者提供职责范围内的信息和建议，并协助其执行管理职能。

在中美学生工作（学生事务）发展历程对比方面，两国高校学生工作都强调，向以人为本、坚持全面发展的管理模式转型，不能单纯地关注知识教育，要从三个方面努力：注重强化学生的自主管理意识，注重学生主体作用的发挥，注重学生管理中的制度安排和规则意识的培养。蔡国春认为，从典型模式比较上看，中美两国高校学生事务管理体制和机制有诸多不同特征，美国高校学生事务管理体制和机制的特点主要集中在三个方面：其一，教育行政导向弱，行业规范影响大；其二，机构独立设置，功能高度分化；其三，一级管理，条状运行机制。相比而言，中国高校学生事务管理具有以下特点：其一，非常明显的行政导向，组织领

---

① 蔡国春：《中美高校学生事务管理模式比较及启示》，《高等工程教育研究》，2000 年第 3 期，第 65—70 页。

② Barr Margaret, “The Handbook of Student Affairs Administration,” *The Jossey-Bass higher and adult education series*. no. 3 (1993): 118.

③ 同上。

导和指导成为惯例；其二，校内横向联合，两级运行，条块结合，形成网络；其三，运行方式是党政合一。①

2. 英国高校学生工作模式的相关研究

关于学生工作理念认知方面，英国的大学长期将“促进学生体验引领学生自主性发展”作为高校促进学生成长的核心理念，大学一切工作以尊重学生自我选择的意愿为基础，以促进学生体验为目的，将教育管理融入日常科学有效的支持服务之中，创造条件引导学生深入体验大学学习生活，激发学生的主动性，促进学生自主性发展。英国高校基于丰富学生在校体验的理念，将大学与学生建立起了多元联系。

在学生工作模式运行方面，2017 年 4 月 27 日，英国皇室批准了《高等教育与研究法》（*Higher Education and Research Act*），具有代表性意义，因为这是继 1992 年《扩充与高等教育法》（*Further and Higher Education Act* 1992）实施 25 年以来，英国高等教育制度首次进行的系统性改革。此次改革的一大亮点，就是在英国国家层面成立英国学生署（学生办公室），从学生署管理内容、战略目标中可清晰感受英国高等教育中促进体验引领自主发展的理念。

第一，英国学生署（学生办公室）。《高等教育与研究法》主要通过两个新的组织来规范英国未来高等教育机构：“学生办公室”（Office for Students，简称 OfS）与“英国研究与创新单位”（UK Research and Innovation，简称 UKRI）。进而言之，“学生办公室”取代并扩展“英格兰高等教育拨款委员会”（Higher Education Funding Council for England，简称 HEFCE）扮演的角色，扩充其权力至核准新大学的成立、学生权益保护、大学学位的授予权、学费调整机制等，扮演高等教育的市场规范者及学生利益保护者两种角色。② 第二，学生署的工作任务及战略目标。工作目标是“确保每一个学生，无论他们的背景如何，都能拥有丰富的高等教育经历，丰富他们的生活和职业生涯。学生工作涵盖了所有学生，无论是本科或研究生、国家或国际、年轻或成熟、全职或兼职、在校学习或远程学习。所有学生，无论背景如何，都有能力和希望接受到高等教育支持，获得成功，成为满意的自己；所有学生，无论背景如何，都能够接受到高质量的教育，提升他们的学术支持以及工作经历，保证学校为他们提供好的培养方案和课程；所有学生，无论背景如何，都能进一步提升自己的能力，实现独立生活，以

---

① 蔡国春：《中美两国高校学生事务管理体制和机制之比较》，《比较教育研究》，2001 年第 7 期，第 37—40 页。

② The Stationery Office，*Higher Education and Research*，(2017)，pp. 1-9.

及能够保持他们独立的价值；所有学生，无论背景如何，都能够获得物有所值的报酬。”[①] 从英国学生署公布的内容可见，“所有学生”明确了教育范围，“满意的自己”“学术支持”“独立生活”“物有所值”构建了教育基本思路，其中，任何目标的达成，都需要学校做出更多支持，需要学生亲身感受体验，同时也设置了个性化的目标，尤其是独立生活的目标促使个体学生必须积极地自主发展。这些具有鲜明的围绕学生发展意图的理念，促成了全英国教育的基本格局的形成。

在英国，大学关于教育组织管理学生的概念不强烈、不凸显，在高校内部多数采取了分散参与的模式。将对学生的教育、服务、管理划分到若干子部门，强化专业性、专业化，强化各自在学生成长中作用的发挥。在这种强化意识下，各部门很少有主动组织的内容，更多是由学生自己来解决问题，学生感受自己、发现自己、自我寻求支持成为英国高校内部的共识。以英国雷丁大学为例，在大学内部大学管理委员会之下设置了一个“学生体验委员会”，委员会之下有若干围绕学生体验的专业部门，以提供专业支持为目标，分散于学校之中，这些专业部门以专业研究的视域开展教育服务性工作。委员会主要包括艺术类、餐饮类、投诉类、体育类、纪律类等，从其中内容我们可以直接看出，这些归类均是以丰富学生体验为主导展开的。

关于中英高校学生工作模式对比方面，李永山认为，在产生和发展过程中，中英高校学生工作存在一定的相同和相异。其共同点均是源于国家人才培养的需要，注重学生自我教育、自我管理与自我服务，在大众化发展中遇到挑战，从业人员的专业化发展内在动力不足，无统一的学生工作模式等。其差异也体现在很多方面，如工作理念、管理体制、学生参与、教师与学生工作人员的合作等。[②]

3. 澳大利亚国立大学学生工作模式的相关研究

在学生工作理念和认知方面，澳大利亚国立大学重视学生体验、关注学生学习和个人发展。具体表现在以下几个方面：一是支持学生全面发展，重要衡量指标是学生在校感受、学术成就、未来成长发展水平；二是支持学生自我发展，尊重学生主体地位，强调学生是发展主体，学校日常管理积极吸纳学生参与；三是注重支持学生能力提升，在领导力方面根据学生不同情况，从低到高划分为四个层次：发现领导力、发展领导力、拓展领导力以及高级领导力，为了提高学生能力，根据各层次学生的特点和具体需求制定不同活动和项目。陈化水认为，学生工作的逻辑起点是突出学生主体地位。创新和改进学生工作的重要课题就是如何

---

① The Stationery Office, *Higher Education and Research*, (2017), pp. 1-9.

② 李永山：《中英高校学生工作的比较及启示》，《比较研究》，2008 年第 8 期，第 61—63 页。

充分发挥学生的主体性作用，在学生事务工作中，澳大利亚国立大学注重学生参与“体验”与“合作”的模式为我们提供了很有意义的启发。①

在学生工作模式运行方面，学术事务和非学术事务是澳大利亚国立大学学生工作的两大体系，由学生管理部和学生生活部两大部门分别负责，并由两位分管副校长指导。其中，学生学术事务主要由学生管理部负责，基本包括招生、学生学术指导和支持、课程管理、教务管理、学籍管理、学业警示、学生学术体验、学生投诉处理、授位、奖学金等系列工作，其下设机构有学术标准与质量管理办公室、学生学业管理办公室、学生学费管理办公室等。学生非学术事务工作主要由学生生活部负责，包括新生适应性教育、学术指导、日常管理、心理健康、就业指导、校园文化、健康服务等，其下设机构主要有学术技能和学习中心、残疾与心理健康服务、住宿服务、宗教服务、学生体验和职业发展中心等。②

概而言之，每一所大学都有自己独特的历史、传统以及校园文化，而大学学生事务管理机构的设置与运作方式往往集中体现这所大学所具有的特殊的人文传统。③ 国外高校学生工作具有悠久的历史和深厚底蕴，已基本形成较为丰富完整的理论基础，积累了一套切实可行的实践经验。在工作理念上一定程度呈现了以学生为本，尊重学生差异性，实行多样化管理，为学生提供差异性的支持服务。在学生发展上，关注学生全面发展，注重多元支持促进学生能力全面提升。从已有研究来看，国外学生事务管理更注重对事务的管理工作，对事务背后思想研究相对偏少。我国高校学生工作在发展中，与国外高校学生事务管理存在一定的相似性，一些问题呈现出共性。因此，立足当前我国高校学生工作发展实际，认真研究和借鉴国外学生事务工作的经验和做法，同时结合中国特色优势是可行之举。

三、既有研究的特点与启示

1. 研究特点

整体来看，我国高校学生工作模式正处于转型期。目前，对高校学生工作模式研究主要具有以下三个特点：

(1) 注重高校学生工作模式转型宏观研究，缺乏微观研究支持

从现有的研究分析，对于学生工作模式转型的宏观研究比较多，且更多是从

---

① 陈化水：《澳大利亚国立大学学生工作的内涵、特点及启示》，《高教探索》，2019 年第 4 期，第 91—95 页。

② About ANU，accessed December 20，2018，http:/ /www. ANU. edu. au /about /leadership-structure/ university-executive.

③ 程星：《世界一流大学的管理之道——大学管理研究导论》，北京大学出版社，2018 年，第 52 页。

大的理论视角出发探索可能的转型方向。这其中包括从治理领域、新常态领域对工作模式的探索。而从工作模式本身运行的机理出发进行微观研究相对少了些，对于转型受制于哪些具体影响的研究较少。一些研究虽然提出了一些转型方向路径，却较少系统地与学生的特征特点相结合，在理论研究和实践探索方面还不够全面系统。

(2) 注重高校学生工作模式转型的适应性研究

从检索文献看，适应不同时期发展需要和学生特点成为学生工作模式转型的关注点。围绕发展需求和学生特点对学生工作模式内容、组织形态、结构体系以及运行机制的研究成为重点。从文献整体看，围绕学生微观特征以及发展规律开展工作模式转型的研究还比较少，更多是从宏观角度出发，对于学生特征多是整体描述性分析。新时代，“以学生为中心”的高校学生工作模式转型既需要宏观把控，也需要对学生特征特点进行量化微观分析。

(3) 注重高校学生工作模式的机制和保障体系研究

从检索文献资料看，主要集中在思政工作机制、资助工作机制以及队伍保障机制等方面，研究总体看还不够丰富，有一定局限性。伴随着学生和学生所处环境的变化，如何推动高校学生工作模式在组织形态与运行机制上向“以学生为中心”转型，相关研究还需进一步加强。

2. 研究启示

以往研究基础对于“以学生为中心”高校学生工作模式转型研究主要有以下三点启示：

(1) 研究需要深入把握高校学生工作模式的现状和特征

目前对不同视角的学生工作模式研究的文章比较多，对现有学生工作模式的组织形态、运行方式描述性的研究也比较多，但对于学生工作模式的组织形态、运行方式对于师生关系，尤其对于学生权力、学生资源配置以及学生主体作用发挥方面的研究相对较少。在这些方面尝试性地通过调查、访谈以及文献资料分析等方式，首先要分析现状。

(2) 研究需要把握新时代大学生的现状与特征

从供给侧和需求侧两个方面出发，学生工作模式作为供给侧，而学生是需求侧，供给侧调整变化必须要依托需求侧变化展开。从目前研究看，在学生工作模式转型研究中，对于需求侧学生的变化更多是描述性分析，缺少量化对应分析。研究尝试对新时代学生特征特点进行量化分析，以此为基础在供给侧与需求侧之间建立有机的对应关系。

(3) 研究需要深入探讨“以学生为中心”的高校学生工作模式转型的基本原则和实践路径

具体而言，关于“以学生为中心”学生工作模式转型的相关研究，在理论框架、价值导向、运行逻辑以及评价原则等方面还不够系统和深入。在实际工作中如何展开“以学生为中心”的工作模式转型研究，有哪些可供借鉴的经验呈现不够详尽，缺失对理论与实践相结合的系统性思考的分析，缺乏学生与学生工作模式相融合的实践性探究，特别是需要更加系统地研究和阐述如何实现学生工作模式中教育、管理、服务一体化转向“以学生为中心”。

第三节　概念界定

基本概念可以通过经验发现，但需要逻辑证成。研究高校学生工作模式转型，要在明确界定概念基础上，运用相关理论并结合实践进行诠释，才能科学把握和深入理解这一命题。进而言之，要想深入探究高校学生工作模式转型，对相关概念和所涉理论进行梳理和阐释，已成为进行深入研究的基础和准备。

一、高校学生工作

高校学生工作主要指相关教师、管理干部对在校生进行教育、管理、服务和指导时，付出的以脑力为主、兼有体力的劳动。一般对应高校的学生工作部(处)[又称学生部(处)]、校团委等系列部门的全部工作和各院系辅导员的工作，通常表示为高校一个工作领域总称。根据国家相关法律法规和政策规范，可以从高校学生工作主体、客体和内容等方面掌握其内涵。

1. 高校学生工作主体

高校学生工作主体包括在学生部(处)、校团委、研究生工作部(处)等机关职能部门直接参与学生指导的干部和教师，同时涵盖院系辅导员，一般习惯把这一群体称为学生工作队伍，其中的个体又被称为学生工作干部，他们既是教师又是干部。由于我国的教育体制、管理制度和社会制度与高校学生工作产生和发展紧密相关，所以其工作内容和性质都体现了鲜明的中国特色。目前，大致分为学生工作一线教师和学生工作非一线教师，前者是指直接面向学生、接触学生的院系辅导员，后者是指在学校学生工作部门处于管理、指导、协调地位的老师。

2. 高校学生工作客体

高校学生工作客体是大学生，包括本（专）科学生、硕士研究生、博士研究生。大学生在广义概念中，一般指正在接受高等教育和经过高等教育的人；在狭义概念中，一般是指正在接受高等教育的人。由于本书研究的限定性，客体主要指在校在读的本（专）科大学生。

（1）大学生特性。大学生正处在身心发育完善、社会认知逐渐成熟、知识结构日益成型的时期，把握其特性特征是推进高校学生工作模式转型的重要基础。目前，在校大学生年龄一般为18—22岁，经过青春期第二次快速生长之后，他们的身体逐渐发育成熟，主要体现在身体内部系统和器官机能成熟，并由此带来了一系列变化，如他们外在体格和体力快速发展并进入高峰状态，生理方面日趋成熟。同时，大学生的心理也发生了重要变化，随着大学生受教育程度提升和逻辑思维发展，他们对事物的认识、理解和辨析能力有了进一步增强，创造性和主动性较强，能更多地进行深度分析和推断，再加之他们对新生事物比较敏感，革新意识极强，因此，体现出“愿意想、肯于试、易于表达”的特征，能以强烈的开拓意识参与社会生活。大学生正处于智力发展高峰期，社会化特征在学习动机、学习行为及学习方法上都有呈现。他们对走入社会充满期待，迫切希望得到来自社会的接纳和认可，其主动交往的意识常表现于外。同时，由于大学生价值观、世界观基本定型，性格日趋成熟，独立思考能力和主体意识在交往中日益增强，强烈的社会责任感和自我认同感在他们言行中表现得非常明显，他们愿意并积极参与高校提供的人际交往、学校管理、社会实践等活动。

（2）大学生地位。第一，大学生是高校学生工作的中心，相关工作应围绕学生、关照学生、服务学生而展开，学生是工作的根本对象，也是高校学生工作价值的重要体现。高校学生工作一方面要贯彻落实党和国家的教育方针，要在学生思想引领、价值塑造方面发挥积极主导作用，另一方面要有针对性地支持学生获得高质量的发展，从而更好地适应自身和社会发展的需要。第二，大学生是高校学生工作与外界交互的基础。培育人才是高校部门间共同目标所在，也是高校与社会交互的重要内容。大学生是高校学生工作与学生工作以外部门交互的基础，有了这个基础，高校学生工作才能够有效地参与高校多部门协同育人之中，也是这个基础使高校学生工作与社会具有双向互动职能。第三，大学生是高校学生工作改革发展的促进者。伴随环境变化，学生思想行为及身心发展方面不断呈现新特征新特点，高校学生工作需要做出调整以适应学生发展，从而推动高校学生工作不断与时俱进。

3. 高校学生工作内容

高校学生工作主要包括学生思想教育、价值引导、能力提升、学业指导、身心健康教育和综合素质的培养。伴随着高校学生工作专业化进程的有序推进，校院两级学生工作体系不断融合，正在构建以专业化为支撑、以系统化为基础的新工作格局。具体表现在学校层面更多以专业体系为支撑，如成立学生心理素质教育与健康咨询中心、学业指导中心、就业指导中心、学生勤工助学服务中心、社会实践指导中心、思想政治教育研究中心等相关指导机构；院系层面构建了以辅导员为依托的系统化教育教学体系。这些体系宏观方面主要涵盖了学生的日常行为管理、思想教育、党团建设、心理危机筛查、心理健康观测与指导以及学生群体性活动的指导；微观层面，具体到学生入学管理、学籍管理、学生宿舍关系协调，学生个体行为规范、学生发展与专业对接的引导，包括对学生毕业离校等细节管理。由此，可以说院系层面的学生管理，触及了学生的每一个细节直至学生灵魂深处。

二、高校学生工作模式

高校学生工作模式是高校人才培养模式在学生工作领域的具体运用和体现。为准确、客观地界定学生工作模式，有必要从“模式”和“人才培养”内涵以及人才培养模式特点入手，更好地把握其内涵。

1. 高校学生工作模式的定义

《词源》称“模”的意义有：（1）模型、规范；（2）模范；（3）模仿、效法。[①] 从词性看，“模”兼有名词和动词词性；从词义看，“模”既可以是制作产品方法，也可以作为标准事物，但主要强调事物的型、范或式，即结构。“式”指样式、形式。“模”和“式”结合构成“模式”一词。这个词来自“模型”，当人们逐步认识到社会实践活动也可借鉴模型来表示，这个词就超越了物质形态，被社会化，再和“式”的意义相结合，形成“模式”一词。《辞海》对“模式”解释为，可以作为范本、模本样式。[②] 不同版本的《现代汉语词典》认为“模式”基本含义是：某种事物的标准形式或使人可以照着做的标准样式。[③]

---

①《词源》，商务印书馆，1981 年，第 1622 页。

②《辞海》，上海辞书出版社，1989 年，第 3457 页。

③《现代汉语词典》，商务印书馆，2005 年，第 1245 页。

“模式”这个词语适用于各种领域，包括研究领域和工作领域，并在其中起着重要作用。“模式”可以表示为模型标准，为后面的效仿者做示范。“模式”是向人们提供参照或模仿的一种形式，可以理解为标准或者是向学习者提供事物或者事件的信息形式，除了效仿，“模式”还具有预测功能。“模式是现实的抽象化，模式如果十分完善，将有助于我们认识它所代表的能动系统的某些方面。模式没有正误之别，它的作用在于为我们考察组织运行的不同方面提供或多或少的便利。模式构成认识框架或认识世界的窗口。在让某些东西轻易地通过的同时，认识框架也会滤除某些东西。认识框架有助于我们整理对世界的认识，并采取什么行动”。[①] 从这个角度而言，模式具有解决某一类问题方法论的意义，也就是说，“模式”既可以表述为一类关系，可以包括物与物的关系、物与人的关系、人与人的关系，这些关系背后所形成的某种规律可称之为一类模式。“模式”还可以是一种体现规律性的思维方式，包括对问题产生、发展的基本判断或者推理。“模式”对于实质的反映相对较少，更多地强调所形成的规律性行为。可以说，同时或反复出现的一个事件以及从其背后抽象出来的一般性规律，即为一种模式，如一段时间对某一类工作的相关总结或经验。将上述认识扩宽引入到高等教育领域，学校在教育教学和学生工作中形成的重复性行为方式就是学校的一种基本模式。具体到本书中，“高校学生工作模式”可以这样理解，高校为了学生全面发展和个性化成长，在学生工作领域及相关层面形成的相对稳定的组织形态、运行方式以及相关的运行策略和保障体系。

2. 高校学生工作模式构成

高校学生工作模式构成主要包括两方面：组织形态和运行方式。

（1）高校学生工作组织形态。既有作为组织系统运行的共有规律，也兼具高校特点。在组织行为学理论中，组织结构包含三个方面要素：按照上下级关系的组织样式；“部门组合方式——将个体组合成部门，部门再组合成整体的方式；跨部门沟通、协作与力量整合的制度设计。”[②] 按照三种方式，高校学生工作在组织构成中，以正式报告关系构成一种按照上下级关系的组织样式，如党委学生工作部（处）设置为处级，学生工作内部设置科级，各级院系设置副处级副书记以及科级学生工作办公室；按照部门组合方式，学生工作系统由学生部（处）、校团委、招生就业处、研究生工作部（处）和各个院系学生工作部门构成，每个部门

① ［美］罗伯特·伯恩鲍姆：《大学运行模式》，别敦荣主译，中国海洋出版社，2003 年，第 79 页。
② ［美］理查德·L. 达夫特：《组织理论与设计》，王凤彬、张秀萍译，清华大学出版社，2003 年，第 103 页。

又由工作人员构成，从而形成了组合样式的组织构成；第三种跨部门沟通、协作与力量整合，在学生工作系统中构建新型学生工作组织样式，如学生学业指导中心、学生支持服务中心、学生发展中心，这些多数是由学生工作部门与其他部门联合构成的新组织，更多的是一种协同组织。

我国高校学生工作组织构成，从职能划分上形成了管理职能与专业职能交互运行的样式，在结构设计上主要包括“直线职能型”和“专业职能型”两种模式。直线职能型主要根据行政职权将学校学生工作分为学校和院系二级结构。这是同高校现有管理结构相一致的一种结构划分，达成了学生工作与教学工作相互匹配，共同服务于学校人才培养的战略目标。直线职能型模式是，学校层面学生工作接受学校党委统一领导，具体由一位党委副书记（或兼任副校长）总体负责，中间设置学生工作部（处）、校团委、研究生工作部（处）、招生就业处等学生工作职能部门；在院系层面，由院系党委（党总支）副书记负责，一般设置院系学生工作办公室、院系团委（团总支）、研究生学生工作办公室或者设置学生工作组。专业职能型是依据学生教育、管理、服务、指导的主要职能设立，如学生思想教育指导中心、学生心理素质教育与健康咨询中心、学生就业指导中心、学生勤工助学服务中心、学生学业指导中心，各中心以专业为支撑推进学生各种教育管理服务与指导工作。

（2）高校学生工作运行方式。根据人员交互重点不同，分为两种维度、两种关系，一种维度是处于维护运行的各级人员以及这些人员之间的关系，主要包括学生工作干部和院系辅导员以及相关工作人员的关系；另一种维度是维护人员以及他们所构成部门与学生之间的关系，主要包括学生部（处）、校团委、研究生工作部（处）和各个院系学生工作系统与学生之间的关系。在实际运行中，在维护运行的人员内部持续交互中，一种是以行政权力展开的关系，按照级别展开，形成要求与服从的关系模式，这种模式进而延展到学生，构成了对学生的要求与服从，这种处于要求与服从的运行关系称为管控关系；另一种关系围绕服务对象展开，各级内部人员都以服务对象作为自己关系运行的基础，也就是彼此之间面向学生是一种专业互助模式，彼此是平等关系，面向学生是学生有需求提供支持的一种关系，这种围绕学生发展提供支持的运行关系称为支持关系。这两种关系是构成高校学生工作的两种运行方式。

三、“以学生为中心”的理念

早在 1905 年，海沃德·F. H.（Hayward F. H.）提出“以学生为中心”概念，之后得到约翰·杜威（John Dewey）支持，后经卡尔·罗杰斯（Carl Rogers）发展成为一种学习理论。“以学生为中心”的教育模式随着建构主义理论的兴起得到了快速发展，成为一种范式转型。从关注“教”转向关注“学”体现在教育教学中，由此产生一系列教育教学实践和新的话语体系的变革。进入 21 世纪以来，随着我国高等教育的快速发展，“以学生为中心”的理念不仅在高校教学领域产生重大影响，还在高校学生工作领域产生了一系列实践效应。

1. “以学生为中心”的学习全场域

场域是参与活动的社会行动者的实践与周围的社会经济条件之间的一个关键性的中介环节。[①] 作为一种介质性存在或中间环节，对场域中主体产生影响的外在决定因素，是通过一些中介环节和特定方式实现的，不会直接作用于场域主体。可以用“社会←场域→个人”来表示社会和个人在场域中的存在关系。“以学生为中心”，学生工作作为参与促进学生学习的重要领域，在其中的工作者以及由其构成的工作环境与学生之间构成了一个重要学习场域，高校学生除了课堂以外，所参与的一切对其个人成长发展具有支持的实践活动，都可以称为学习。2010 年，欧洲学生联合会（European Students Union，简称 ESU）提出了“以学生为中心的学习”的定义，指出其具有双重属性。从概念上看，它是特定高等教育机构的一种观念和文化；从行为上看，它是建构主义学习理论所支持的一种学习方法。在教师和学生交流互动中，学生是学习过程的积极参与者，老师通过创新性教学方法，着重培养和提高学生问题解决能力、批判性思维、反思能力等可迁移能力，最终达成促进学习之目的。把这一概念扩宽到学习全场域，“以学生为中心”学习，就可以理解为高校各级学生工作者在交流和互动中，通过创新活动载体和活动方式，积极引导学生主动投入学生工作的各种场域中，从而有效提升学生综合能力的过程。

2. “以学生为中心”的学习核心要素

“以学生为中心”的学习范式中，学生是学习的主体，也是知识创造的主体。学生通过已有知识与新认知的碰撞创造再生新的知识，从而成为知识的发现者和建构者，并以此生成一系列新思维和新行为。在这一过程中，学生工作者以指导者和支持者的身份融入学生知识创新的过程之中，并创设更多促进学生对新知识体验的环境，以此将这些碰撞产生的知识转变成学习者自然的能力和素养。在这

① [法] 皮埃尔·布尔迪厄、华康德：《实践与反思——反思社会学导论》，李猛、李康译，中央编译出版社，1998 年。

种知识转化中，如何激发学生学会深度学习，如何促进学生在学习中获得实际解决问题的能力成为学习的关键。因此，学生工作要努力让学生通过学生工作给予的机会学习承担更多责任，促动深度学习，在学习过程中让学生拥有更多选择权，鼓励提问和质疑，允许学生自主构建不同的学习路径。最终构建一种权力共享、相互合作、相互尊重的学习环境，在互动中一起对学生工作创设的活动内容和过程进行持续性反思。基于此，“以学生为中心”的学习核心要素包括：主动性学习、深层性学习和理解性学习，学生的学习责任感增强、自主感增加，教师和学生构建一种学学相长、教学相长的关系。这种学习主要特征为：灵活的学习时间和空间，自由的学习环境与氛围，更多的知识分享。教师对学生有清晰认识和理解，高等教育机构管理扁平化，需持续不断进行教学改进，教师和学生积极积累学习经验。①

3. “以学生为中心”的学习基本原则

在学生工作层面，对“以学生为中心”中学习的理解，基于中外理论研究基础，可做如下归纳：第一，“以学生为中心”的学习的目标是促进学生学习成功，所有来自学生以外的支持力量都要通过对学生能动性的调动，促进学生积极主动地投入学习之中。由此，所有外力包括教师都需要不断反思其促动过程，是否有效改善了学生的学习体验、是否有效提升了学生的学习效果、是否聚焦到了学生的收获。第二，“以学生为中心”的学习注重方法的切实可行，注重方法与人的匹配。任何学习组织体系都应积极主动帮助学生探索符合学生发展需求的方法，都应以促进学生学习效率的提升、学习效果的达成为归宿。第三，“以学生为中心”的学习要建立在学生自我兴趣之上，同时又要以学生持续获得发展能力作为重要基础，因此确立兴趣、激活兴趣，将兴趣与学习建立连接，发展学生的学习兴趣，是检验学习效果的重要标准。第四，“以学生为中心”的学习，不是建立在让学生学习其意义，而是要让学生围绕能做什么、怎么去做、去探索什么去学习，以此推动学生自我主动持续地推进学习活动。第五，建立良好的师生学习合作关系。“以学生为中心”的学习是把学习过程视为教师和学生之间的建设性互动，因为师生合作是“以学生为中心的学习”成功推进的基础。②

---

① European Student Union，Student-CenteredLearning Toolkit，accessed November 8，2016，https：//www. hochschule-trier. de/fileadmin/groups/99/PDF/SCLToolkit. pdf.

② 同上。

第四节 理论基础

实践是人类能动地改造世界的客观物质性活动，是认识来源，也是认识发展的动力，更是检验认识正确与否的唯一标准。意识对人的实践活动具有指导作用。“没有革命的理论，就没有革命的运动”，具体到高等教育领域，理论对实践同样具有巨大指导作用，因此，推动高校学生工作模式转型同样需要理论基础。

一、转型理论

20 世纪 90 年代初，研究拉美“权威主义政治”向民主政治转型的斯坦福大学菲利普·施密特提出“转型学”（Transitology）概念，随后被我国学界提倡并运用。时至今日，对转型理论的研究主要集中在转型社会学、转型经济学以及转型政治经济学三大领域，研究的现实背景是 80 年代中后期我国社会政治经济改革，研究的出发点主要是计划经济向市场经济转型过程中面临的具体问题。因此，他们所述及的“转型”有特定语境和特定内涵与指向，具有明显的时代烙印。上述这些学科对转型的理论和实践探讨，正在悄然汇成“转型研究”的洪流，对于高等教育领域特别是高校学生工作模式实现转型和研究转型，具有积极的借鉴和参考价值。

在我国高等教育领域（包括高校学生工作模式），人们描述大学活动中的各种变化和进步习惯用发展、改革、变革、变化等概念。在这些概念中，都有“改”和“转”之含义，一些改革举措在实践中也取得了较好效果，但似乎距离国家和人们期待的“世界一流中国特色”的大学还有一定差距，一些做法总是给人一种“形似神非”的印象。究其原因，主要是我们没有深刻理解和把握高校转型发展的内涵，依旧恋恋不舍现在高校“型态”，对高校转型发展向何处去没有明确的方向感。高校转型发展源于自身从实然状态向应然状态的追求，根源于社会和大学自身对实然状态的“不满”，即从现存的大学“型态”走向完全不同“型态”，使自身“型态”逐渐向着更合理、更科学、更成熟的“型态”发展。这一过程既折射着高校主体价值取向的升华，也反映了高校在社会发展中的行动抉择。因此，高校转型发展是思想观念、发展模式和组织结构等一系列要素的根本性转变，集中表现为一种“符合目的”与“合乎规律”的主体觉醒与选择过程。因此，作为高校转型重要组成部分的学生工作模式也应该具有明确的目标性、过程性和选择性，乃至具有一定的理想色彩。

高校转型发展可以分为三个层次或类型：一是指一个国家的整体高等教育系统转

型；二是指一个国家内部某一类高等教育机构的转型；三是指一所高等学校的转型，学生工作模式转型亦在其中。无论是实现一个国家整体高等教育体系转型或一所高校的转型，都需要厘清自身初始“型态”、过程“型态”与目标“型态”（理想“型态”）。即人们所说的知道自己从哪里来，到哪里去以及目前所处位置。这是将高校转型落在实处的基本要求。一般意义上讲，一个国家的高等教育体系或一所大学的转型，从初始“型态”到目标“型态”，其转型过程都具有阶段性或时间特征。如果置于时间链条上考察，高校转型是一个阶段性过程，都有一定的时间规定性，而非一个不间断性过程。也就是说，任何高校都不是一直处于转型过程中，转型完成后往往有一个“定型”阶段。这个“定型”阶段既是上一次转型的巩固过程，也是酝酿下一次转型的生成阶段。对于高校学生工作模式转型来说，也是如此。

二、高校治理理论

“推动和实现高等教育内涵式发展”对高等教育而言，既是当前改革和发展的重要抓手，也是推进高等教育治理体系和治理能力现代化的重要时机，其有效途径就是促进高等院校治理从经验走向科学。高校现代化发展的必由之路是治理从“经验办学”走向“科学办学”。科学化办学是指基于教育规律，按照高校作为学术组织的内在逻辑办学。高校所有活动都可以成为研究素材，高校的任何一个职能部门都存在着从经验走向科学的过程。① 运用治理理论指导高校学生工作模式转型，是一种有益尝试。

治理理论主要创始人詹姆斯·N. 罗西瑙（James N. Rosenau）在《没有政府的治理》里把治理定义为：“一系列活动领域的管理机制，它们虽未得到正式授权，却能有效发挥作用。与统治不同，治理指的是一种共同目标支持的活动，这些管理活动的主体未必是政府，也无需依靠国家的强制力量来实现。”这种治理“既包括政府机制，但也同时包括非正式、非政府的机制，随着治理范围的扩大，各色人和各类组织等得以借助这些机制满足各自的需要，并实现各自的愿望”。② 罗伯特·罗茨（Robert Rhoads）认为，治理是一种新的管理过程，或者是一种改变了的有序统治状态，或者是一种新的管理社会的方式。他从善治视角指出，治理意在强调效率、法治、责任的共同服务体系。③ 基于不同理解和认知，对于治理概念理解也有所不同，但仍能从治理理论中抽取出对高校学生工作模式转型的共同支撑：（1）治

① 邬大光：《大学治理：从经验走向科学》，《光明日报》，2019年12月3日，第13页。
② ［美］詹姆斯·N. 罗西瑙：《没有政府的治理》，张胜军译，江西人民出版社，2001年，第55页。
③ ［英］罗伯特·罗茨：《新的治理》，《政治研究》，1996年第3期，第154页。

理更注重合作，强化管理的上下结合与共同参与；（2）强调参与主体的多样性；（3）在管理的性质上更加注重对人的服务；（4）在管理的技术上更加注重专业化发展的支撑。

在高校学生工作模式转型中运用治理理论，一方面，要对行之有效的学生工作模式实践进行继承和提炼，厘清以往经验所存在的不足与局限，形成一整套系统完备、运作规范的科学体系。另一方面，要注重对学生工作中教育、管理、服务等各个方面数据的收集、分析与利用，运用大数据研究分析结果，总结出“以学生为中心的科学”，再用科学理论指导实践。

三、院校影响力与学生参与理论

高校学生工作模式一定程度上体现为高校对学生发展的影响力。研究高校学生工作模式转型，以院校影响力理论和学生参与理论作为重要支撑，旨在借鉴现有理论框架基础上，寻求更加符合新时代学生工作发展的院校影响力与学生参与理论支持。

1. 院校影响力理论

从社会学视角出发，院校影响力（College Impact）研究和关注大学生成长或变化的性质根源，包括学生院校经历和学生选择院校特征。从 20 世纪 50 年代末期开始到 70 年代，美国涌现出一批高等教育影响力的研究，其中，大量研究已着眼于高等教育对学生诸多方面产生的作用，如价值、态度、个性取向、政治观点、收入、人生目标、职业目标等。

随着研究不断深入，阿斯汀·A. W.（Astin A. W.）的 I-E-O 模型、汀托（Tinto）的学生融入模型、帕斯卡雷拉（Pascarella）的学生变化因果解释模型成为院校影响力研究领域较有代表性的理论和解释框架。

阿斯汀的 I-E-O 模型，主要是从社会心理学视角出发，提出院校影响力理论，该理论通过分析不同环境下所出现的成长变化，评价各类高等教育环境经历的影响作用。在 I-E-O 模型中，包含三大要素，即投入要素、环境要素和学生成就要素。其中投入要素主要指学生进入高等教育机构之前所具备的个人特征，包括人口统计学特征（种族、年龄、性别）、家庭背景（父母职业、收入或受教育程度）、宗教信仰、学习意愿、教育期望、入学前的基本资质、学生已有的学术经历和社会阅历等。环境要素是指学生在高校就读期间的体验和经历，具体包括院校特征（机构、规模）、院校学生伙伴群体特征、师资队伍等以及学生在校各种学业、业余安排等要素。学生成就要素指的是学生通过高等教育获得的认知性与情感性能力，包括大学毕业后的性格、知识、技能、态度、价值观、信念以及行为等。三个要素构成了阿斯汀 I-E-O 模型[①]。在三个要素互动中，投入与产出构成了因果关系，对于因果所达成的最终效果，起到调节作用的就是环境要素，环境成为中间媒介。具体如图 1-1 所示。

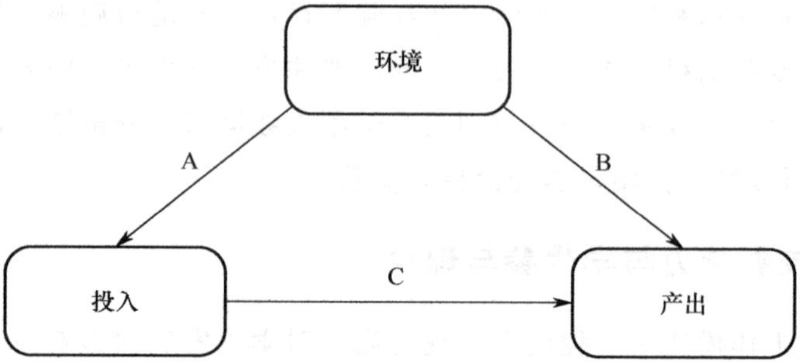

图 1-1　阿斯汀的 I-E-O 模型

帕斯卡雷拉的学生变化因果解释理论，主要强调高等院校影响力研究不能限于解释发生了什么，还要进一步了解其背后的动态运作机制、不同要素之间的影响路径。帕斯卡雷拉于 1985 年提出关于学生发展的综合性因果模型，主要将高等院校机构与组织特征与院校教育环境相结合，用以解释院校影响力。帕斯卡雷拉提出学生学业和认知性发展取决于五方面要素：(1) 学生背景和入学前特征（入学前的学业能力、个性、学习动机、种族等）；(2) 高等院校结构或组织性特征（包括招生规模、师生比、学术选拔、住宿生等）；(3) 高校教育环境；(4) 学生与院校的互动性（包括师生、生生之间）；(5) 学生投入质量。

院校影响力理论在不断发展和延展中，但总体来看，主要包括：第一，更多将学生发展特征作为研究的核心要素之一，这其中包括学生性别、家庭背景、社会阅历以及个性追求；第二，更加注重从社会学视角解释学生行为与学生能力认知之间的关系，将学生在校发展与学校之间的关系处于一种交互影响的关系，学校所创造的一切都将对学生产生影响；第三，更倾向于对学生微观影响的研究。这些理论研究与内容，对从学生变化发展视角看学生工作具有重要启示意义和指导意义。

2. 学生参与理论

学生参与度是评价学生工作质量的重要依据，也是推进学生工作的重要基础和动力。在校学生是否积极投入他们大学生活的学习、交往以及与老师、学生之

① Alexander W. Astin, "The Methodology of Research on College Impact, Part One," *Sociology of Education*, 43, no. 3 (1970): 223-254.

间的互动，参与理论为评价学生工作质量提供了重要参考。

阿斯汀立足于其创立的I-E-O模型，提出高校学生学习必须通过参与院校环境的方式，实现心理性和物理性双投入。其参与理论提出：参与需要针对特定对象（如任务、人、活动）的心理性与物理性精力投入；参与是一个持续概念，不同学生对不同对象所投入的精力是不相等同的；学生发展和学生参与的质和量直接相关；评价任何教育政策或实践成效的关键在于其是否具有激发学生参与的能力。阿斯汀参与理论在强调环境作用的同时，还注重学生个体的能动作用，他强调学生发展过程是学生以往经验与大学生经历相互整合的过程，学生通过互动整合获得新发展，院校功能在于向学生提供多重参与机会，提升学生在校时间效力和自身精力投入。本书将基于参与理论，对学生在校参与情况包括学生与辅导员互动情况、学生持续参与活动情况进行问卷设计和调研，对学生在校参与情况进行综合分析和整体把握。

四、高校运行模式理论

从本质上讲，高校是一个相关联的思想体系，通过不同组织构成以及运行方式表现出来，对于组织运行的把握，关键在于探寻他们是以什么样的关系存在。

1. 控制导向的管控模式

控制是对各项活动的监视，从而保证各项行动按计划进行并纠正各种显著偏差的过程。所有管理者都应承担控制的职责。[①] 一个有效的控制系统能够保证各项行动完成的方向都是组织目标的达成。确定控制系统有效性的准则就是看它在促进组织目标实现时做得如何。控制系统越是完善，管理者实现组织目标就越容易。[②] 对控制的认知可从类型、过程、特性以及影响控制要素加以认知。第一，按控制的类型划分，可以分为市场型控制、官僚型控制和小集团型控制。市场型控制是一种使用外在的市场机制，通过价格和市场份额等等，在整个系统中建立一种运行标准以达到控制的方法。官僚型控制主要强调组织权威性，依靠规章制度、过程及政策。小集团型控制，主要是对其中成员通过确立共同的价值、规范、传统、仪式、信念及其他组织文化的方式，促使其中成员达到一致。第二，控制过程可分为三个步骤：一是衡量实际的绩效，二是将实际绩效与标准比较，三是采取

① Merchant K. A, "The Control Function of Management," *Sloan Management Review* 29, Summer (1982): 43-55.

② Eric. Flamholtz, "Organizationgal Control Systems as a Managerial Tool," *California Management Review* 31, Winter (1979): 55.

纠偏的方式向标准看齐。第三，有效控制系统的特性主要包括：(1) 合理的标准；(2) 可理解性，也就是有效的系统能够被使用者所理解；(3) 灵活性，也就是控制系统可以进行适度调整；(4) 经济性；(5) 及时性；(6) 准确性；(7) 纠正行为；(8) 多重标准；(9) 强调例外；(10) 战略地位。第四，影响控制的要素，主要包括组织规模、职位和层次、分散程度、组织文化和活动的重要性。

控制导向的管控模式，体现更多的对行为的纠偏，常常设置一种预设的发展目标，对目标进行标准细化，在细化标准之下形成规范化管控的方式、方法，最终达成对其中人和事趋于一致性的管理。

2. 服务导向的支持模式

服务理念起源于市场经济，更多来源于服务业，相对应的服务思想与理念在市场经济推进下逐渐形成和拓展，并开始在教育领域展开与应用。对于服务可以从概念、特征以及最优标准来理解。第一，服务概念可分为广义的服务和狭义的服务，前者更多是指参与其中的劳动者以自己付出劳动的方式向受益者提供有意义的使用价值，这种活动涵盖在各类劳动之中。狭义的概念则是市场主导下所构建的服务行业，分为服务者主导和顾客主导两组对象，其中，服务者向服务对象提供其所需的支持，并获得双方同意的效果。在教育领域，服务指“以顾客需求为导向”的教育活动，其中“顾客”主要指学习者，在高校则指大学生，服务提供者主要是指教师、管理者及其所在教育组织和机构。第二，教育领域中服务理念的特征。一是服务产品虚拟化，这主要是指教育输出的产品一般不是实物，更多是理念，这种产品价值衡量难以估测。二是教育对象顾客呈现特殊性。顾客一般是指接受产品或服务的组织或个人。在教育领域，教育对象即学习者，他们和一般顾客相比呈现出的特性最突出的是自我能动性较强，服务效果取决于顾客自我的投入度，顾客自我体验成为核心。三是服务质量以学习者获得感为最终衡量标准。第三，服务最优标准。在服务推进中，提供高素质服务成为追求目标。高素质可以界定为“关怀备至”(CARE) 这四个字。其中“C”是礼貌 (Courtesy)，不只是服务了什么，还要看服务过程是否令人舒适；“A”是予人方便 (Accessibility)，在任何时、地提供服务；“R”是反应灵活 (Responsiveness)，服务要及时；“E”是高效率 (Effectiveness)，服务要达到客户要求，甚至超出要求。服务导向具体到高校学生工作领域，面向学生发展就是提供一种高质量的支持，也就是学生发展需求什么，就应该向学生提供什么样的支持，这是以学生为中心构建的一种高效率学生工作模式。

本书以高等教育学、管理学、经济学作为学科支撑基础，借鉴相关理论，利用跨学科理念推进模式改革。其一，高等教育转型理论、高校治理理论是理论基础。高等教育转型理论提供一种思维框架、认识框架。高校治理理论提供了一种总体实践导向。高校学生工作模式转型向注重合作、注重共同参与转变，向参与主体多元化转变，向注重对人的服务转变，向专业化发展转变。基于此，本书将以适应新时代人和社会发展为基点，从治理现代化要求和标准出发，对高校学生工作管理模式的现时状态以及转型趋势和路径进行分析。其二，院校影响力理论、供需理论提供了分析研究的方法论。以院校影响力理论中教育力理论为基础，引入教育力，研究学生工作模式对学生的影响。根据学生自我、社会认知和教育射程，对高校学生工作模式可做出匹配型、被动顺应型、排斥型、独立型四种类型。成功的学生工作模式可以理解为，高度匹配型的学生以及进入其教育射程的学生比例较高。其三，以高校运行模式理论作为其学生工作模式转型的理论基础，分析"以学生为中心"的高校学生工作模式、特征特点，对学生工作模式中的组织构成、运行方式解析，明确学生工作模式转型的基本遵循和路径。

第五节　研究设计与方法

一、研究思路

本书立足新时代"以学生为中心"的新要求，对高校学生工作模式转型的主要原因、基本内容、可行路径做出科学阐释。对于为什么转，从供需视角出发，学生作为需求侧，学生工作模式作为供给侧，当需求侧发生变化时，需求侧与供给侧必然会产生新矛盾，为达到新的适应需要做出转型。从供需涉及"人和物"视角考虑，涉及"人"的有学生工作者和学生，重点是二者之间权力关系以及各自作用发挥；涉及"物"的主要是学生发展需求的资源，重点是资源配置方式。对于转什么，重点放在学生工作模式中对"人"和"物"产生重要影响的组织形态和运行方式方面。对于怎么转，也就是研究学生工作模式中组织形态和运行方式如何调整以适应"以学生为中心"的发展需要。

研究总体思路是从相关基本理论入手，针对高校学生工作模式现状特征和学生现状特征，分析基于"以学生为中心"，当前高校学生工作模式在适应学生需求方面存在问题及原因，并提出解决对策——高校学生工作模式向"以学生为中心"转型。转型路径以及模式运行的保障体系如图 1-2 所示。

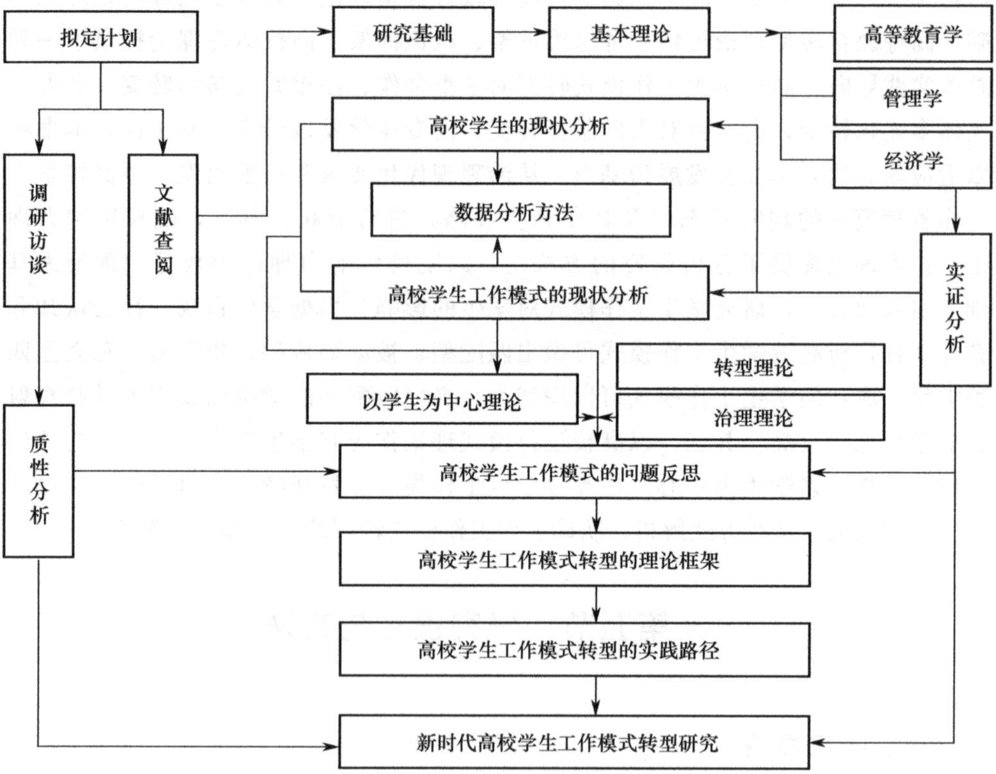

图 1-2　研究工作逻辑路线图

二、研究内容

1. 对高校学生工作模式进行梳理

对高校学生工作模式内涵及转型相关理论进行梳理。在已有研究界定基础上，厘清不同界定的异同，确定本书对高校学生工作模式概念内涵的界定。通过对研究对象、研究问题和已有研究的思考与梳理，对高校学生工作模式转型可能运用的相关理论进行概述，探索高校学生工作模式转型的理论基础。

2. 问卷调查

通过问卷调查，对高校学生工作模式现状特征进行量化分析，总结当前高校学生工作模式的现状特征。依据 2019 年全国高校学生思想状况调查，以及对 Z 校 2017 年、2018 年、2019 年三年新生生活形态跟踪调查进行实证分析。通过采集相关数据，运用统计分析方法，从学生生源地域、院校、学生角色等三个维度对学生群体差异进行分析，从新生生活形态方面对学生的在校状态进行分析。了解把握目前高校学生群体差异特征，了解把握地域、院校、学生角色选择对学生发展的影响。通过对其生活形态调查，了解学生发展个性化特征、学生期望、压力、发展关注焦点，进而对学生工作模式与学生发展需求的匹配情况做出判断。

3. 调研并进行访谈

结合工作模式现状特征和学生现状特征，通过对不同类型本科高校的辅导员和学生工作管理干部进行访谈，运用质性分析了解把握组织形态、运行方式、保障机制与“以学生为中心”的要求存在的差距。从理论和实践层面对高校学生工作模式存在的问题进行反思，对其存在的问题和主要原因做出分析，阐释“为什么”转型。

4. 分析高校学生工作模式

对“以学生为中心”的治理逻辑进行分析，明确高校学生工作模式转型的基本框架，回答“转什么”的问题。主要对高校学生工作模式转型在价值取向方面、组织运行逻辑方面、评价原则方面进行分析研究。基于“以学生为中心”的治理逻辑，结合当前学生工作模式存在的问题，提出构建适应学生发展需要的组织形态、运行方式、技术变革和保障体系，作为高校学生工作模式转型的实践路径，以此回答“怎么转”的问题。

三、研究方法

1. 文献研究法

利用文献研究法，旨在系统搜集和深入分析高校学生工作和高校学生工作模式概念及其转型的最新理论文献资料，全面把握该研究领域已取得的进展和尚存在的问题，以明确后续研究的方向与策略。不同学者对于高校学生工作模式概念的界定各不相同，通过文献研究法对已有概念进行梳理，确立本研究的概念内涵；通过对学生工作和学生工作模式以及转型的相关研究进行梳理，从现有研究中找出本书的切入点。

2. 问卷调查法

考察高校学生工作模式现状特征和新时代大学生现状特征，分析学生工作模式与学生发展需求之间存在的问题与不足，是开展高校学生工作模式向“以学生为中心”转型需要把握的重要内容，这决定了问卷调查法成为重要方法。对学生工作模式现状进行调查，对不同层次高校的学生工作模式中组织体系、运行方式、学生主体参与性进行分析，通过数据分析获取学生工作模式现状及特征，从而对当前高校学生工作领域存在的主要工作模式及特征特点有了更加客观的把握。在新时代学生现状特征方面，运用全国高校大学生思想状态滚动调查问卷，并设计 2019 级新生生活形态调查问卷（附件五），对 16 所高校大学生群体在地域差异、院校差异、角色选择差异方面开展调查，力图探讨和厘清高校学生生源地域差异、院校差异和角色选择差异，采用了方差分析的方法进行数据分析。对 Z 校 2017—2019 年三年入学的 8900 名新生进行生活形态调查，获取相应学生数据，并对数据进行描述性分析。通过调查分析，全面系统地掌握供给侧的学生工作模式与需求侧的学生之间存在的差距，为研究提供数据支撑。

3. 访谈分析法

在人文社会科学领域，访谈分析法比较流行和常用，其具有直面性、最新性和真实性特点，但其分析效果也易受感性因素和个人观点所影响。具体而言，主要包括个人访谈和群体访谈两种方式，在进行访谈之前，无论何种方式，都需要采访者事先做好程序化或半程序化的提纲，以供被采访者做准备工作，确保访谈有序进行。需要指出的是，访谈分析法可能会发现一些在其他情况下不能掌握的信息，通过一些细节内容根据研究对象的现场反馈做出觉察和掌握。本书采用访谈分析法是为了分析“以学生为中心”的工作理念对于学生工作者的重要影响和他们的切身感受，从而对高校学生工作模式现状特征以及存在的问题做出整体性判断，为“以学生为中心”的学生工作治理模式转型提供参考依据。

第二章

高校学生工作模式现状与特征

研究高校学生工作模式转型，了解其现状并概括特征是逻辑起点和实践出发点。一般而言，一种工作模式总是与相对应的重要任务、特定时代需求密切相关，随着新任务新要求的提出，再结合时代变迁或形势发展，相应工作模式亦应随之转变。具体到高校学生工作模式，它应随着我国高等教育实现高质量发展而不断转型，才能适应新发展阶段高等教育培养目标之需要、新时代学生全面发展之需求。同时，深入了解高校学生工作模式现状，掌握其基本特征，还能为其转型提供现实依据和重要支撑。具体而言，本章主要包括高校学生工作模式发展阶段、现状分析和基本特征三部分，下面分而述之。

第一节　高校学生工作模式发展阶段

改革开放以来，我国高等教育发展大致经历了四个标志性阶段，与之相伴随相对应的是，高校学生工作模式亦经历了四个不同阶段，并构成了其逐步转型的发展背景。

一、雏形阶段

第一个阶段是 1977 年至 1984 年的高等教育恢复阶段。以 1977 年恢复高考为标志，中国高等教育事业重新回归正常发展轨道。在学生工作方面，1978 年 10 月 4 日，教育部出台《关于讨论和试行全国重点高等学校暂行工作条例》（试行草案）通知，其中第四十九条提出，在一、二年级设政治辅导员或者班主任。1980年4月29日，教育部、共青团中央印发的《关于加强高等学校学生思想政治工作的意见》联合通知指出，学生的思想政治工作要从实际出发，正确地分析学生特点，同时提出高等学校的学生政治工作干部既是党的政治工作队伍的一部分，又是师资队伍的一部分，担负着全面培养学生的重要任务。1982年2月27日，教育部出台关于颁发《高等学校学生守则》（试行草案）通知，明确要把加强思想政治教育和加强管理结合起来，要使学生从入学起就知道应该怎样做，不应该怎样做。同时提出，在学校党委统一领导下，各职能部门密切配合，共同做好思想政治工作和行政管理工作。1984年11月13日，中共中央宣传部、教育部出台《关于加强高等学校思想政治工作队伍建设的意见》指出，工作队伍普遍存在骨干老化、后继乏人的情况，不适应当时学校思想政治工作需要的问题。上述重要文件陆续出台表明这一阶段在以恢复秩序、形成规范、强化思想教育的背景下，逐步明确了高校学生工作的角色定位，在组织构成上逐步呈现学生思想与学生管理一体化之雏形，将思想政治教育与学生管理作为学生工作模式的基础，对学生思想上进行灌输教育与对其行为上的规范要求成为这一时期学生工作模式的主要方式。

二、改革发展阶段

第二个阶段是1985年至1998年的改革发展阶段。以1985年《中共中央关于教育体制改革的决定》颁布为标志，正式拉开我国高等教育体制改革的序幕。在这一阶段国家启动“211工程”和“985工程”，有112所和39所高校纳入国家财政经费支持专项计划，一大批重点高校、重点学科和重点实验室得到快速发展，有力提升了我国高等教育的办学水平。在这样的背景下，高校学生工作得到进一步加强，1986年5月29日，中共中央、国务院批转的《国家教委关于加强高等学校思想政治工作的决定》指出对青年学生应有全面的、符合实际的估计，这是做好学生思想政治工作的基本出发点。提出思想政治教育内容和方法必须改革，实行说服教育和疏导的方针，教育与引导结合，教育与管理结合，教育同关心和改善学生的学习、生活条件结合起来，同时明确提出，要使学生学会自己教育自己、自己管理自己。1987年5月29日，中共中央出台的《关于改进和加强高等学校思想政治工作的决定》提出，大力提倡教书育人、服务育人，要求全党全社会都应关心青年学生的健康成长。1993年8月13日，中共中央组织部、中共中央宣传部、国家教育委员会（现中华人民共和国教育部）印发《关于新形势下加强和改进高等学校党的建设和思想政治工作的若干意见》。1994年8月31

日，中共中央出台的《关于进一步加强和改进学校德育工作的若干意见》提出，学校和教育行政部门的机构改革，应注意对德育机构做出合理安排，有所加强。1995 年 11 月 23 日，国家教育委员会颁布试行《中国普通高等学校德育大纲》。在这一阶段，高校从上到下的学生工作管控体系基本形成，金字塔式的学生工作模式的组织形态与运行方式得到巩固。

三、大众化发展阶段

第三个阶段是 1999 年至 2012 年的大众化发展阶段。以 1999 年高校扩招为标志，当年高校学生总人数达到 159.7 万，比上一年增长 47.3%。从 1999 年到 2005 年，高校招生人数每年增长 20.0%以上，2012 年我国高等教育毛入学率已达 26.7%。其间，国家继“211 工程”和“985 工程”之后又实施“2011 计划”，开始引导高校推进内涵式发展。1999 年 6 月 13 日，中共中央、国务院出台《关于深化教育改革全面推进素质教育的决定》提出，要以培养学生创新精神和实践能力为着力点，要坚持面向全体学生，为学生全面发展创造相应条件，同时明确尊重学生身心发展特点和教育规律，使学生生动活泼、积极主动地得到发展。1999 年 9 月 29 日，中共中央出台了《关于加强和改进思想政治工作的若干意见》，2000 年 7 月 3 日，教育部出台《关于进一步加强高等学校学生思想政治工作队伍建设的若干意见》。2000 年 9 月 22 日，教育部出台《关于加强高等学校思想政治教育进网络工作的若干意见》。2001 年 3 月 16 日，教育部出台《关于加强普通高等学校大学生心理健康教育工作的意见》。2004 年 8 月 26 日，中共中央、国务院出台《关于进一步加强和改进大学生思想政治教育的意见》。2006 年 9 月《普通高等学校辅导员队伍建设规定》正式施行。这一阶段，伴随高等教育的进一步发展，国家对教育投入大幅度提升、对学生思想政治教育重视程度逐步提高，随着我国对外交往频次的增加，高校学生工作进一步发展，其中，在文件上进一步明确了思想政治工作队伍人员构成以及工作职能定位，加强辅导员队伍建设，有力推动学生工作发展。高校学生工作逐步提出职业化、专业化构想，并将心理咨询、就业指导、素质教育系统地纳入学生工作，高校学生工作由于工作内容变化，进而带来工作组织形态与运行方式变革，高校学生工作模式逐步从管控方式向管控与服务并行方式转型，管理者更加善于注重运用专业技能解决学生实际问题。

四、内涵发展阶段

第四个阶段是 2013 年开始至今的内涵发展阶段。以党的十八大报告提出

"推动高等教育内涵式发展"为标志，党和国家坚持把教育摆在优先发展战略位置，将"建设教育强国"确立为"中华民族伟大复兴的基础工程"。2015年，国务院印发《统筹推进世界一流大学和一流学科建设总体方案》，将"211工程""985工程"及"优势学科创新平台"等统一纳入世界一流大学和一流学科建设。教育地位的提升为高等教育发展注入新活力，在国家对高等教育领域投入不断增加的情况下，高等教育改革越来越受到重视和关注。随着我国高等教育改革的不断深入，在数量规模、内涵质量、公平效率和影响地位等方面取得巨大进步。在这一阶段，党和国家对高校学生思想政治教育提出一系列新要求，作出明确指示。2017年12月召开全国高校思想政治教育工作会议明确指出，高校一切工作要围绕学生、关照学生、服务学生，要注重把握学生的发展规律和时代特点。伴随高等教育进入新发展阶段，高校人才培养模式改革全面推进，以学生为中心深化内涵发展理念得到全面落实。在这样的背景下，高校学生工作模式"以学生为中心"转型，适应学生个性化、多样性发展需要，已经成为一种必然。

第二节 高校学生工作模式现状分析

掌握高校学生工作模式发展阶段，是推进其转型的重要基础，深入分析其现状，更是把握其转型的基本依据。基于此，笔者根据研究对象特质，分别设计了《高校学生工作模式运行现状调查（学生版）》和《高校学生工作模式运行现状调查（教师版）》调查问卷，从师生两方面对高校学生工作模式现状进行详细调查和基本分析。

2021年2月至6月，为核验问卷有效性、满足深入研究需要，笔者选取一流大学建设高校4所（清华大学等）、一流学科建设高校4所（首都师范大学等）及一般本科大学及民办高校5所（北京工商大学、山东青年政治学院等）进行集中施测。向本科学生发放学生版纸质问卷1000份，收回920份，有效问卷908份（有效回收率90.80%）；向辅导员及学生工作管理干部发放教师版纸质问卷400份，收回378份，有效问卷369份（有效回收率92.25%）。同时，为保证数据采样代表性及信效度指标，依托问卷星等网络平台，分别收取上述高校电子版有效问卷877份、310份。

一、基本数据

对问卷数据进行统计发现，问卷施测群体代表性较高，各类基础性信息指标分布较为均衡，符合当前高校学生整体情况及学生工作格局。

《高校学生工作模式运行现状调查（学生版）》，有效回收学生群体问卷占比大一 39%、大二 28%、大三 22%、大四 11%，具体见图 2-1；学生就读学科专业类别涵盖理工类、文史类、艺术类及其他专业类四种，分别占比 45%、40%、7%及 8%，覆盖面较广，具体见图 2-2。

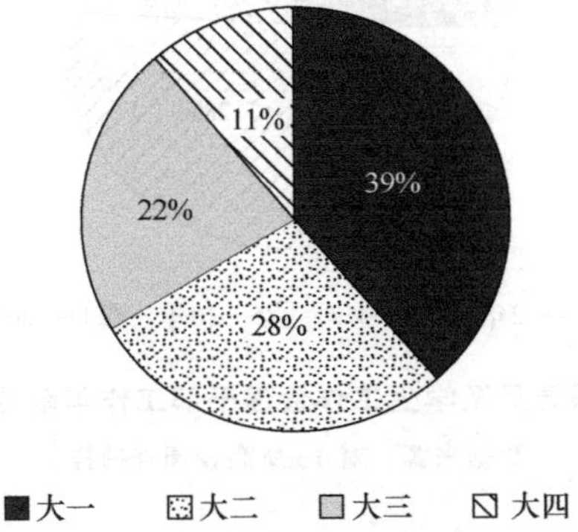

图 2-1　学生所在年级分布示意图

数据来源：对 13 所高校调查抽样。

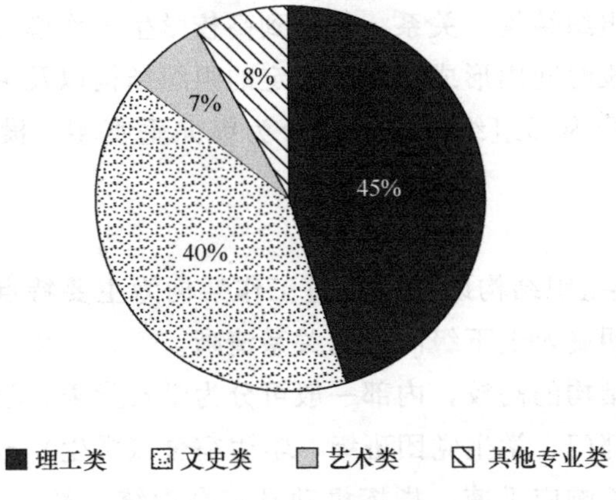

图 2-2　学生专业分布示意图

数据来源：对 13 所高校调查抽样。

《高校学生工作模式运行现状调查（教师版）》，有效回收辅导员问卷 621 份，占比 91.46%；学生工作管理干部（机关职能部门学生工作者）问卷 58 份，占比 8.54%。以工作年限作为分类指标进行分析发现，参与本次问卷调研教师具有 3—4 年工作经历者占比 28%，11—20 年占比 26%，1—2 年占比

24%，5—10 年占比 22%，20 年及以上工作年限教师未参与本次调研，如图 2-3 所示。

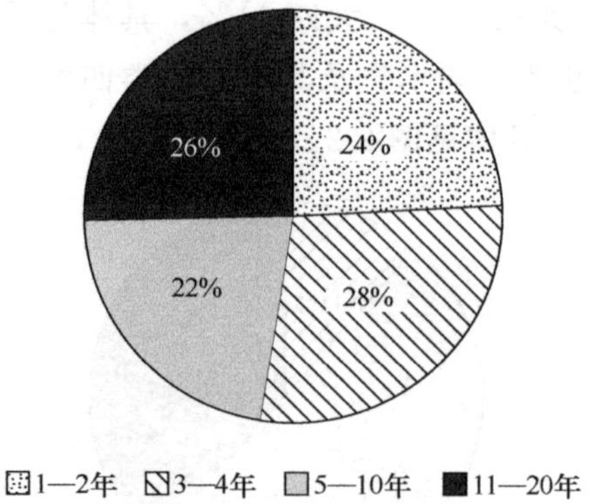

图 2-3　辅导员及学生工作管理干部工作年限分布示意图

数据来源：对 13 所高校调查抽样。

二、学生工作模式的现状

1. 组织形态

组织形态涉及组织结构、关系。具体到高校学生工作模式组织形态，主要指高校学生工作在一段时间内形成的相对稳定的组织结构以及由此构成的相互间关系。目前，国内高校内部组织结构主要分为纵向垂直型、横向职能型及矩阵型三类。

（1）纵向垂直型

如图 2-4，该类组织结构以纵向垂直工作架构为主要特点，在管理上，以工作层次划分，科层明确，上下级间隶属关系清晰。

采用此种组织结构的高校，内部一般可分为学校党委、学校学生工作职能部门、院系学生工作部门、学生党团班级、学生宿舍（学生）五个层级。层级与层级间权责明确，决策响应迅速，指挥机动具有高度统一性。在实际运行过程中，资源整合能力较强。同时，该种组织结构也显露了不少弊端。

第一，由于过度强调科层管理，承担组织管理工作的辅导员、学生工作管理干部群体，日常任务主要为上传下达，工作主动性及创造性较低。数据分析表明，倾向于选择该种组织形态的学工干部群体，其组织能力较强，但变通性较差，可定时定量完成指定任务，但创造性缺失较为严重，约有 62%的辅导员表示，自己对上级安排任务一般采取听从要求直接执行。

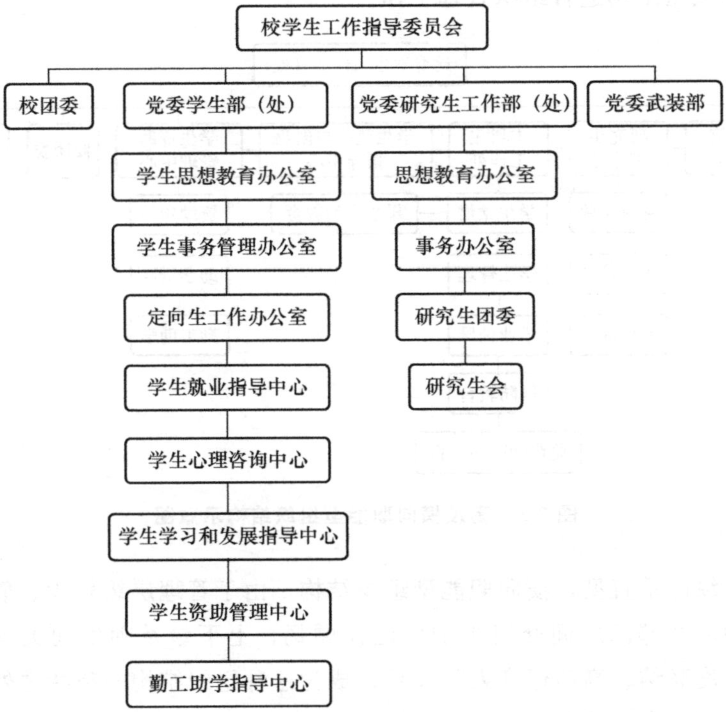

图 2-4　高校纵向垂直型组织结构示意图

第二，学生工作管理层级过多，远端管理层缺乏对学生了解导致决策时效性差，学生对部分决策不理解并难以及时反馈意见。数据分析发现，倾向于选择“纵向垂直型”的学生群体，约有 46%学生认为，学校组织活动未完全切合学生实际需求。同时，由于层次间传递耗能较大，任务经过多层转发后，真正用于完成工作本身的时间少之又少，极易引发学生群体情绪上的焦虑。此外，机械性地将通知或政策性文件下发，也容易导致“唯书本论”现象的发生。针对学生的疑问，直接面向学生的辅导员和学生工作干部由于缺乏对文件的完整理解和把握，不能灵活变通处理问题，让学生自行理解或向上反馈成为问题解决的最终办法，因层级间隔距离大，询问效果往往不太令人满意且耗时巨大，学生时有产生“问题石沉大海”的错觉，这无疑会影响学生工作的公信力。

（2）横向职能型

如图 2-5，该类组织结构借鉴参考国外学生事务管理模式，将具有相同职能机构和人员组合并按照学生在校接受教育、管理、服务的需求，设置相对独立的学生心理咨询和服务中心、学生资助管理中心等部门，减少科层的层级，以扁平化方式、多线型结构进行组织管理工作。

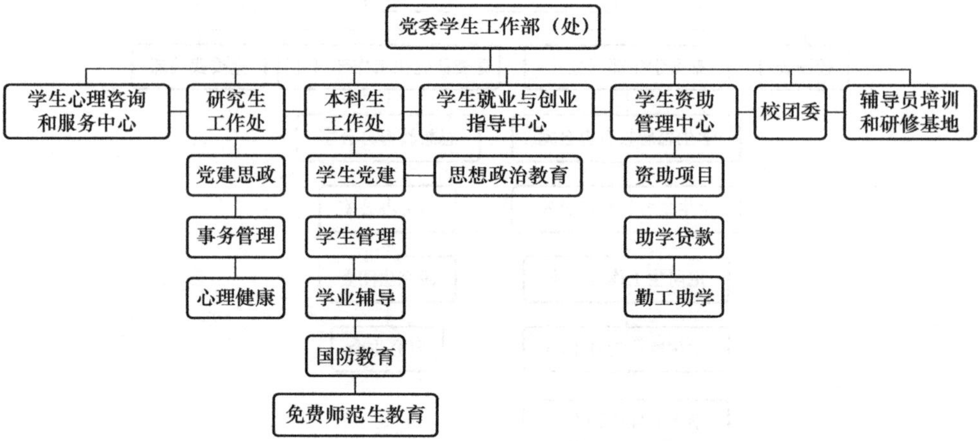

图 2-5　高校横向职能型组织结构示意图

相较于纵向垂直型，横向职能型组织结构，由于管理层级较少、管理幅度较大，部门内部及部门之间交流更加广泛而顺畅，上下级及师生间关系也更为融洽。高亲密度联结、高信任度人际关系，成为这种组织结构的独特之处。

数据分析发现，倾向于选择此种组织结构的学工干部，相较于选择“纵向垂直型”群体，在工作开展过程中，他们的自信心更强，主观能动性发挥得更好，愿意积极联系、协调各个部门解决实际问题。扁平化管理模式中，学生对问题疑问可以快速定位，学生更易于感到被关心、包容与理解，学生对学校政策认可度会更高。

在横向职能型结构中，学工干部群体上下层级间关系相较于纵向垂直型结构也有明显改善，下属成员更愿意和上级进行工作以外内容探讨，上级也更愿意将工作经验倾囊相授，整体工作氛围更加和谐。而由于身心放松，工作效率稳步提升，学工干部和学生良性互动比例有显著增加，能够做到围绕学生开展工作。

（3）矩阵型

如图 2-6，该类型高校组织结构以交互式架构为主要特点，组织形态以纵向垂直型为基础，同时加入横向职能型建设，形成一种横纵相交的组织结构。在内部成员构成方面，该类型组织结构也别具一格，成员不会完全固化于某一部门之内，而是经常性横跨于多个部门之间。如一些高校教务处、学生部（处）及人事处的处级干部，除了在本部门内指导工作外，还会组成学校学生工作指导委员会，统筹全校学生教育管理服务指导工作；再如近年来一些学校新建立的大学生学业指导中心，其成员包括了学生部（处）、教务处，校团委和院系各级教师，通过建立多中心的方式，围绕学生发展开展常态化专项工作。

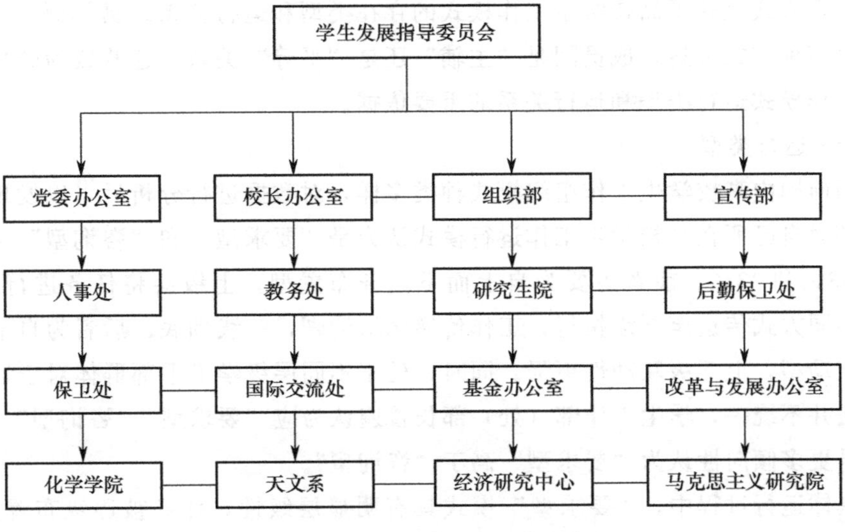

图 2-6　高校矩阵型组织结构示意图

数据分析发现，在这种组织结构下，学工干部群体对于各类政策、文件融会贯通能力较强，既可以从宏观角度切入问题，也可以见微知著，将微小问题了然于胸，整体创新性、思维灵活性较高。同时，由于经常在不同部门工作间进行切换，学工干部群体对学校依赖性更强，“爱校建校荣校”情怀更深，在对于发挥合力促进学校发展与学生发展作用方面，其认可度高达 90%，远远高于其他组织结构。但学生对矩阵型组织结构的评价呈现两极分化趋势。在问题解决方面，60%的学生认为，学工干部群体可以快速响应，提供解决方案较多且全面，能第一时间帮助自己解决心头之惑；40%的学生认为，当遇到突发性问题时，学工干部群体响应较慢，时常无法第一时间取得联系，部分问题解决需要耗费半天至一天的时间。这无外乎是矩阵型组织机构运行模式所致。部门之间统合，人员流动，为学工干部群体全方位介入学校事务提供条件基础，但过于繁重的项目与任务压力，频繁的会议与耗时的通勤，也让这部分人员身心俱疲，实际落实学生中心任务有些力不从心。

此外，通过对数据的深入探讨，笔者发现，参与本次测试学生及学工干部对所在高校学生工作组织结构感受倾向性不一致。学生倾向选择“横向职能型”占比为 38%，选择倾向“纵向垂直型”占比 33%，学工干部选择倾向“横向职能型”占比为 45%，选择倾向“矩阵型”占比 44%。选择的差异表明学生与学工干部认知不对等、信息不对称，这些问题需得到重视。

2. 运行方式

运行方式反映了高校学生工作模式的存在类型和运行关系。具体而言，运行信息以何种方式传达，成员间是“主辅”还是“平等”关系，这些成为分析高校学生工作模式运行类型和运行关系的重要依据。

（1）运行类型

当前国内高校学生工作组织模式种类多样，对数据进行分析后可以发现，学工干部对自己所在高校学生工作运行模式认为是“要求型”和“咨询型”主导分别占 53%和 33%。前者主要为自上而下任务布置型，上级会将任务进行加工，通过不同方式传达至下级执行，工作传递脉络清晰，一线到底；后者为自下而上问询互动型，上下级联动性更强。同时，处于不同层级学工干部群体对于运行方式看法并不统一，学生工作部（处）部长普遍认为应“要求型”“咨询型”并举，辅导员更多倾向性认为“要求型”高于“咨询型”。

具体运行过程中，“要求型”模式具有明显层级性，任务被逐级布置安排，逐层理解加工，程序固化单一，流水线式开展。数据分析表明，处于该种工作模式下，学工干部层级观念强，除中间层外，顶层决策及底层执行成员群体均伴有较高程度焦虑情绪。前者主要集中于政策是否合理、任务安排是否妥当等问题，后者主要关注于任务具体落实与时效性方面内容。同时，“要求型”模式以学生为中心的高位概念未被完整落实，纵观各类上级任务安排，仅有 32%的学工干部认为，其是根据学生需求所制定，超过 50%的学工干部断言，以上级文件精神为主导制定活动任务方案，工作被推进是常态。

“咨询型”模式与“要求型”模式存在较大不同。“咨询型”模式工作运行主要以问题为导向，一线学工干部群体根据学生出现状况做出判断与安排，逐级组织上报。上级从宏观角度推演后，给予专业保障，支持一线学工干部工作。由于该种模式更加贴近学生，以学生需求为中心，近年来也陆续得到更多发展空间。

对比两种模式，数据分析表明，在“工作支持感”“工作掌控感”方面，“咨询型”模式下的学工干部表现出更多向好的倾向，同时由于“咨询型”模式层级观念明显淡化，学工干部心理压力更小，主观能动性更强，更乐于在遇到问题时发动身边资源解决问题。约有 70%的学工干部认为，在“咨询型”模式下，当自己在工作推进过程中遇到阻碍时，曾有过向上级领导如科长、副书记、学生工作部（处）部长等的咨询经历，并获得多元化问题解决策略。在“要求型”模式下，比例仅为 33%。这种模式差异所带来的变化不仅表现在一线辅导员队伍中，顶层学生工作部（处）部长在“咨询型”模式下，也更加能感受到职业幸福感，主要体现在融入感、被需要感等方面。

(2) 运行关系

我们都有社交需求与链接需求，通过不间断的交互，会形成独有人际关系网络。众多研究表明，伴随着社会价值导入，人际关系并非会保持静态稳定，会在不同相处模式及各类因素影响下动态变化。在高校学生工作中，人际关系表现也是如此，不论是“上下级关系”还是“协作关系”，或是“合作关系”和“竞争关系”，当运行模式不同时，其也会发生较大差异性改变。

第一，对数据进行描述性分析可以发现，在“要求型”模式下，由于观念固化，超过80%的学工干部认为，自己与上级领导关系为“上下级关系”；在“咨询型”模式下，只有37%的学工干部更多认为自己与领导是“协作关系”。这表明不同运行模式会潜在性将“上下级”或“协作”观念印刻在工作执行过程中，领导与下属每一次交流可能都是对层级观念深化或淡化。相对应地，人际关系不同发展趋向，也在一定程度上对学工干部个人职业发展带来差异性影响。在“要求型”模式中，由于工作惯性，上级对下属普遍关注度不高，导致学工干部个人发展处于停滞阶段，发声困难，工作无力感较强。同时，因事事遵从上级指示，较少考虑学生反馈，脱离学生、脱离实际风险较大。“咨询型”模式表现较好，由于学工干部不仅可以获得多部门、多层级资源支持，同时拥有更多机会与上一级管理者对话，这将更加利于辅导员职业发展。此外，广阔的视野，多维的展示空间，为学工干部获得更多职业认同感提供了很好的支持。

第二，传统观念下的印象会对学工干部产生影响。以学工干部与学生相处模式为例，在“要求型”模式下，近55%的学工干部认为，自己在工作开展过程中处于主导位置，学生更应该按照所罗列的条条框框开展工作；在“咨询型”模式中，近73%的学工干部认为，自己喜欢关注学生一举一动，并乐意在聆听学生表达后开展对应个性化工作。在“对抗性关系”显著降低的“咨询型”模式下，学生也更多地表现出对于学工干部工作的理解，愿意进行协商。

3. 师生权力

当前高校学生工作领域主要存在两种权力主导方式，“管理者主导”和“学生主导”。

在“管理者主导”方式下，学生工作一切出发点在于管理者权力是否可以得以完整有效运行。因此，在此种方式主导下，高校在部门设置过程中，乐于建设“学生管理科”“学生教育科”“学生奖惩科”等具有管理职能的中心部门，以此加强管理。在“学生主导”方式下则不然，由于“以学生为中心”开展工作，所以更多符合学生特点及需求的部门被加以建设，如学业指导中心、心理素质教育与咨询中心、就业指导服务中心等等，专业主导，更加贴近学生，亲和力更强。

同时，权力主导方式也与学生工作运行模式具有交互作用。“管理者主导”方式往往会与“要求型”运行模式相挂钩，而“学生主导”方式会与“咨询型”运行模式同时出现。前者工作开展过程中，管理者与学生分处信息高位与低位，学生被动接受各类信息传达；后者作为利益相关者的管理者与学生则处于平等层级，良性互动，学生求知欲与参与感更高。

对于学工干部而言，不同主导方式，为一线工作开展带来不一样的体验。在“管理者主导”方式下，数据分析显示，学工干部更多会感到与学生群体存在“隔离感”，学生“不敢”“不愿”“不想”和学工干部交流，也因为沟通渠道堵塞，学工干部常常处于虚无的“管理者”状态，错误地预判形势，盲目地开展工作；在“学生主导”方式下，由于师生间隔阂较少，学工干部能较为准确地在第一时间获取学生需求，各项活动更能从学生实际需要出发，学生愿意说，老师愿意听，可以在萌芽状态发现问题，管理高效便捷，校园平稳安定。对于学生群体调研也发现，在“教师能迅速掌握有关信息，准确及时处理我的问题”及“学校正在积极关注我的个人成长”等问题中，“学生主导”方式下的学生评分更高，个人感受性更佳。可见，工作模式会带来交往模式变化，而交往通畅与否会在一定程度上阻碍或推动工作模式进一步革新与变化。

4. 资源配置

目前，国内高校资源配置方式大致可以分为两类，“计划导向”分配方式和“需求导向”分配方式。

“计划导向”分配方式在高校学生工作中存在时间较长，其主要以同一性作为落脚点，通过忽略学生民族、性别、经济背景等个体差异，将资源直接平均分配，以公平性为先。当面向学生群体数量较少、差异性较弱且资源较为充沛时，可以发挥一定的平衡作用。进入新时代，电子信息化逐步成为学生学习生活的重要部分，知识获取速率的提升，将个性化需求解放，个体间差异增强，仍使用“计划导向”的分配方式显得捉襟见肘。此时，“需求导向”分配方式产生了，它摒弃了以往“单纯平分”概念，将个性化支持作为中心思想，对学生成长成才进行差异化补偿与资源重组，将选择权力留给学生，提升学生获得感。

从调查问卷中的数据分析表明，目前高校资源配置方式选择往往受多种因素共同影响。

第一，资源类别。数据分析显示，当需要分配资源类别不尽相同时，学工干部采取的资源配给方式存在明显差异性。如在“奖学金”“生源地及校园地贷款”等和学生切身利益相关项目上，“应给尽给”原则是大部分学工干部的共识；在遇到如“助学贷款”等具有明确个体差异性项目分配时，一般会采用“需求导向”方式进行资源配置，以服务最需要的少数群体作为平衡社会资源的优先方式。

第二，资源的有限程度。资源配置的本意在于对相对稀缺的资源在各种不同用途上加以比较做出选择。表明在资源配置过程中，资源并非无限，有时甚至十分“稀缺”。数据分析发现，学工干部在日常性工作过程中，可以敏感察觉当前资源紧缺程度，当供给侧方面的资源超过学生需求时，超过65%的学工干部会选择“饱和式”配置方式，即不论学生是否实际需要都进行分配；而当供给侧的资源远远小于学生需求时，则会转变成为特定学生进行个性化分配。

第三，教师情怀。每个人都是独特的，教师也如此。部分教师以学生工作作为谋生手段，以完成上级交派任务为优先考虑要求，不在乎学生个人感受与个性化需求，易使用“一刀切”方式进行学生管理，将有限资源倾泻而下；另一部分教师关注其可为学生带来的实际价值，以教师本职工作为重，注重师德品性，愿意“燃烧自己照亮他人”。他们懂得因材施教，明白学生个体性成长价值，在资源分配时，会优先选择具有最高优先级的学生，以保证供给与需求可以完美对接。

第四，师生交互深度。数据表明，当教师与学生具有较强联结时，在有限资源分配时，更愿意使用“需求导向”的方式，反之则为“计划导向”。这种随师生交互深度逐渐变化的现象，反映出当教师全方位掌握学生整体画像时，其作为供给侧更能从不同角度将资源整合，为学生对口输入资源。从学生角度，相同结论也被发现，超过80%的学生认为，当自己与学工干部关系较为紧密且融洽时，更能获取自己想要的资源。

5. 学生主体作用发挥

学生是高校学生工作的中心，这要求高校在组织构成、运行方式和其他各类工作程序中都要竭尽全力地将学生主体参与程度放在重中之重的位置。

从宏观视角对高校学生工作日常运行过程中学生主体参与性进行分析可以发现，“被动参与”与“主动参与”形成了两种不同方式。在“被动参与”中，学生往往处于被要求、被安排的状态，处于信息链末端，各类活动项目缺失学生的参与设计，因而学生内在需求不强，兴趣较低，吸引力不足，“身在曹营心在汉”的情况时有发生；相反，在“主动参与”中，学生处于策划决策层，其自身所处群体建设性意见一般会被辅导员或学生工作干部老师采纳，此类型下，学生被接受感强，对于学校和学院信任度也更高。

调查问卷中的数据分析表明，学工干部与学生群体对于高校中“被动参与”与“主动参与”各活动项目的大致倾向性看法较为一致，70%与30%的比例数据一定程度上也表现出，高校仍以学生硬性参与活动作为主导方式。与此同时，高校也已察觉到学生个性化需求与主动参与的重要性，积极探索、寻找适合于学生工作良性发展的策略与途径，努力创设学生主动参与的情境，主要体现在如下两个方面：

第一，在活动选择、组织和策划方面，学生享有较强自主性的占比70%。其中，以党团班级一体化建设环节、社团学生会建设环节中的活动选择组织为主，学生通过主动参与，可以获得满足感与成就感，并愿意贡献自己力量，加入下一阶段组织建设过程之中，且不受上一活动举办是否完全成功的影响。

第二，在课程选择方面，学生也部分获得“主动参与感”。但这种参与感主要集中于选修课程上，占比85%，随着课程设置数量与趣味性成正比例增加或减少。扩大选修课为高校学生工作开展提供了新的思路，努力为学生提供多类型充足的体验方案，帮助学生获得充分体验，以此激发学生内在活力成为主导。此外，学生主体参与程度被发现同师生关系密切程度存在一定的关联。以李克特十级量表为基准，当师生关系评级为5—10分时，学工干部在有限的工作职权内，更愿意让学生发挥个人主观能动性，让学生自由设计并组织活动，当分数在5分以下时，情势则急转直下，硬性布置开展活动则成为常态。同时，权力主导类型交互效应显著。当学工干部较认可“管理者主导”方式时，使用“被动参与”作为主要工作方法的概率可以提升至70%，这可能是由于管理者希望通过硬性工作树立个人权威，从而获得更大权利。而当学工干部认可“学生主导”方式时，“被动参与”概率降低至20%，除学生必须完成某些硬性指标外，学工干部会为学生提供良好氛围与环境，以学生主体参与为先，个性化开展辅助支持工作。

第三节　高校学生工作模式基本特征

掌握高校学生工作模式发展历程、多维度分析其现状，是概括其基本特征的重要前提。进入新时代，高等教育适应高质量发展基本要求和学生群体特征新变化，对高校学生工作模式提出了新要求，工作形态总体上要呈现出管理和治理模式交织，工作路径逐步体现以学生为中心，工作机制逐渐从“计划导向”向“需求导向”转变，在提升服务质量的同时，向学生提供有效支持得到贯彻和落实。

一、管理和治理模式交织

随着高校推进教育治理体系和治理能力现代化，学生治理体系建设越来越受到重视，成为高校育人体系重要组成部分。调查显示，绝大多数高校学生工作教师和学生，都在参与学生工作的过程中感受到“学生管理”和“学生治理”两种主要方式。而且，二者在当前高校学生工作理念、工作机制和资源配置等方面存在交融和转化，呈现出以管理模式为主导、管理和治理模式相结合的基本状态。

1. 工作理念：以管理模式为主导、管理和治理模式相结合

“学生管理模式”是一种自上而下、有明确目的、计划和较强权威性的工作模式。“治理”是个人和公共或私人机构管理其公共事务的诸多方式的总和。它是使相互冲突的或不同的利益得以调和并采取联合行动的持续的过程。“学生治理”是以高校学生工作部门为主导，协调各利益主体的价值诉求，激发、引导学生参与学校事务，管理自身事务，自我发展，自我负责，与校方共同行动，实现学校整体目标的过程。

调查显示，有近75%的一流大学建设高校和一流学科建设高校学生对“学校有大量丰富的活动供我选择，能够满足我不同阶段的需求”选择了完全符合和比较符合，而普通本科高校及新建本科高校选择这两项的学生只有55%。说明虽然同样是以管理模式为主导，但一流大学建设高校和一流学科建设高校管理和治理模式结合程度更高。调查可以看到，目前我国高校学生工作在理念上是以管理模式为主导、管理和治理模式相结合。这符合我国自古以来“尊师重教”的文化传统，教育素来注重引导学生对教师恭顺、尊敬，教师和学生关系，无论从学业上还是在生活中，都形成一种引领者和服从者的不平等关系。在问及对“学校的师生关系较为平等，我能够向老师表达自己的想法”的感受时，有近10%的学生选择完全不符合或者比较不符合，表明部分学生内心和教师距离感较强。而在问及“您认为您和学生的关系更倾向于哪种”时，仅有不到10%的教师认为，自己和学生属于“权威主导型关系”。说明教师和学生对平等关系这一问题的理解不对等。

党的十八大以来，全面深化改革已深入各个领域，深化教育领域综合改革，高校学生工作逐渐从管理向治理过渡，现阶段大部分高校学生工作正处于管理和治理模式交织阶段，两种模式交互存在、相辅相成，良好“管理”是实现“治

理”的前提，完善“治理”环境，促进“管理”加快转型。

2. 机构设置：内部设置趋于一致，权力运行集中，管理者中心凸显

在调查研究中会清晰地看到，无论是一流大学建设高校还是一流学科建设高校或是普通本科高校及新建本科高校，在学生部（处）内部基本都设置思想教育科室、学生管理科室，这表明我国高校学生工作在科室设置中，外界环境要求以及对学生规范是最主要职能。在这种职能要求下，高校学生工作模式呈现出从上到下、由外及内的管控模式，组织样式和运行方式各高校趋于一致，这种分工明确模式有利于发挥各科室学生工作人员专业优势，促进高校学生工作部门权力集中运行，在较大程度上使学生管理更加高效、便捷，易于让学生执行。但是这种学生工作机构设置，管理者中心地位凸显，更强调对学生进行共通性塑造，缺少对学生个性需求充分尊重和对学生创造性思维保护，对培养个性化学生，以及学生工作适应个性化培养方式存在一定缺陷。

二、由外向内的学生工作路径逐步清晰

进入新时代，“以学生为中心”理念已经在高校人才培养方面得到落实，学生工作模式的环境更加开放多元，学生主体参与度更高，但尚未从根本上改变管理者占主导态势，总体呈现一种在“以学生为中心”理念指导下，教师由外向内“围绕”学生的工作路径。

1. 学生工作角色：教师逐步向合作者、引导者转向

抽样调查显示，对“在日常工作时，受到外在影响的程度”，认为“压迫感”很强的教师有28%。长期以来，高校学生工作在传统“管理模式”下，政策制定和执行全过程都在政府和高校管理者主导下完成，学生工作人员工作内容主要依照管理者规划逐步实施，学生作为学生工作各个环节中的基层部分，服从各项安排。随着“以学生为中心”理念的深入和落实，学生诉求更受到重视，调查中，有88%的学生表示“提出的意见会得到有效反馈”，甚至很多学生被邀请参与学生工作决策制定过程中，这表明学校肯定了学生在学生工作中的主体身份，在执行政策时也充分考虑学生合理诉求，有意识地吸纳学生智慧，学生工作人员也更多地从“居高临下”的领导者，转变为推动学生积极参与自主管理学生事务的引导者。

2. 学生工作路径：逐步形成教师由外向内围绕学生的模式

调查数据显示，对“师生交往中，教师比较关注学生的感受”，选择不符合的学生约占17%，说明仍有一定数量学生认为，教师在学生工作中忽略了学生。

在惯例习惯的学生工作管理模式影响下，一些高校理解的“以学生为中心”，是参与学生工作教师围绕着学生，多对一由外向内的管理模式，在这种模式下，看似学生拥有中心地位，实为被动参与者、命令的服从者，学生工作人员单向对学生教育管理、为学生服务，缺乏与学生的信息交互，难以提供学生真正需要的教育素材，管理环境相对封闭。伴随教育环境发展变化，高校学生不仅是在校的学生，也是社会的一员，封闭的高校学生工作环境难以适应学生成长成才的诉求，学生在学校接触的教育管理往往都是正面积极的，而社会生活与教育描绘的状态存在差距，导致学生产生认知偏差。调查中我们可以看到，有83%的学生认为，“学校更加注重将教育和日常生活实际相结合”符合自己学校的学生工作状况。说明高校已意识到学生管理环境封闭带来的问题，并正在积极营造具有开放性的学生工作环境。

3. 学生主体参与：整体被动参与趋强态势没有根本改变

以“学生为中心”的学生工作模式中，学生工作部门角色定位为“引导者”，学生从管理客体转变为管理主体，学生参与度更高，主体意识更强。在对不同类型高校调研中，一流大学建设高校和一流学科建设高校学生主体参与度更高。在对“我会关注学生在学校的各种权益，愿意为学校发展建言献策”评价时，一流大学建设高校和一流学科建设高校中选择符合（包括比较符合、完全符合）的学生人数约占81%，一流大学建设高校和一流学科建设高校学生中，86%的学生选择“学生组织在学校发展中具有积极的推动作用”符合现状（包括比较符合、完全符合），认为“学校会通过调研、座谈会等形式了解学生的意见”的学生达到94%，以上三个选项分别比一般大学和新建本科高校高出19%、11%和8%。可见，一流大学建设高校和一流学科建设高校学生参与学生工作意识更强，参与范围更广、程度更深，体现出一流大学建设高校和一流学科建设高校在教育管理过程中更加突出学生主体地位，强调学生主体参与，学生参与学生工作氛围更加浓厚。

在学生主体参与度整体提升的同时，学生被动参与趋强态势没有根本改变。调查显示，虽然绝大多数学生参与到学生工作中，但被问及是否会积极参与时，只有35%的学生表示会参加。参与学生工作动机差异也十分明显，其中31%的学生选择“根据学校安排”和“获得综合测评加分”，说明学生参与并不是完全出自主观积极性，还存在其他因素影响学生被动地参与学生工作。

三、从计划导向向需求导向转变

当前，高校学生工作从计划导向逐步向需求导向转变，计划导向依然居于主导。随着学生工作内容扩大，学生需求状态呈现多元需求态势。

1. 学生工作机制：计划导向特点鲜明

学生工作机制既包括高校与学生的关系，也包括学生工作各部门及其工作人员间的相互关系，还包括学生工作过程中各个环节变化过程和相互作用方式。高校和学生之间供给和需求关系及其变化，是学生工作机制中一个重要环节。

目前，在学生工作机制上，从上到下的传导模式依然趋强，学生属于信息的被动接纳层面，其需求依然难以得到对应性的满足。此外，受管理理念影响，管理者往往将控制资源变成默认的权力掌控方式，对权力依赖成为管理者惯用方式。计划导向下，学生工作人员为学生提供教育、管理和服务内容相对固定，可选择余地较小。进入新时代，学生自我选择权逐步增强，学生工作影响力按照教育力理论来判断，当学生工作模式与学生选择匹配度越高，学生自我能动性越强，学生参与度就越高，教育影响力越久越强。相反，当学生工作模式与学生选择不匹配时，学生在简单服从的状态下自我能动性降低，由此带来了管理者中心下学生工作教育力的失调。

2. 资源配置：学生工作资源供给范围逐渐扩大，服务更全面

社会主义市场经济蓬勃发展，给高校学生工作注入了生机和活力，高校学生工作的资源供给得到了进一步丰富。同时，学生个体差异越来越显著，个性化需求越来越强，学生工作逐步由计划导向转向需求导向。将丰富的学生工作资源与学生发展的实际需求建立有效的对应关系，实现资源有效配置成为学生工作提升质量的重要方向。作为资源配置重要平台体系，高校学生工作包括了政策制定、制度出台以及政策制度落实的全过程，所涉及的内容与学生密切相关，资源供给范围覆盖了学生校园生活各个方面。这些资源既有显性的也有隐性的，显性资源供给包括依托高校教育资源为学生提供的适宜学习和生活的软、硬件条件，学习和生活的环境；也包括为学生搭建的更好的社会实践平台，开拓的优质就业市场，以及为学生增长才干、历练本领创造的更多机会。隐性资源供给包括高校通过思想政治教育，引导学生形成正确价值取向，积淀浓厚人文情怀和校园文化底蕴，促进学生身心愉悦，提升校园生活幸福感。

资源供给范围扩大，体现出高校为学生提供服务更全面，对学生需求也逐渐从按计划供给转变为根据学生需求供给。从调查中可以看出，“双一流”建设高校按需供给资源体量显著高于一般大学和新建本科高校。“双一流”建设高校在学生工作科室建设总体规模上远超出一般大学和新建本科高校，更加注重学生工作精细化管理，为学生提供更加精准服务。通过专业化分工，不同科室完成不同

职能，学校也相应需要投入更多资源。相对于“双一流”建设高校，以一般大学和新建本科高校为代表的多数高校受资源相对不足限制，一般只有传统的几个科室，一些高校甚至将科室合并，采用“一对多”大群体工作模式，在这种模式主导下的学生工作，更多时候以完成程序为目标，“计划导向”成为主导，学工干部很难有精力与学生互动，也难以根据不同学生需求开展有针对性的工作。

3. 满足学生基本需求，对个性化成长性需求重视不足

调查显示，92%以上学生表示，能够在学校获得个性化学习指导、心理健康咨询、就业创业等方面指导，但表示“学校有大量丰富的活动供我选择，能够满足我不同阶段的需求”符合实际情况的学生为73%。对两个问题的回答，一方面表明，学生在学校可获得多种类型指导和服务，能够满足学生在校生活大部分基本需求；另一方面表明，高校在给学生提供规定教育支持外，还需要为学生提供更多选择，满足学生个性化的需求，助力学生成长。

根据马斯洛需求层次理论，人的需要分为基本需要和成长需要。基本需要和人本能相联系，主要为生理需要、安全需要、爱与归属需要、尊重需要，基本需要更多对应的是学生的基本需求；成长需要主要指自我实现需要，这类需要位于需求层次最顶端，受本能影响最小，它对应的是学生的个性化成长需要。高校学生工作从学生基本需求出发，内容涵盖学生在校生活的各个方面，基本满足学生一般性需求，学生需求状态处于有机会选择的状态，但选择机会不充裕；随着学生人数增加，受限于资源数量以及供给质量，符合学生需求并可供学生选择的选项会因数量和质量的影响而走向没有机会选择的状态，导致可能提供给学生的不是学生需要的。新时代学生工作要更加关注学生成长需要，注重调动学生主观能动性，激发学生自主管理，促进学生主动行使学生权力，在学校支持下创造满足需求的条件，实现自我需求，达到“可选择”与“我想选”对应的状态，也就是学生随时可以从学校学生工作提供的选项中获得自己满意的选择项。

第三章

高校学生现状与特征

众所周知，无论何种类型高校学生工作模式，都要围绕学生开展、延伸。全面了解高校学生工作模式现状和特征，是研究其转型的重要基础；扎实掌握高校学生现状与特征，是推进高校学生工作模式转型的基本依据。基于此，本章从学生工作视角出发，基于学生现状特征，从学生群体差异、新生形态变化两个维度，对相关在校学生开展调查，从中梳理总结新时代高校学生现状和特征。

以问卷调查为主要方式：学生群体差异调查分别从生源地域、院校、角色选择三方面要素，对北京市 16 所高校三类学生群体开展调查，问卷基于 2019 年全国高校大学生思想动态滚动调查，数据来自这些高校调查基础数据，统计工具为 SPSS。数据围绕三类学生群体对学生工作相关内容满意度、学生活动选择、学生价值能力方面差异性进行分析。本次调查共发放问卷 9037 份，回收 8841 份，其中有效问卷 8836 份；新生生活形态调查以“Z”校 2017 级、2018 级、2019 级 8900 名新生为对象，开展高校新生生活形态现状调查。调查围绕新生信仰、学习、生活、压力、职业期待方面进行横向和纵向数据对比分析。

由于此次调查涉及调研人员数量较多、数据量较为庞大，在实际调研统计中有些数据为无效数据，无法计入统计，故一些百分比例数据最后的合计数不为 1。

第一节　高校学生群体差异性分析

一、不同生源地的差异性分析

1. 不同生源地学生群体的满意度比较

在对学生工作教师的满意度比较中，经单因素分析，不同生源地学生群体对于学校学生工作的满意度的差异具有统计学意义（$P<0.001$）。其中，心理咨询教师方面，由于地域不同，学生对心理教师和心理咨询认知有很大不同，在较发达地区，学生在初中、高中甚至小学阶段就已有了相关支持，在发展相对滞后地区，心理咨询是很多学生进入大学后才真正接触的一种支持。从不同地域学生对心理咨询教师满意度差异分析来看，某一区域的整体差异性并不明显，但地区之间存在差异。西北地区生源对心理咨询教师评价最低，明显低于华南、西南和华中地区；华北地区生源对心理咨询教师的评价较低，低于华南、西南和华中。辅导员方面，作为高校学生工作骨干力量，与学生接触最为密切。高校学生工作中对辅导员的满意度，在一定程度反映了学生对学生工作的认可度，因此，辅导员满意度测评成为很多高校对其进行考核的重要指标。不同生源地学生对辅导员的评价结果显示，华南生源对辅导员评价最高，明显高于西北、东北、华东和华北；另外，西北生源对辅导员评价最低，明显低于华中和西南；东北生源评价也较低，明显低于华中。班主任方面，不同生源地学生对班主任评价结果显示，华南生源对班主任的评价最高，明显高于西北、东北和华北；西南生源评价也较高，明显高于西北、东北和华北；其中，西北生源对班主任的评价最低，并明显低于华中和华东。团干部方面，不同生源地学生对团干部评价结果显示，华南生源对团干部评价最高，明显高于西北、华北、东北和华东；西南和华中生源评价也较高，明显高于西北和华北；其中，西北生源对团干部的评价最低，明显低于华中、华东和西南。总体来看，西北部学生对与学生工作相关岗位教师满意度较低，这表明应该关注不同生源地学生对与学生工作相关岗位教师满意度上的差异，以下数据均使用 SPSS 统计软件进行统计。如表 3-1 所示。

表 3-1　不同生源地域学生群体对学生工作教师满意度的差异

维度	事后比较	平均数差异	*P*值
心理咨询教师	华南＞西北	0.23	***
	西南＞西北	0.19	***
	华中＞西北	0.17	**
	华南＞华北	0.16	**
	华东＞西北	0.13	***
	西南＞华北	0.11	*
	华中＞华北	0.10	*
辅导员	华南＞西北	0.24	***
	华南＞东北	0.22	***

续表

维度	事后比较	平均数差异	P值
辅导员	华南>华东	0.16	***
	华南>华北	0.15	***
	华中>西北	0.15	***
	西南>西北	0.14	***
	华中>东北	0.13	**
班主任	华南>西北	0.27	***
	华南>东北	0.22	***
	华南>华北	0.16	**
	华中>西北	0.18	***
	华东>西北	0.14	**
	西南>西北	0.25	***
	西南>东北	0.21	***
	西南>华北	0.14	***
团干部	华南>西北	0.26	***
	华南>华北	0.19	***
	华南>东北	0.19	***
	华南>华东	0.14	**
	华东>西北	0.12	***
	华中>西北	0.19	***
	华中>华北	0.12	***
	西南>西北	0.19	***
	西南>华北	0.12	**

注：* 代表 $P<0.05$，**代表 $P<0.01$，***代表 $P<0.001$。

2. 不同生源地学生对活动选择的差异性比较

研究选取五类社会性活动，通过平均数（*M*）和标准差（*SD*）来看不同地区学生在这些活动中的选择与表现。数据分析显示，不同生源地学生在参加五项社会性活动时均存在显著差异（$P<0.001$）。如表 3-2、表 3-3 所示。

表 3-2　不同生源地学生主动参加社会活动的平均数

生源地	抗震救灾		山区支教		爱心捐赠		义务献血		帮扶孤寡老人	
	M	*SD*	*M*	*SD*	*M*	*SD*	*M*	*SD*	*M*	SD
华东	1.81	0.02	1.80	0.02	1.34	0.01	1.63	0.02	1.48	0.02
华南	1.73	0.04	1.81	0.04	1.39	0.03	1.53	0.04	1.53	0.03
华中	1.73	0.03	1.77	0.03	1.31	0.02	1.59	0.03	1.42	0.02

续表

生源地	抗震救灾		山区支教		爱心捐赠		义务献血		帮扶孤寡老人	
	M	*SD*	*M*	*SD*	*M*	*SD*	*M*	*SD*	*M*	SD
华北	1.81	0.02	1.81	0.02	1.32	0.01	1.63	0.02	1.48	0.01
西北	1.62	0.03	1.55	0.03	1.24	0.02	1.50	0.03	1.33	0.02
西南	1.62	0.03	1.62	0.03	1.26	0.02	1.54	0.03	1.39	0.02
东北	1.79	0.04	1.78	0.04	1.38	0.03	1.71	0.04	1.45	0.03

表 3-3　不同生源地学生主动参加社会活动的差异

	抗震救灾	山区支教	爱心捐赠	义务献血	帮扶孤寡老人
F 值	9.985	13.00	6.98	5.48	8.55
P 值	***	***	***	***	***

注：* 代表 $P<0.05$，** 代表 $P<0.01$，*** 代表 $P<0.001$。

3. 不同生源地学生价值能力评价比较

（1）对周边学生评价比较。作为学习生活伙伴，相互之间评价一定程度上反映了学生对高校相关方面满意程度，也是对学生在相关方面对学校给予支持情况满意与否的重要体现。为更深入了解不同生源地学生对周边大学生各方面评价，同时也反映了不同地域学生对高校学生工作涉及的人的行为素养方面的满意程度，研究利用平均数和标准差分别对不同生源地学生对周边同学在学习态度、集体观念、纪律观念、诚信意识、奉献精神、法治意识、创新精神、责任意识、务实精神、奋斗精神、自主学习能力方面进行差异比较和分析。如表 3-4、表 3-5 所示。

表 3-4　不同生源地学生对周边大学生的评价

维度	生源地													
	华东		华南		华中		华北		西北		西南		东北	
	M	*SD*	*M*	*SD*	*M*	*SD*	*M*	*SD*	*M*	*SD*	*M*	*SD*	*M*	*SD*
学习态度	1.70	0.02	1.85	0.03	1.79	0.02	1.75	0.01	1.63	0.03	1.72	0.03	1.66	0.03
集体观念	1.83	0.02	1.81	0.04	1.92	0.03	1.84	0.02	1.74	0.03	1.94	0.03	1.78	0.04
纪律观念	1.76	0.02	1.76	0.03	1.82	0.03	1.75	0.02	1.65	0.03	1.79	0.03	1.73	0.03
诚信意识	1.47	0.01	1.58	0.03	1.52	0.02	1.54	0.01	1.47	0.02	1.55	0.02	1.50	0.03
奉献精神	1.78	0.02	1.75	0.03	1.81	0.03	1.77	0.02	1.68	0.03	1.84	0.03	1.73	0.04
法治意识	1.51	0.02	1.64	0.03	1.57	0.02	1.54	0.01	1.46	0.02	1.58	0.03	1.50	0.03

续表

维度	生源地													
	华东		华南		华中		华北		西北		西南		东北	
	M	*SD*	*M*	*SD*	*M*	*SD*	*M*	*SD*	*M*	*SD*	*M*	*SD*	*M*	*SD*
创新精神	1.65	0.02	1.74	0.03	1.71	0.02	1.75	0.01	1.62	0.03	1.73	0.03	1.71	0.05
责任意识	1.63	0.02	1.67	0.03	1.62	0.02	1.62	0.01	1.65	0.03	1.65	0.03	1.62	0.03
务实精神	1.59	0.02	1.64	0.03	1.63	0.02	1.58	0.01	1.58	0.03	1.63	0.03	1.59	0.03
奋斗精神	1.58	0.02	1.62	0.03	1.59	0.02	1.58	0.01	1.47	0.02	1.61	0.03	1.52	0.03
自主学习	1.56	0.02	1.64	0.03	1.61	0.02	1.62	0.01	1.51	0.02	1.60	0.03	1.55	0.03

表 3-5　不同生源地学生对周边大学生行为评价的差异

	学习态度	集体观念	纪律观念	诚信意识	奉献精神	法治意识	创新精神	责任意识	务实精神	奋斗精神	自主学习
F 值	8.30	5.75	4.05	3.94	3.41	5.69	4.72	0.61	1.19	4.24	4.21
P 值	***	***	***	0.1	***	***	***	0.72	0.31	***	***

注：* 代表 $P<0.05$，**代表 $P<0.01$，***代表 $P<0.001$。

通过对不同生源地学生对周边其他大学生各行为评价的差异性检验，在学习态度、集体观念、纪律观念、诚信意识、奉献精神、法治意识、创新精神、奋斗精神和自主学习能力方面，来自不同地区学生评价皆有明显差异。但是在责任意识和务实精神两方面，各地大学生之间评价差异不明显。

根据事后对比，学习态度方面，通过差异检验，不同生源地学生对身边大学生学习态度评价差异主要体现在：华南生源地学生对周边同学学习态度评价最高，明显高于西北、东北、华东和西南；其次，华中生源地学生对于周边同学学习态度的评价明显高于东北和华东；华北生源地学生对于周边同学行为的评价高于西北生源地学生。集体观念方面，通过差异检验，不同生源地学生对周边同学集体观念评价差异主要体现在：华中生源地学生对于周边同学集体观念的评价最高，明显高于西北、东北；其次，西南生源地学生对于周边同学集体观念的评价高于西北和东北。纪律观念方面，通过差异检验，不同生源地学生对周边同学纪律观念评价差异主要体现在：西北生源地学生对周边同学行为评价最低，明显低于华中、西南、华东、华北。诚信意识方面，通过差异检验，不同生源地学生对周边大学生诚信意识评价差异主要体现在：华东生源地学生对于周边同学诚信意识的评价明显低于华南、华北；西北生源地学生对于周边同学诚信意识的评价明显低于华中。奉献精神方面，通过差异检验，不同生源地学生对周边同学奉献精神评价差异主要体现在：西南和华南地区生源地学生对周边同学奉献精神方面评价最高，明显高于西北、东北、华东和华北，从整体上看，西北和东北生源地学生对于周边大学生奉献精神方面评价最低。法治意识方面，通过差异检验，不同生源地学生对周边大学生法治意识方面评价差异主要体现在：西北生源地学生对周边大学生法治意识方面评价最低，明显低于华南、华中、华北。创新精神方面，通过差异检验，不同生源地学生对周边大学生创新精神方面评价差异主要体现在：华北地区生源地学生对周边同学创新精神方面评价最高，明显高于西北、华东。奋斗精神方面，通过差异检验，不同生源地学生对周边大学生奋斗精神方面评价差异主要体现在：西北地区生源地学生对周边同学奋斗精神方面评价最低，明显低于华中、华东、华北和西南、华南；华中、华东、华北和西南地区生源地学生对周边同学奋斗精神方面评价差异不大，处在同一水平区间。自主学习方面，通过差异检验，不同生源地学生对周边大学生自主学习方面评价差异主要体现在：华南和华北地区生源地学生对周边同学自主学习方面评价最高；西北和华东地区生源地学生对周边同学自主学习方面评价最低。如表 3-6 所示。

表 3-6　不同生源地学生对周边大学生行为评价的差异

维度	事后对比	平均数差异	P值
学习态度	华南＞西北	0.221	***
	华南＞东北	0.193	***
	华南＞华东	0.147	***
	华南＞西南	0.127	0.050
	华中＞东北	0.132	*
	华中＞华东	0.086	**
	华北＞西北	0.121	***
集体观念	华中＞西北	0.179	***
	华中＞东北	0.140	**
	西南＞西北	0.193	***
	西南＞东北	0.153	**
纪律观念	华中＞西北	0.166	***
	西南＞西北	0.140	**
	华东＞西北	0.108	*
	华北＞西北	0.097	*

续表

维度	事后对比	平均数差异	P值
诚信意识	华南>华东	0.115	*
	华北>华东	0.068	*
	华中>西北	0.129	*
奉献精神	西南>西北	0.158	*
	华南>西北	0.183	***
	华南>东北	0.140	**
	华南>华东	0.129	**
	华南>华北	0.104	*
法治意识	华南>西北	0.120	*
	华中>西北	0.108	*
	华北>西北	0.079	*
创新精神	华北>西北	0.126	***
	华北>华东	0.096	***
奋斗精神	华南>西北	0.150	0.005
	西南>西北	0.132	*
	华中>西北	0.111	*
	华东>西北	0.107	*
	华北>西北	0.106	***
自主学习	华南>西北	0.133	*
	华北>西北	0.114	***
	华北>华东	0.066	*

注：* 代表 $P<0.05$，**代表 $P<0.01$，***代表 $P<0.001$。

(2) 不同生源地学生自我能力评价。为深入理解不同生源地大学生对自我能力评价差异，研究进行了事后检验，对不同地域学生自我能力评价差异进行深入比较。来自不同地域的学生，在自我能力评价方面带有明显地域性特征，呈现出地域差异。如表 3-7 所示。

表 3-7　不同生源地大学生对自我能力评价的差异

维度	事后对比	平均数差异	P值
创新能力	华北>西北	0.139	***
	西南>华东	0.111	***

续表

维度	事后对比	平均数差异	P值
创新能力	西南＞华中	0.067	*
	西南＞西北	0.110	**
	西南＞华东	0.083	*
	华北＞西北	0.178	***
	西南＞西北	0.147	***
实践能力	东北＞西北	0.143	**
	华中＞西北	0.135	***
	华南＞西北	0.121	**
	华东＞西北	0.115	***
	华北＞西北	0.270	***
	华北＞华东	0.097	**
	西南＞西北	0.259	***
社会责任感	华中＞西北	0.247	***
	华东＞西北	0.173	***
	东北＞西北	0.159	**
国际视野	华南＞西北	0.195	***
	华北＞西北	0.106	**
	华中＞西北	0.243	***
	华中＞华南	0.183	*
	华中＞华东	0.165	***
审美能力	华北＞西北	0.204	***
	华北＞华南	0.144	*
	华北＞华东	0.126	***
	西南＞西北	0.180	*
	华中＞西北	0.239	***
心理素质	华南＞华东	0.201	***
	华南＞华北	0.142	*
	华南＞西北	0.205	***
身体评价	华中＞西北	0.201	***
	华中＞华东	0.125	*
	西南＞西北	0.147	*
	华北＞西北	0.111	*

续表

维度	事后对比	平均数差异	P值
身体评价	华中＞西北	0.163	***
	华中＞华东	0.133	***
人际关系	华北＞西北	0.129	*
	华北＞华东	0.099	*
	西南＞西北	0.160	*
	西南＞华东	0.130	**

注：*代表 $P<0.05$，**代表 $P<0.01$，***代表 $P<0.001$。

二、不同类型高校的学生群体差异

为更清晰地掌握不同类型高校学生特征，比较这些学生对高校学生工作评价差异和特征，本研究从院校变量角度对不同类型高校学生对于学生工作评价的差异及其特征进行分析，采用方差分析对不同类型高校大学生对高校教师、高校不同岗位教师以及周边同学评价和自我评价的差异和基本特征进行了分析。

1. 不同类型高校学生对教师评价比较

利用方差分析对不同类型高校学生对教师总体印象评价比较，结果发现，在人格魅力、育人意识、理想信念、敬业精神、教学水平、学术道德、创新精神、师生关系 8 个维度上，不同高校学生对教师总体印象评价均存在明显差异（$P<0.05$）。通过方差齐性检验对不同高校学生在人格魅力、育人意识、理想信念、敬业精神、教学水平、学术道德、创新精神、师生关系 8 个维度上的总体印象评价进行检验，结果发现，在这 8 个维度上，各组方差均不齐（$P<0.05$）。

通过事后多重比较（Tamhane），对不同高校学生在教师的人格魅力、育人意识、理想信念、敬业精神、教学水平、学术道德、创新精神、师生关系等 8 个维度上总体印象评价差异进行检验，结果发现，在人格魅力的评价维度上，一流大学建设高校（以下简称一流大学）、一流学科建设高校（以下简称一流学科高校）和一般大学的学生存在显著差异（$P<0.001$）；在育人意识的评价维度上，一流大学、一流学科高校和一般大学的学生存在差异（$P<0.05$）；在理想信念的评价维度上，一流大学、一流学科高校和一般大学的学生存在显著差异（$P<0.001$）；在敬业精神的评价维度上，一流大学、一流学科高校和一般大学的学生存在差异（$P<0.05$）；在教学水平的评价维度上，一流大学、一流学科高校和一般大学的学生存在显著差异（$P<0.001$）；在学术道德的评价维度上，一流大

学、一流学科高校和一般大学的学生存在显著差异（$P<0.001$）；在创新精神的评价维度上，一流大学、一流学科高校和一般大学的学生存在显著差异（$P<0.001$）；在师生关系的评价维度上，一流大学、一流学科高校和一般大学的学生存在差异（$P<0.05$）。如表 3-8 所示。

表 3-8　学生对教师的评价在不同学校间的差异比较

维度	一流大学	一流学科高校	一般大学	F值	P值
人格魅力	1.37±0.560	1.36±0.570	1.48±0.652	16.963	***
育人意识	1.40±0.619	1.37±0.611	1.43±0.637	4.110	*
理想信念	1.40±0.629	1.39±0.622	1.47±0.652	6.544	***
敬业精神	1.30±0.543	1.31±0.549	1.36±0.605	5.444	*
教学水平	1.39±0.634	1.37±0.599	1.46±0.648	7.553	***
学术道德	1.25±0.484	1.27±0.516	1.38±0.595	24.774	***
创新精神	1.43±0.67	1.47±0.692	1.55±0.728	12.297	***
师生关系	1.41±0.643	1.38±0.610	1.44±0.665	4.330	*

注：* 代表 $P<0.05$，**代表 $P<0.01$，***代表 $P<0.001$。

2. 不同类型高校学生对各岗位教师满意度评价

利用方差分析来比较学生对不同岗位教师满意度在不同学校之间的差异，结果发现，在专业课教师、思想政治理论课教师、心理咨询教师、辅导员、班主任、党政干部和团干部 7 个维度上，不同高校学生对教师满意度评价均存在差异（$P<0.05$）。

通过事后多重比较（Scheffe），对不同高校学生在对辅导员满意度评价上差异进行检验，结果发现，一流大学、一流学科高校与一般大学的学生在对辅导员评价维度上存在差异（$P<0.05$）；通过事后多重比较（Tamhane），对不同高校学生在专业课教师、思想政治理论课教师、心理咨询教师、班主任、党政干部和团干部 6 个维度上的差异进行检验，结果发现，在对专业课教师评价维度上，一流大学、一流学科高校和一般大学的学生存在显著差异（$P<0.001$）；在思想政治理论课教师评价维度上，一流大学、一流学科高校和一般大学的学生存在显著差异（$P<0.001$）；在心理咨询教师评价维度上，一流大学、一流学科高校和一般大学的学生存在显著差异（$P<0.001$）；在班主任评价维度上，一流大学、一流学科高校和一般大学的学生存在显著差异（$P<0.001$）；在党政

干部评价维度上，一流大学、一流学科高校和一般大学的学生存在显著差异（$P<0.001$）；在团干部评价维度上，一流大学、一流学科高校和一般大学的学生存在显著差异（$P<0.001$）。总体来看，一流大学学生对各岗位教师评价较高，这表明在研究学生工作时应该关注不同类型高校学生对各岗位教师评价的差异。如表 3-9 所示。

表 3-9　不同类型高校学生对各岗位教师评价的差异

维度	一流大学	一流学科高校	一般大学	F值	P值
专业课教师	1.44±0.700	1.32±0.562	1.32±0.528	40.130	***
思想政治理论课教师	1.60±0.785	1.51±0.760	1.44±0.673	25.240	***
心理咨询教师	1.75±0.887	1.60±0.828	1.57±0.798	42.500	***
辅导员	1.46±0.725	1.42±0.729	1.44±0.719	3.260	*
班主任	1.57±0.779	1.44±0.719	1.42±0.714	34.710	***
党政干部	1.60±0.795	1.49±0.762	1.48±0.729	24.010	***
团干部	1.62±0.822	1.48±0.746	1.55±0.788	38.640	***

注：* 代表 $P<0.05$，** 代表 $P<0.01$，*** 代表 $P<0.001$。

3. 不同高校学生对周边大学生表现的评价

通过事后多重比较（Tamhane），对不同高校学生在学习态度、法治意识、创新精神、务实精神、奋斗精神和自主学习能力 6 个维度上评价差异进行检验。结果发现，在学习态度维度上，一流大学、一流学科高校和一般大学的学生之间存在显著差异（$P<0.001$）；在法治意识维度上，一流大学、一流学科高校、一般大学的学生存在差异（$P<0.05$）；在创新精神维度上，一流大学、一流学科高校和一般大学的学生之间存在显著差异（$P<0.001$）；在务实精神维度上，一流大学、一流学科高校和一般大学的学生之间存在显著差异（$P<0.001$）；在奋斗精神维度上，一流大学、一流学科高校、一般大学的学生之间存在显著差异（$P<0.001$）；在自主学习能力维度上，一流大学、一流学科高校、一般大学的学生之间存在显著差异（$P<0.001$）。通过事后多重比较（Scheffe），对不同高校学生在集体观念、纪律观念、奉献精神维度上评价差异进行检验。结果发现，在集体观念维度上，一流大学、一流学科高校和一般大学的学生之间存在显著差异（$P<0.001$）；在纪律观念维度上，一流大学、一流学科高校和一般大学的学生之间存在显著差异（$P<0.001$）；在奉献精神维度上，一流大学、一流学科高校和一般大学的学生之间存在显著差异（$P<0.001$）。总体来看，一般大学学生

对提高自身成长发展需求较高，这表明应该关注不同类型高校学生在提高自身成长发展需要上的差异。如表 3-10 所示。

表 3-10　不同高校学生对提高自身成长发展需要的差异比较

维度	一流大学	一流学科高校	一般大学	*F*值	*P*值
学习态度	1.68±0.710	1.78±0.772	1.82±0.832	29.120	***
集体观念	1.89±0.905	1.80±0.870	1.78±0.872	11.700	***
纪律观念	1.78±0.824	1.72±0.806	1.79±0.867	6.200	***
诚信意识	1.51±0.701	1.51±0.682	1.56±0.713	1.740	0.18
奉献精神	1.80±0.854	1.74±0.842	1.75±0.837	6.950	***
法治意识	1.53±0.694	1.53±0.687	1.59±0.760	3.130	*
创新精神	1.64±0.747	1.78±0.903	1.78±0.846	36.940	***
责任意识	1.64±0.767	1.62±0.765	1.68±0.798	2.870	0.06
务实精神	1.57±0.733	1.62±0.774	1.67±0.800	9.340	***
奋斗精神	1.52±0.698	1.60±0.755	1.70±0.802	28.740	***
自主学习	1.47±0.699	1.68±0.793	1.85±0.906	139.810	***

注：*代表 $P<0.05$，**代表 $P<0.01$，***代表 $P<0.001$。

4. 对高校学生工作评价差异比较

利用方差分析来比较学生对学校工作总体评价在不同学校之间的差异，结果发现，在创新创业教育维度上，不同高校学生对学校创新创业教育工作评价存在显著差异（$P<0.001$）；在校园文化活动、学生资助工作维度上，不同高校学生对校园文化活动工作、学生资助工作评价不存在明显差异（$P>0.05$）。通过方差齐性对不同高校学生对学校创新创业教育、校园文化活动、学生资助工作的评价进行检验，结果发现，在创新创业教育维度上，各组方差不齐（$P<0.001$），在校园文化活动、学生资助工作维度上，各组方差齐性（$P>0.05$）。通过事后多重比较（Tamhane），对不同高校学生在对学校创新创业教育工作维度上评价差异进行检验，结果发现，一流大学、一流学科高校和一般大学之间存在显著差异（$P<0.001$）；通过事后多重比较（Scheffe），对不同高校学生在对校园文化活动、学生资助工作维度上评价差异进行检验，结果发现，在对校园文化活动评价维度上，一流大学、一流学科高校和一般大学学生评价不存在明显差异（$P>0.05$）；在学生资助工作评价维度上，一流大学、一流学科高校和一般大学学生评价不存在明显差异（$P>0.05$）。总体来看，一流大学学生对学校创新创业教育工作评价较高，这表明应该关注不同类型高校学生对学校创新创业教育工作评价的差异。如表 3-11 所示。

表 3-11　学生对学校工作的总体评价在不同学校间的差异比较

维度	一流大学	一流学科高校	一般大学	F值	P值
创新创业教育	1.75±0.864	1.70±0.861	1.67±0.801	5.530	***
校园文化活动	1.61±0.811	1.62±0.828	1.63±0.811	0.320	0.73
学生资助工作	1.49±0.722	1.48±0.725	1.53±0.732	1.330	0.26

注：* 代表 $P<0.05$，**代表 $P<0.01$，***代表 $P<0.001$。

三、不同角色选择的学生群体差异

为丰富学生体验，高校学生工作领域为学生提供诸多角色，这一方面使大学生在进入社会之前对社会角色有初步体验，同时，这些角色也使大学生在高校就读期间由于角色选择差异带来评价认知的差异。为深入了解不同角色学生对学校教师、学校工作、自身成长需要的差异，本书在相关方面做了差异检验与分析。

1. 学生有无学生干部经历对教师总体印象评价差异

利用独立样本 t 检验来比较学生有无担任过学生干部对教师总体印象评价，结果发现，在人格魅力维度上，是否担任过学生干部对教师人格魅力评价存在差异（$P<0.05$）；在育人意识维度上，是否担任过学生干部对教师育人意识评价不存在明显差异（$P>0.05$）；在理想信念维度上，是否担任过学生干部对教师理想信念评价不存在明显差异（$P>0.05$）；在敬业精神维度上，是否担任过学生干部对教师敬业精神的评价存在差异（$P<0.05$）；在教学水平维度上，是否担任过学生干部对教师教学水平的评价不存在明显差异（$P>0.05$）；在学术道德维度上，是否担任过学生干部对教师学术道德的评价存在明显差异（$P<0.01$）；在创新精神维度上，是否担任过学生干部对教师创新精神的评价不存在明显差异（$P>0.05$）；在师生关系维度上，是否担任过学生干部对师生关系评价不存在明显差异（$P>0.05$）。总体来看，未担任过学生干部学生对教师人格魅力、敬业精神和学术道德印象评价较高，这表明应该关注不同角色学生对教师总体印象评价的差异。如表 3-12 所示。

表 3-12　学生对教师总体印象评价在是否担任过学生干部上的差异

维度	担任过学生干部	未担任过学生干部	t值	P值
人格魅力	1.37±0.570	1.41±0.588	−2.61	*
育人意识	1.38±0.617	1.41±0.618	−1.55	0.12
理想信念	1.40±0.626	1.40±0.636	−0.29	0.77

续表

维度	担任过学生干部	未担任过学生干部	t值	P值
敬业精神	1.30±0.546	1.33±0.621	−2.05	*
教学水平	1.39±0.629	1.41±0.503	−1.55	0.12
学术道德	1.26±0.532	1.30±0.695	−2.60	**
创新精神	1.46±0.660	1.44±0.569	1.36	0.17
师生关系	1.40±0.634	1.40±0.630	0.19	0.85

注：*代表 $P<0.05$，**代表 $P<0.01$，***代表 $P<0.001$。

2. 学生有无社团经历对教师总体印象评价差异

利用独立样本 t 检验来比较学生是否参加过学生社团对教师总体印象评价上的差异，结果发现，在人格魅力维度上，是否参加过学生社团对教师人格魅力评价不存在明显差异（$P>0.05$）；在育人意识维度上，是否参加过学生社团对教师育人意识的评价不存在明显差异（$P>0.05$）；在理想信念维度上，是否参加过学生社团对教师理想信念评价不存在明显差异（$P>0.05$）；在敬业精神维度上，是否参加过学生社团对教师敬业精神评价不存在明显差异（$P>0.05$）；在教学水平维度上，是否参加过学生社团对教师教学水平的评价不存在明显差异（$P>0.05$）；在学术道德维度上，是否参加过学生社团对教师学术道德的评价不存在明显差异（$P>0.05$）；在创新精神维度上，是否参加过学生社团对教师创新精神评价存在显著差异（$P<0.001$）；在师生关系维度上，是否参加过学生社团对师生关系评价存在显著差异（$P<0.001$）。总体来看，参加过学生社团学生对教师总体印象评价较高，这表明应该关注是否参加过学生社团的学生对教师总体印象的评价的差异。如表 3-13 所示。

表 3-13　学生对教师总体印象评价在是否参加过学生社团上的差异

维度	参加过社团	未参加过社团	t值	P值
人格魅力	1.38±0.574	1.38±0.580	0.29	0.77
育人意识	1.39±0.619	1.38±0.616	0.52	0.61
理想信念	1.41±0.634	1.38±0.615	1.76	0.08
敬业精神	1.31±0.547	1.31±0.570	−0.17	0.87
教学水平	1.40±0.628	1.37±0.604	1.91	0.06
学术道德	1.27±0.701	1.29±0.633	−1.37	0.17
创新精神	1.47±0.644	1.40±0.597	4.39	***
师生关系	1.41±0.644	1.36±0.597	3.89	***

注：*代表 $P<0.05$，**代表 $P<0.01$，***代表 $P<0.001$。

3. 学生有无学生干部经历、有无社团经历对于不同岗位教师满意度评价差异

（1）是否担任过学生干部对不同岗位教师满意度评价差异。利用独立样本 t 检验来比较是否担任过学生干部对教师满意度的评价差异，结果发现，在专业课教师维度上，是否担任过学生干部对专业课教师的评价存在显著差异（$P<0.001$）；在辅导员维度上，是否担任过学生干部对辅导员评价存在显著差异（$P<0.001$）；在思想政治理论课教师、心理咨询教师、班主任、党政干部和团干部维度上，是否担任过学生干部对不同岗位教师满意度评价均不存在明显差异（$P>0.05$）。总体来看，未担任过学生干部的学生对教师满意度评价较高，这表明应该关注不同角色学生对教师满意度评价的差异。如表 3-14 所示。

表 3-14　有无学生干部经历的学生对不同岗位教师的满意度评价差异比较

维度	担任过学生干部	未担任过学生干部	t值	P值
专业课教师	1.35±0.604	1.44±0.704	−5.50	***
思想政治理论课教师	1.55±0.782	1.53±0.720	1.13	0.26
心理咨询教师	1.68±0.867	1.66±0.840	0.62	0.54
辅导员	1.43±0.727	1.48±0.723	−3.05	***
班主任	1.50±0.777	1.52±0.748	−1.00	0.32
党政干部	1.54±0.783	1.55±0.763	−0.52	0.60
团干部	1.55±0.803	1.56±0.747	−0.45	0.65

注：* 代表 $P<0.05$，** 代表 $P<0.01$，*** 代表 $P<0.001$。

（2）是否参加过学生社团对不同岗位教师满意度评价差异。利用独立样本 t 检验来比较学生是否参加过学生社团对不同岗位教师满意度评价上的差异，结果发现，在专业课教师维度上，是否参加过学生社团对专业课教师评价差异不明显（$P>0.05$）；在思想政治理论课教师维度上，是否参加过学生社团对思想政治理论课教师评价存在显著差异（$P<0.001$）；在心理咨询教师维度上，是否参加过学生社团对心理咨询教师评价存在显著差异（$P<0.001$）；在辅导员维度上，是否参加过学生社团对辅导员评价存在差异（$P<0.05$）；在思想政治理论课教师维度上，是否参加过学生社团对思想政治理论课教师评价存在显著差异（$P<0.001$）；在班主任维度上，是否参加过学生社团对班主任评价存在显著差异（$P<0.001$）；在党政干部维度上，是否参加过学生社团对党政干部评价存在显著差异（$P<0.001$）；在团干部维度上，是否参加过学生社团对团干部评价存在显著差异（$P<0.001$）。总体来看，参加过学生社团的学生对教师满意度评价较高，这表明应该关注是否参加过学生社团学生对教师满意度评价的差异。如表 3-15 所示。

表 3-15　有无学生社团经历学生对不同岗位教师评价的差异比较

维度	参加过学生社团	未参加过学生社团	t值	P值
专业课教师	1.37±0.631	1.40±0.645	−1.52	0.13
思想政治理论课教师	1.57±0.790	1.46±0.673	6.44	***
心理咨询教师	1.70±0.882	1.58±0.775	6.28	***
辅导员	1.45±0.741	1.41±0.674	2.62	*
班主任	1.52±0.783	1.46±0.724	3.26	***
党政干部	1.56±0.798	1.47±0.700	5.14	***
团干部	1.57±0.805	1.48±0.725	4.84	***

注：* 代表 $P<0.05$，** 代表 $P<0.01$，*** 代表 $P<0.001$。

4. 不同角色对学校工作评价的差异

（1）是否担任过学生干部对学校工作评价的差异。利用独立样本 t 检验来比较是否担任过学生干部对学校工作总体评价上的差异，结果发现，在创新创业教育、校园文化活动和学生资助工作维度上，是否担任过学生干部对学校工作评价均不存在明显差异（$P>0.05$）。总体来看，担任过学生干部的学生对学校创新创业教育工作评价较高，这表明应该关注不同角色学生对学校创新创业教育工作评价的差异。如表 3-16 所示。

表 3-16　有无学生干部经历的学生对学校工作的总体评价的差异比较

维度	担任过学生干部	未担任过学生干部	t值	P值
创新创业教育	1.73±0.870	1.69±0.822	1.92	0.06
校园文化活动	1.62±0.826	1.62±0.795	0.13	0.90
学生资助工作	1.49±0.723	1.51±0.729	−1.43	0.15

注：* 代表 $P<0.05$，** 代表 $P<0.01$，*** 代表 $P<0.001$。

（2）是否参加过学生社团对学校工作评价的差异。利用独立样本 t 检验来比较是否参加过学生社团对学校工作总体评价的差异，结果发现，在创新创业教育维度上，是否参加过学生社团对学校创新创业教育工作的评价存在显著差异（$P<0.001$）；在校园文化活动维度上，是否参加过学生社团对学校校园文化活动工作评价存在显著差异（$P<0.001$）；在学生资助工作维度上，是否参加过学生社团对学校学生资助工作评价存在显著差异（$P<0.001$）。总体来看，参加过学生社团的学生对学校工作总体评价较高，这表明应该关注是否参加过学生社团的学生对学校工作总体评价的差异。如表 3-17 所示。

表 3-17　有无学生社团经历学生对学校工作的总体评价的差异比较

维度	参加过学生社团	未参加过学生社团	t值	P值
创新创业教育	1.76±0.873	1.60±0.793	7.71	***
校园文化活动	1.64±0.833	1.53±0.759	5.59	***
学生资助工作	1.51±0.727	1.45±0.714	2.88	***

注：* 代表 $P<0.05$，**代表 $P<0.01$，***代表 $P<0.001$。

5. 不同角色经历对自我能力发展前景评价的差异

（1）是否担任过学生干部对自身发展评价差异。利用独立样本 t 检验来比较学生对提高自身成长发展需要的评价在是否担任过学生干部上的差异，结果发现，在创新精神维度上，学生对提高自身成长发展需要评价在是否担任过学生干部的不同维度上有显著差异（$P<0.001$）；在实践能力维度上，学生对提高自身实践能力需要评价在是否担任过学生干部不同维度上不存在明显差异（$P>0.05$）；在社会责任感维度上，学生对提高自身社会责任感需要的评价在是否担任过学生干部的不同维度上不存在明显差异（$P>0.05$）；在国际视野维度上，学生对提高自身国际视野需要评价在是否担任过学生干部的不同维度上有显著差异（$P<0.001$）；在审美能力维度上，学生对提高自身审美能力需要评价在是否担任过学生干部不同维度上不存在明显差异（$P>0.05$）；在心理素质维度上，学生对提高自身心理素质需要的评价在是否担任过学生干部的不同维度上不存在明显差异（$P>0.05$）；在身体健康维度上，学生对提高自身身体健康需要的评价在是否担任过学生干部不同维度上不存在明显差异（$P>0.05$）；在人际关系维度上，学生对提高自身人际关系需要的评价在是否担任过学生干部的不同维度上有差异（$P<0.05$）。总体来看，未担任过学生干部的学生对提高自身成长发展需要评价较高，这表明应该关注不同角色学生对提高自身成长发展需要评价的差异。如表 3-18 所示。

表 3-18　学生干部经历对提高自身成长发展需要的评价差异比较

维度	担任过学生干部	未担任过学生干部	t值	P值
创新精神	1.38±0.627	1.44±0.672	−3.48	***
实践能力	1.53±0.753	1.51±0.746	0.69	0.49
社会责任感	1.85±1.052	1.83±0.992	0.95	0.34
国际视野	1.50±0.762	1.61±0.841	−5.70	***
审美能力	1.82±1.022	1.80±0.980	0.52	0.60

续表

维度	担任过学生干部	未担任过学生干部	t值	P值
心理素质	1.69±1	1.70±0.978	−0.46	0.64
身体健康	1.59±0.905	1.57±0.875	0.79	0.43
人际关系	1.65±0.928	1.60±0.864	2.22	*

注：*代表 $P<0.05$，**代表 $P<0.01$，***代表 $P<0.001$。

（2）是否参加过学生社团对自身发展前景能力评价差异。利用独立样本 t 检验来比较学生对提高自身成长发展需要的评价在是否参加过学生社团上的差异，结果发现，在创新精神维度上，学生对提高自身创新精神需要评价在是否参加过学生社团的不同维度上存在显著差异（$P<0.001$）；在实践能力维度上，学生对提高自身实践能力需要的评价在是否参加过学生社团的不同维度上不存在明显差异（$P>0.05$）；在社会责任感维度上，学生对提高自身社会责任感需要的评价在是否参加过学生社团的不同维度上存在显著差异（$P<0.001$）；在国际视野维度上，学生对提高自身国际视野需要的评价在是否参加过学生社团的不同维度上不存在明显差异（$P>0.05$）；在审美能力维度上，学生对提高自身审美能力需要的评价在是否参加过学生社团的不同维度上不存在明显差异（$P>0.05$）；在心理素质维度上，学生对提高自身心理素质需要的评价在是否参加过学生社团的不同维度上不存在明显差异（$P>0.05$）；在身体健康维度上，学生对提高自身身体健康需要的评价在是否参加过学生社团的不同维度上不存在明显差异（$P>0.05$）；在人际关系维度上，学生对提高自身人际关系需要的评价在是否参加过学生社团的不同维度上不存在明显差异（$P>0.05$）。这表明应该关注是否参加过学生社团的学生对提高自身成长发展需要评价的差异。如表 3-19 所示。

表 3-19　学生社团经历对提高自身成长发展需要评价的差异比较

维度	参加过学生社团	未参加过学生社团	t值	P值
创新精神	1.39±0.617	1.44±0.713	−3.25	***
实践能力	1.52±0.739	1.53±0.790	−0.67	0.50
社会责任感	1.88±1.056	1.73±0.959	6.13	***
国际视野	1.52±0.788	1.54±0.774	−0.92	0.36
审美能力	1.82±1	1.79±1.039	1.21	0.23
心理素质	1.69±0.988	1.69±1.010	0.18	0.86
身体健康	1.58±0.900	1.57±0.883	0.47	0.64
人际关系	1.63±0.900	1.64±0.946	−0.47	0.64

注：*代表 $P<0.05$，**代表 $P<0.01$，***代表 $P<0.001$。

第二节　高校新生生活形态分析

为了更好地把握学生变化特征，本书选取北京 Z 校连续三年（2017 年、2018 年、2019 年）入学新生为研究对象，对总计 8900 名新生“生活形态”进行调查。基于阿斯汀 I-E-O 模型，新生形态调查研究主要从投入要素、环境要素和学生成就要素三个层面考量，投入要素主要考量新生进入高校之前所具备的个人特征，包括人口统计学特征（种族、年龄、性别）、家庭背景（父母职业、收入或教育程度）、宗教信仰、学习意愿、教育期望、入学前的基本资质、学生已有学术经历和社会阅历等；环境要素是指新生在高校就读期间的体验和经历，具体包括院校特征（机构、规模）、院校学生伙伴群体特征、师资队伍等以及学生在校各种学业、业余安排等要素；学生成就方面指学生通过高等教育获得的认知性与情感性能力，此项更多居于一种趋势性把握。

第一，研究问题设定。

虽然对学生状况的关注在诸多研究中都有所体现，各级教育主管部门每年也通过各种学生调查给予关注，然而将学生生活形态变化与学生工作模式变化结合起来，还较少体现。在此背景下，基于学生工作模式现状和特点，结合新生生活形态特征，从新生自我认知、思想、学习、生活方面，考察目前在校 2019 年入学新生特征，并从性别、民族、家庭收入等维度进行分析，并结合 2017 年、2018 年、2019 年三年新生相关特征变化分析，更加全面了解把握目前在校生初始变化，为学生工作模式转型提供支持。

首先，通过对 2019 级新生形态进行分析，在新环境下学生形态发生变化，高校学生工作模式需要适应环境变化所带来的新生形态变化，构建学生发展的有效支持模式，以此更好地促进学生发展。

其次，对 2017 级、2018 级、2019 级三个年级学生在入学时形态特征的总体变化趋势进行分析，探讨现行高校学生工作模式的教育影响力不足的原因是工作模式僵化，提出学生工作模式向弹性化多元化转型。

第二，数据来源与相关变量定义。

分析素材基于对 Z 校 2017 年、2018 年、2019 年入学新生开展新生生活形态调查的数据。该调查三年共累计对 8900 名新生发放了问卷，问卷回收率达到 90％。参与调查的新生来自 21 个院系，男女性别比例约为 1∶3.3，京籍和京外生源比例约为 2.3∶1；城乡比例约为 2.3∶1。其中，排在前三的少数民族学生，满族占 3.0%、回族占 1.7%、维吾尔族占 0.8%；新生中有 24.5%的学生的学科为理学，24.4%的为教育学，18.8%的为文学，10.8%的为艺术学；中共党员（含中共预备党员）占 0.5%，民主党派成员占 0.2%，共青团员占 94.3%，群众占 5.0%。以下横向分析数据为 2019 年调查数据，此次调查面向 2019 级全体新生发放问卷 3000 份，回收有效问卷共计 2725 份，有效回收率为 90.83%，达到数据分析要求。

问卷设计中，在实证研究的定量研究部分，主要考察 2000 年前后出生的大学生在自我认知、思想、学习、生活方式方面现状及其影响因素，调查主要从横纵两个层面开始，横向主要了解不同经历、背景下学生在自我认知、思想、学习、生活方式方面现状，纵向主要了解三个年级在自我认知、思想、学习、生活方式层面现状。新生“生活形态”量表基于学生自我认知、思想、学习、生活方式四个方面，三年问卷题目设计总体保持一致，个别题目适当调整。问卷主要包括学生基本情况、学生信仰情况、学生认同度、学生阅读情况、学生日常生活及网络生活、学生发展情况、学生两性观及心理情况、学生家庭情况八个维度。

一、社会性别与民族

学生社会性别与民族是高校在人员构成上的重要体现，是高校进行各种学生活动安排的重要考虑内容，也是高校学生工作模式转型的重要依据。为对新生有清晰的认识和把握，本书基于 Z 校 2017 年、2018 年、2019 年三年新生入学调查，以此来分析该校新生社会性别与民族总体趋势特征，以及其对学生工作模式转型的影响。

1. 院校特色的性别分布

根据调查数据，该校男生比例与女生比例呈现出较大差距，其中，男生比例明显低于女生。Z 校作为一所师范类院校，是国家“双一流”建设高校，但受到考生对教师职业认知不同和社会对于教师职业认知差异的影响，该校在男女生比例上出现了差异。受到从业观念、专业要求以及学生喜好影响，不同高校在性别比例上存在一定差异，在一段时间形成相对固化的规模，进而对学校工作产生一定影响。如图 3-1 所示。

根据调查数据，男女学生在主修和专业选择方面有明显差异，这是一个全球性普遍现象。从我国高校男女比例来看，几乎所有高校都呈现出理科、工科男生多女生少，人文、社会科学女生多男生少的局面。本书调查研究也可以得出相同结论。如图 3-2 所示，主要体现在“教育学”“文学”“经济学”“艺术学”四个学科的男女生比例中，选择“教育学”学科女生占 85.50%，而男生仅占

14.50%；“文学”学科女生占85.34%，而男生仅占14.66%；“经济学”学科女生占73.30%，而男生占26.70%；“艺术学”学科女生占74.26%，而男生占25.74%。说明在学科类别中，存在一定性别偏侧化，男生偏向于选择工科类，女生更偏向于选择文科、教育类学科。

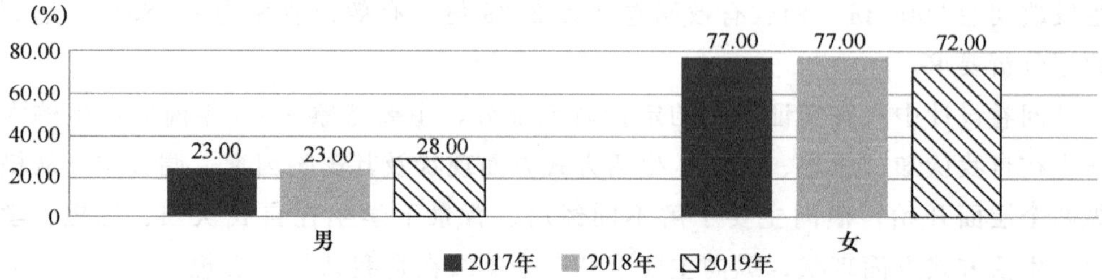

图 3-1　Z 校三年新生入学男女比例

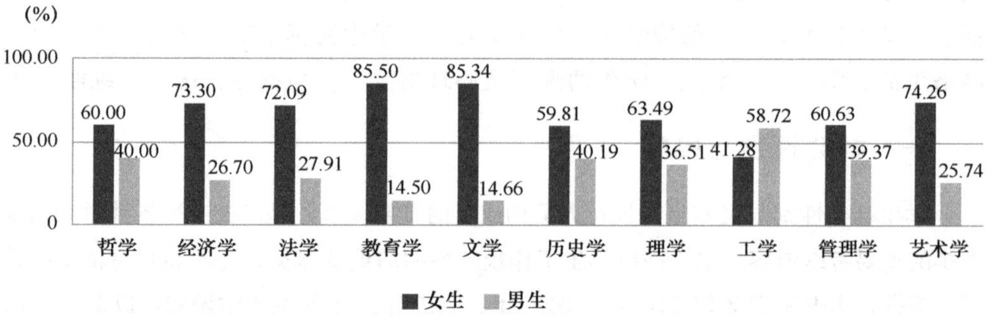

图 3-2　2019 年新入学学科男女生占比

根据调查数据，闲暇时间活动安排中，男女生大多都会追剧、网聊、网购。其中，男生比女生更倾向于线下社交活动，如聚餐、唱歌等。如图 3-3 所示。

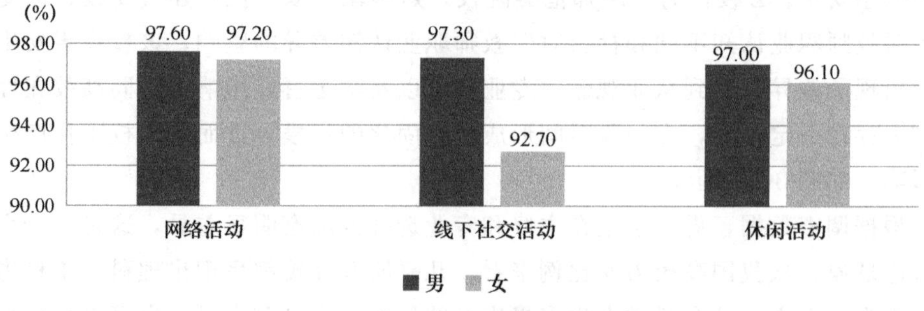

图 3-3　闲暇时间男女生活动安排占比

关于最常用平台或 App 调查中，男女生比例差异并不明显，男生在学习类软件如学习强国、扇贝、百词斩等上的比例明显高于女生，女生在抖音、快手、全民 K 歌等休闲类软件上的使用频率更高，反映了男生女生不同的兴趣关注点。如图 3-4 所示。

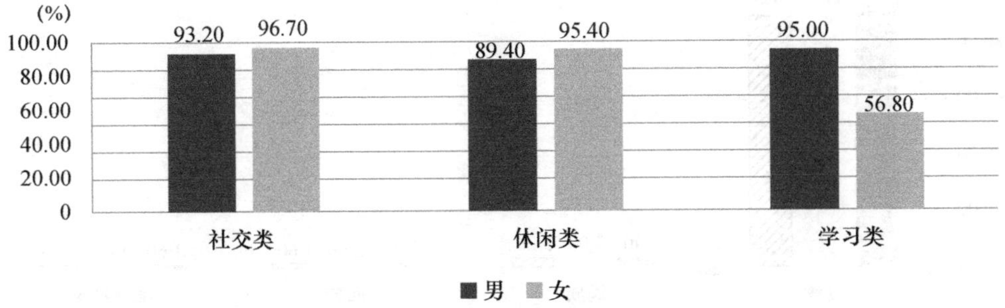

图 3-4　最常用平台或 App 使用上的男女生差异

对于未来职业选择方面存在一定的性别差异，女生就业方向选择高等院校的人数显著高于男生，而男生在选择科研院所、党政机关、国有企业等工作上均略高于女生。女生职业选择定位主要集中在各学段教师，男生职业选择相对宽泛。如图 3-5 所示。

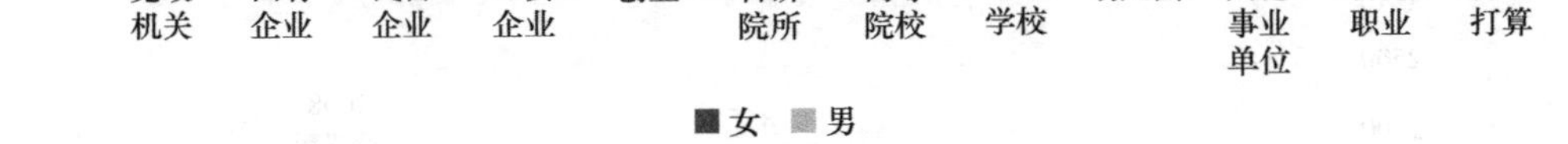

图 3-5　未来职业选择男女生差异

从以上调查分析来看，高校男女生在数量上、专业选择上、日常休闲生活方面都存在一定差异。长期存在必然会对高校学生工作产生一定影响，因此高校在学生工作模式构成中，需要将性别构成作为重要考量。

2. 民族分布及差异

伴随高等教育普及化，少数民族学生在高校学生中的比例明显提高。对 Z 校三年入学新生中少数民族学生所占比例的调研，可以看到近三年新生民族分布无较大差异，满族、回族、维吾尔族等主要少数民族学生基数处于相对稳定状态。如图 3-6 所示。

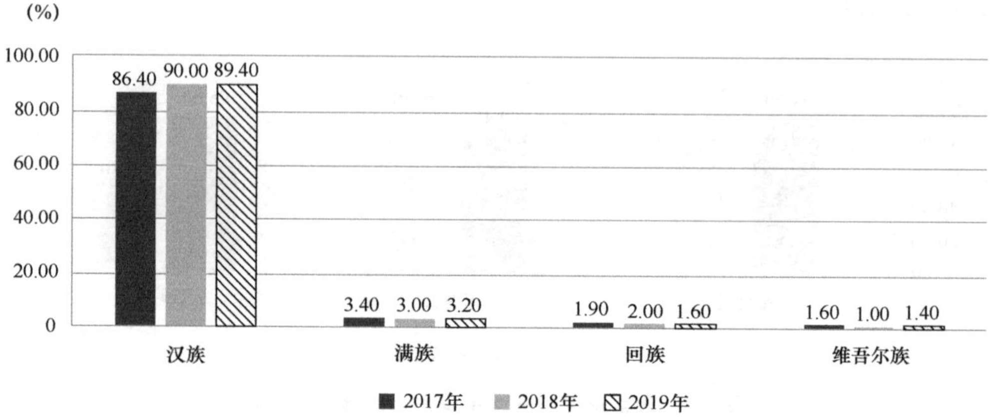

图 3-6　Z 校新生民族分布比例

二、城乡分布与家庭情况

城市与农村的环境建构了学生特有的思维方式、行为方式和生活方式。深入了解和把握学生中来自城市与农村的人数比例，对于推进学生工作具有重要作用；家庭是群体构成中的基本单元，家庭成员受教育水平、家庭成员收入以及其他家庭成员影响，对于学生成长同样具有重要作用。

1. 城乡分布及其差异

根据调查，如图 3-7 所示，Z 校 2019 年城市户口学生为 2008 人，占

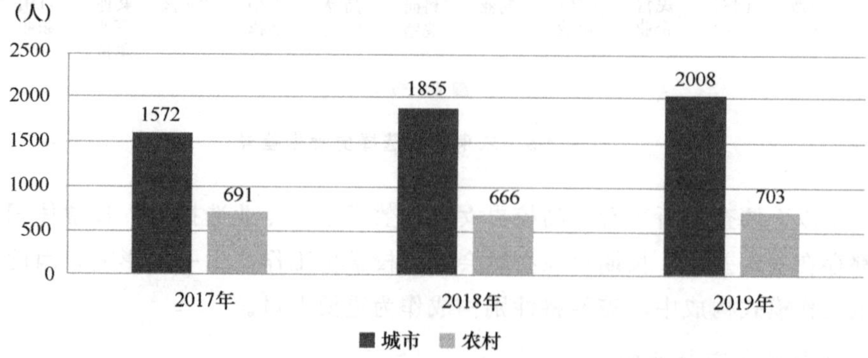

图 3-7　Z 校三年新生城乡人数分布

74.07%；农村户口学生为 703 人，占 25.93%，城市户口和农村户口比例为 2.86∶1。从 2017 年、2018 年、2019 年三年来看，新生城市户口比例逐年增大，城市新生逐步增多，这种变化主要是随着城市化进程加快，尤其以北京生源为主的高校，城市生源占比增速更快。

城市和农村户口学生在社交活动和学习活动选择上存在明显差异。有 22.3%的城市学生选择将社交活动作为主要课余活动，而农村学生仅有 17.6%，明显低于城市学生（$\chi^2=6.691$　$P=0.01$）。但农村学生选择将学习活动作为主要课余活动的人数比例为 55.2%，明显高于城市学生 50.0%的人数占比（$\chi^2=5.619$，$P=0.018$）。这表明城市学生对社交活动的热衷程度大于农村学生，而农村学生更加关注自身学业发展。具体见表 3-20。

表 3-20　不同户口类型学生在主要课余活动选择上的差异

比较	网络活动	社交活动	休闲活动	学习活动	文化活动	体育活动	减压活动
城市	65.5%	22.3%	59.4%	50.0%	19.4%	33.6%	38.9%
农村	63.4%	17.6%	55.6%	55.2%	20.7%	34.6%	40.5%

不同户口类型学生对于学历的自我期望上存在明显差异（$\chi^2=21.145$，$P<0.001$）。相对比城市学生，期望自己达到本科学历的农村户口学生占比比城市户口学生占比高出近 4 个百分点，期望获得硕士学历的农村户口学生占比高于城市户口学生占比 4 个百分点，期望获得博士学历的城市户口学生明显高于农村户口学生。如图 3-8 所示。

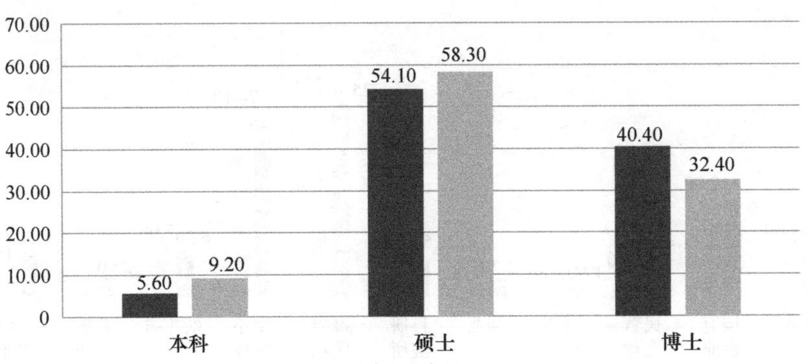

图 3-8　不同户口类型学生对于学历的期望差异

不同户口类型学生在毕业发展规划上存在显著差异（$\chi^2=73.802$，$P<0.001$）。其中，在继续深造方面，无论是读研还是出国留学，农村户口学生在规划中都低于城市户口学生，尤其是出国留学，农村户口学生明显低于城市户口学生，而在求职、创业、服务西部方面农村户口学生要高于城市户口学生，学生户口类型与毕业发展规划相关系数 r 是 0.163。加强对不同户口类型学生精准化就业指导，将学生自身特点和学生发展规划意愿相结合，是以学生为中心的工作模式转型的重要依据和参考要素。如图 3-9 所示。

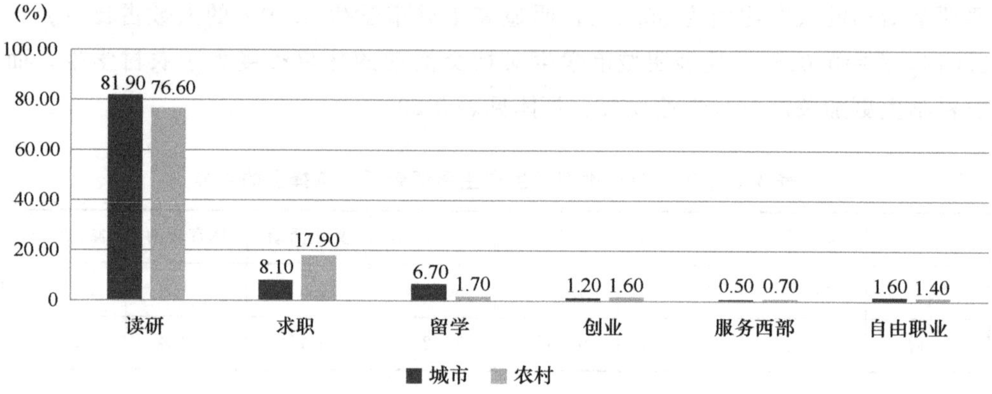

图 3-9　不同户口类型学生毕业发展规划差异

不同户口类型学生对于未来期望工作存在显著差异（$\chi^2=27.7$，$P<0.05$）。其中，城市户口学生在未来选择中在党政机关、国有企业、民营企业、科研院所、自由职业方面都明显高于农村户口学生，而在高等院校、中小学校中就职，农村户口学生高于城市户口学生。如图 3-10 所示。

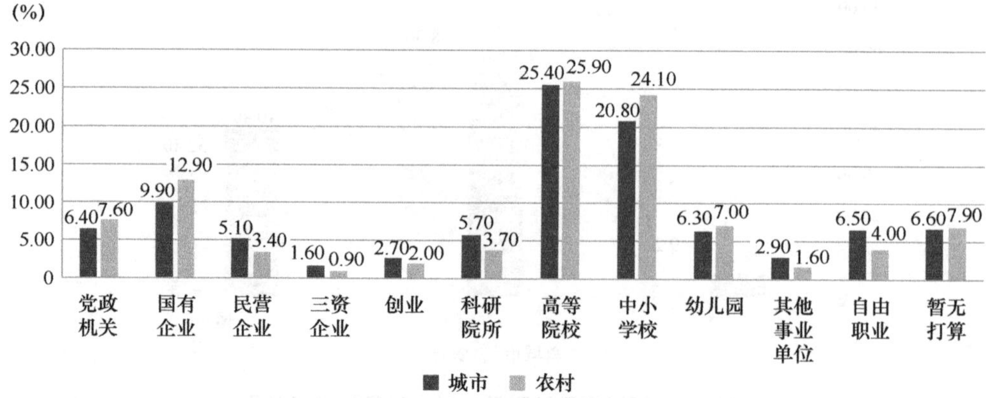

图 3-10　不同户口类型学生期望工作的差异

2. 新生家庭基本情况

(1) 家庭子女情况。在对 Z 校 2019 年入学新生调查中，独生子女占 73.43%，非独生子女占 26.57%。如图 3-11 所示。

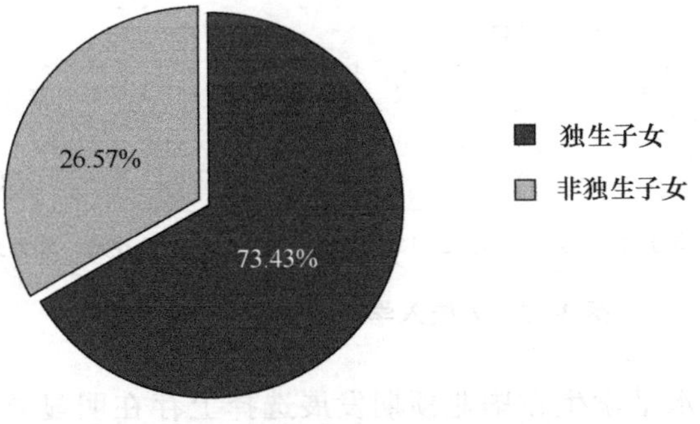

图 3-11　Z 校入学新生独生子女情况

(2) 父母受教育水平。如图 3-12 所示，对 2019 年新生父母文化程度调查中，父亲为小学及以下文化程度的占 5.04%，初中文化程度占 16.63%，普通高中文化程度占 15.70%，中等职业/技术/师范学校文化程度占 10.04%，大专文化程度占 19.33%，大学本科文化程度占 26.63%，硕士研究生文化程度占 4.89%，博士研究生文化程度占 1.74%。母亲为小学及以下文化程度占 5.85%，初中文化程度占 17.19%，普通高中文化程度占 15.82%，中等职业/技术/师范学校文化程度占 10.57%，大专文化程度占 20.55%，大学本科文化程度占 26.25%，硕士研究生文化程度占 2.85%，博士研究生文化程度占 0.92%。

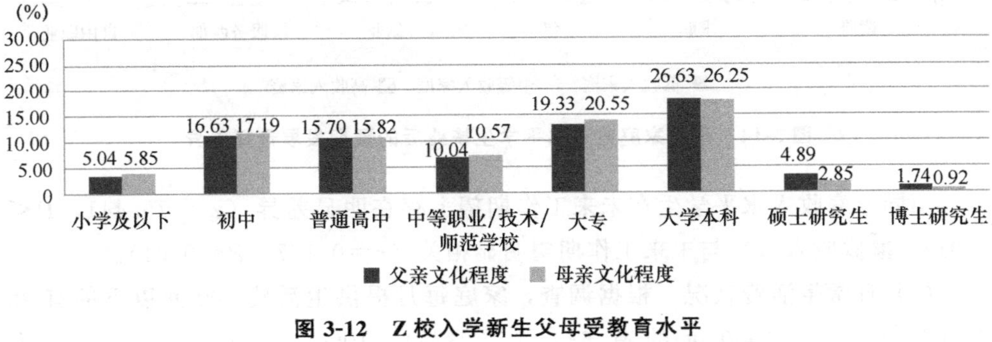

图 3-12　Z 校入学新生父母受教育水平

(3) 家庭年收入状况。根据 2019 年入学新生调查，家庭年收入 3 万元以下的有 326 人，占 11.96%；家庭年收入 3 万—8 万元的有 564 人，占 20.70%；家庭年收入 8 万—15 万元的有 787 人，占 28.88%；家庭年收入 15 万—30 万元的有 642

人，占 23.56%；家庭年收入 30 万—50 万元的有 235 人，占 8.62%；家庭年收入 50 万元以上的有 88 人，占 3.23%；不清楚家庭年收入情况的有 80 人（2.94%）。如图 3-13 所示。

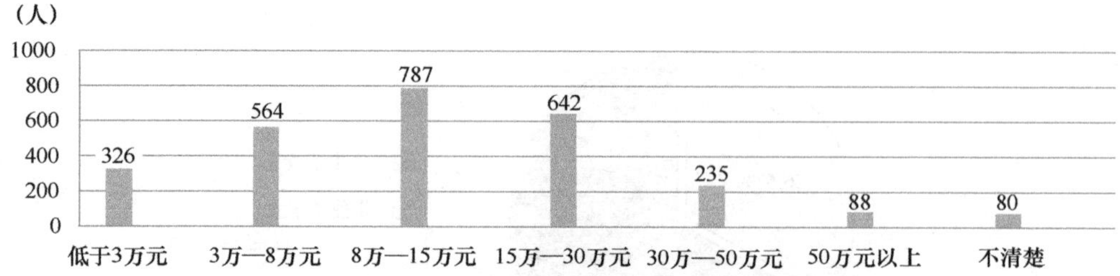

图 3-13　Z 校入学新生家庭年收入情况

不同家庭收入水平学生在毕业预期发展选择上存在明显差异（$\chi^2=110.499$，$P<0.01$）。家庭收入水平与毕业后预期发展间存在明显相关关系（$r=0.201$，$P<0.01$）。从数据分析可以看出，高收入家庭毕业生在本科毕业后选择留学和创业的比例明显高于一般家庭和低收入家庭，中等收入家庭学生选择读研的比例又高于低收入家庭和高收入家庭。如图 3-14 所示。

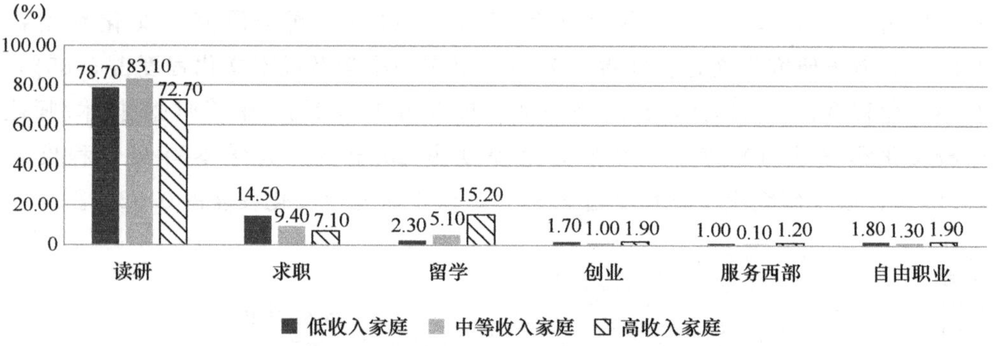

图 3-14　不同家庭收入水平学生毕业后的预期发展选择差异

不同家庭收入水平学生在未来工作期望上存在明显差异（$\chi^2=75.441$，$P<0.01$）。家庭收入水平与未来工作期望明显相关（$r=0.167$，$P<0.01$）。

（4）日常生活费状况。根据调查，家庭每月提供生活费 500 元以下的有 96 人（4%），500—1000 元的有 634 人（23%），1000—2000 元的有 1421 人（52%），2000—3000 元的有 443 人（16%），3000—5000 元的有 85 人（3%），5000 元以上的有 25 人（1%），有 18 人（1%）家庭不给生活费。如图 3-15 所示。

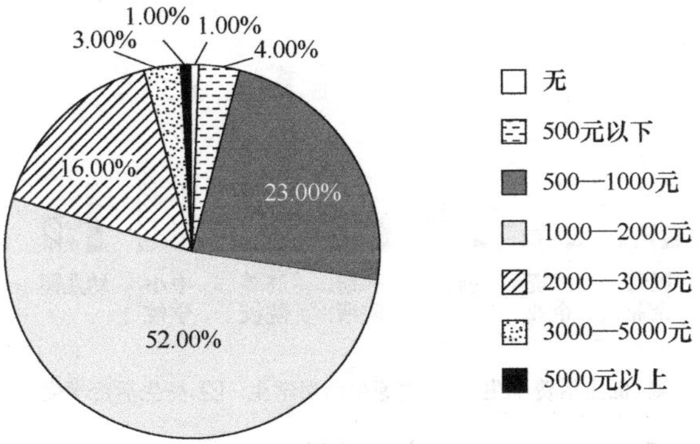

图 3-15　Z 校入学新生家庭每月提供生活费情况

不同生活费水平学生在毕业预期发展选择上存在明显差异（$\chi^2=77.977$，$P<0.01$）。学生生活费水平与毕业预期发展间存在明显相关关系（$r=0.168$，$P<0.01$）。如图 3-16 所示。

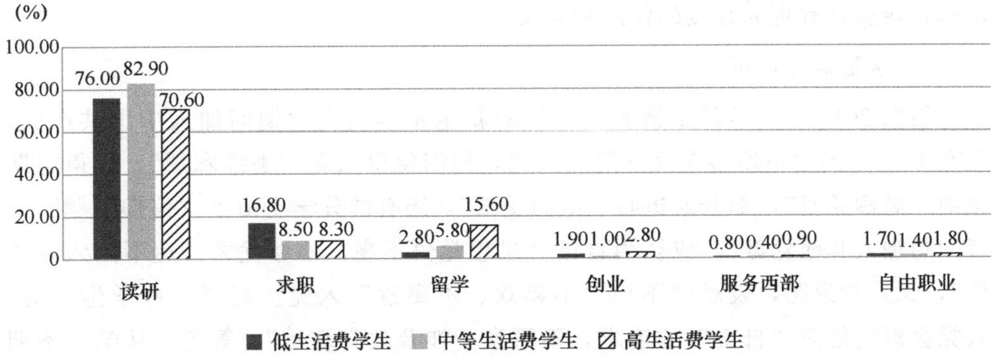

图 3-16　不同生活费水平学生毕业预期发展选择差异

不同生活费水平学生在未来工作期望上存在明显差异（$\chi^2=67.791$，$P<0.01$），学生生活费水平与未来工作期望之间明显相关（$r=0.157$，$P<0.01$）。结果显示高生活费水平学生在创业、自由职业预期发展方向选择上高于低生活费和中等生活费水平学生，同时在选择党政机关、高等学校、中小学校工作方面又低于低生活费水平和中等生活费水平学生，体现了高生活费水平学生就业动机较低，就业选择取向更为灵活，因此，积极引导鼓励此类学生参与创新创业项目，更有助于个人发展。如图 3-17 所示。

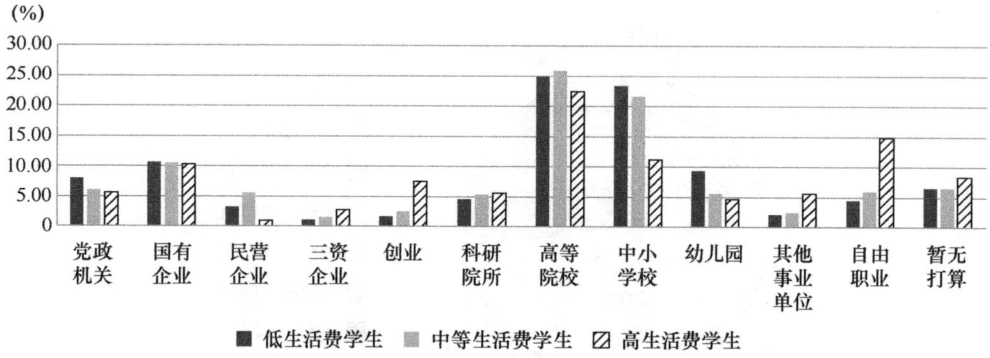

图 3-17　不同生活费水平学生未来工作期望差异

三、新生内在自我形态描述

新生内在自我形态描述是对其整体状况的把握，包括对学生信仰、学生学习、学生生活的把握，还有学生对自己未来的预估。这些内容对了解把握学生工作模式转型具有更为直接的作用和意义。

1. 学生信仰情况

根据 2019 年入学新生调查，89％的新生希望在大学期间加入中国共产党，也有 11％的同学不期望在大学期间入党，他们觉得入党“手续麻烦”，还得定期缴纳“高额党费”，部分人担心“出国受限”，还有部分学生由于“信仰问题”或者“想加入其他党派”，或认为自己“思想觉悟不高，不够优秀，达不到入党条件”，无入党意愿，表示“不想、不喜欢、不愿意”入党。甚至一些学生认为，入党会影响他对“自由”的追求，不愿意“涉及政党政治”，等等。从学生不期望入党的理由可以看出，学生对于入党认识还存在一定偏差和模糊性。在调查中发现，42.9％的 2019 级新生认为，入党是为了“追求理想和信念”；8.2％的新生认为，入党是由于“寻求政治荣誉感”；选择“增强职业竞争力”和“谋求仕途发展”的人数分别占 14.3％和 9.3％；70％的同学入党动机较为端正，30％的同学在入党动机方面存在一定的个人主义思想。因此，加强思想政治教育与价值引领工作具有重要意义。如图 3-18 所示。

2. 志愿和专业选择与学业目标

(1) 志愿和专业选择。根据调查，新生在高考第一志愿选择中，58％的同学所学专业是第一志愿，42％的同学不是第一志愿。专业选择过程中，2019 级新生认为，依据的重要程度前三名为，个人兴趣志向、就业前景、父母或老师建议。表明新时代大学生专业选择更多依靠自主选择，随着高中阶段生涯教育不断推进，新一代大学生在专业选择方面具有更大自主权，学生入学前对专业了解程度有所提升。

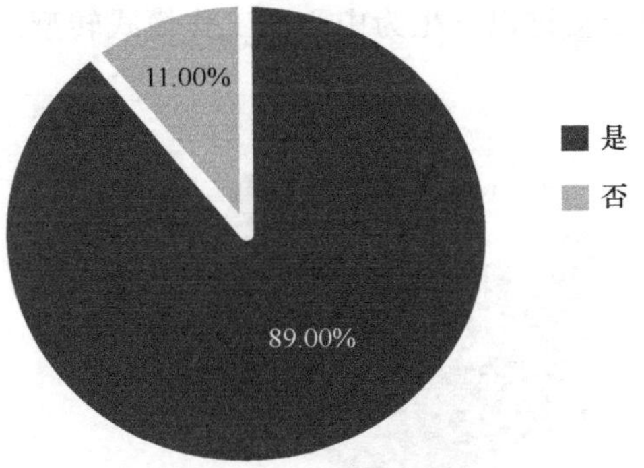

图 3-18　Z 校 2019 级新生入党意愿统计情况

根据调查，所学专业是否符合预期方面，62%的 2019 级新生认为，基本符合自己预期；29%的学生认为，目前所学专业与预期一致；9%的学生认为，与自己预期完全不一致。近三年来，新生所学专业与期望完全不一致的比例逐年减小。在专业认同方面，还应加强对学生的专业规划指导，帮助学生了解所学专业。如图 3-19 所示。

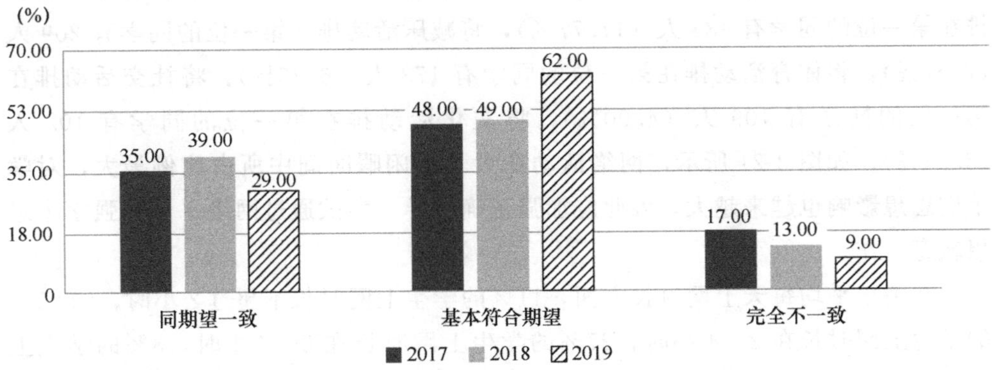

图 3-19　Z 校新生所学专业与学生预期

（2）学业目标。关于是否有清晰学业目标的调查，81%的 2019 级新生有清晰学业目标，19%的 2019 级新生没有清晰学业目标，具体见图 3-20。此外 19%的 2019 级新生有转专业意向，81%的 2019 级新生没有转专业的意向。2019 级新生中有转专业意向的同学人数低于2018级新生。关于2019级新生转专业原因调查，48%的2019级新生是因兴趣指引，25%的2019级新生是因个人学术潜质，17%的2019级新生是因专业就业前景，7%的2019级新生是因原专业学习难度高，3%的2019级新生是因他人影响。因此，针对学生不同类型学业目标开展精细化学业指导，有助于促进以学生为中心的工作模式转型。

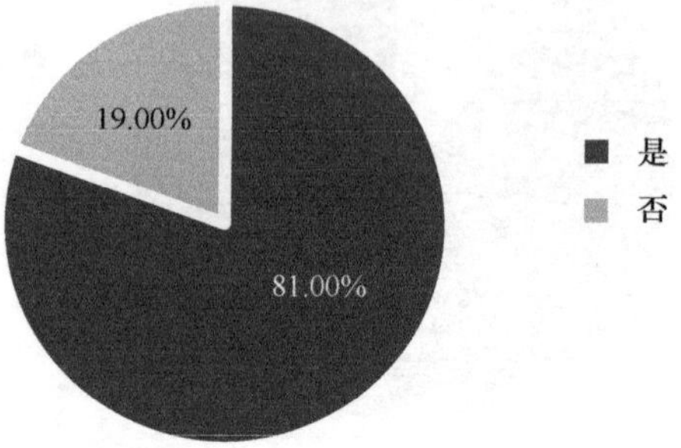

图 3-20　2019 级新生学业目标清晰比例

3. 闲暇时间安排

根据调查，关于“大学生闲暇时间的主要活动”的调查中，排在前三位的是“追剧、网聊、网游、网购等网络活动”“听音乐、旅游、摄影等休闲活动”“看书、自习、参观展览等学习活动”。其中，将网络活动排在第一位的同学有1063人（39.02%），将休闲活动排在第一位的同学有508人（18.65%），将学习活动排在第一位的同学有484人（17.77%），将减压活动排在第一位的同学有209人（7.67%），将体育活动排在第一位的同学有173人（6.35%），将社交活动排在第一位的同学有109人（4.00%），将文化活动排在第一位的同学有102人（3.74%）。如图3-21所示，网络活动在大学生闲暇时间中所占比例最大，对学生们思想影响也越来越大，因此应加强正确引导，尝试通过网络平台加强学生思想教育工作。

在关于平均每天上网时长方面，11%的学生上网时长不超过2小时，约55%的学生上网时长在2—4小时，27%的学生上网时长在5—7小时，3%的学生上网时长在8—10小时，3%的学生上网时长在10小时以上。如图3-22所示。

男女生“平均每日上网时长”对比中，女生上网时长要高于男生。同时热衷于追剧、看直播、购物、社交的女生也高于男生，因此，应加强学生时间管理等方面教育，引导学生合理分配时间，避免因网络成瘾而影响学业。如图3-23所示。

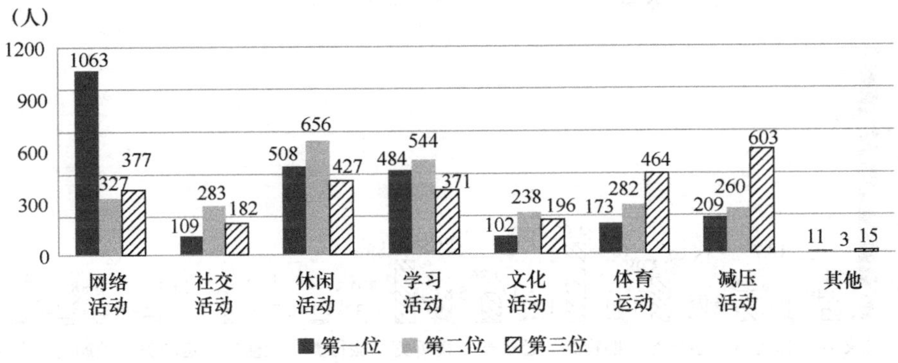

图 3-21　闲暇时间主要活动情况

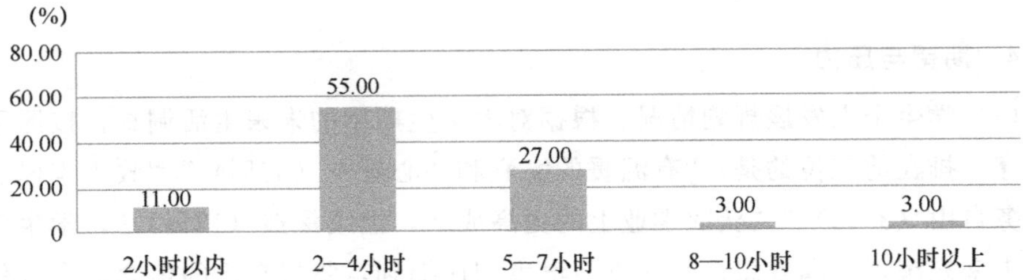

图 3-22　平均每天上网时长

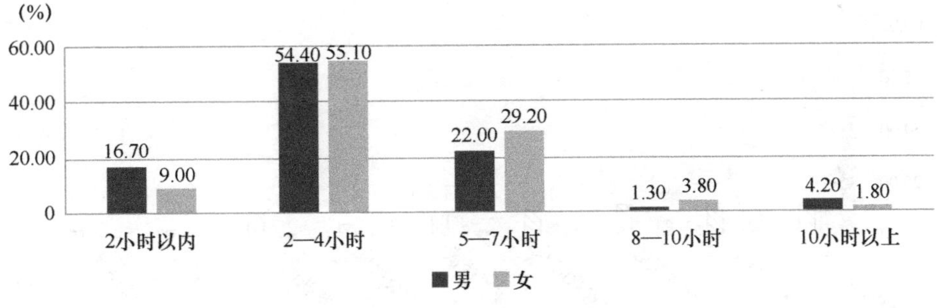

图 3-23　男女生平均每日上网时长比较

在“上网经常使用的平台或者 App”调查中，80.77%的学生表示使用频率最高的是微信、微博、QQ 等社交类软件，其次是视听类软件，学习类软件，购物类软件，表明新一代大学生网络社交需求明显增多，应充分把握学生特点，开展相应工作。如图 3-24 所示。

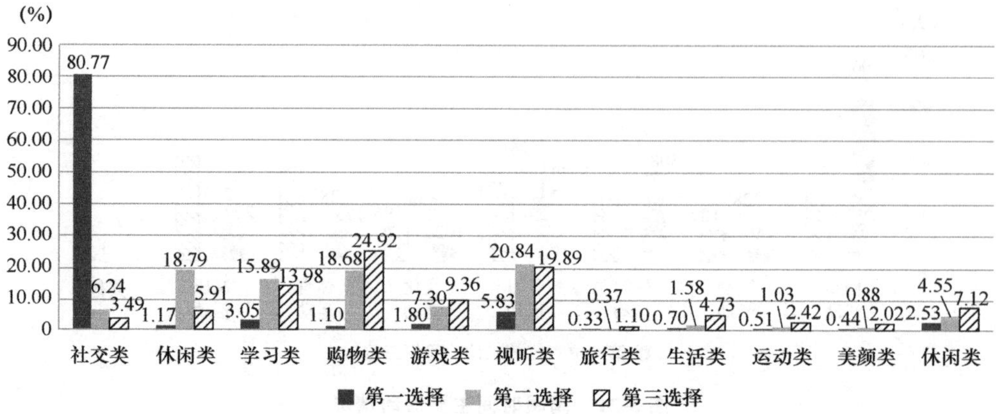

图 3-24 新生常用网络平台的使用情况

4. 期望与压力

(1) 学生个人发展规划情况。根据对大学生期望的未来生活调查，按照重要性排序，排在前三位的是："有温暖的家庭和知心好友（57%）""收入丰厚、实现财务自由（35%）""获取学业上的更高成就，继续深造（12%）"，学生对自身和未来充满理想和梦想。其他方面学生们还提到：坚持自己的信念、个人价值得到实现、环游世界、有能力给家人提供优质生活。如图 3-25 所示。

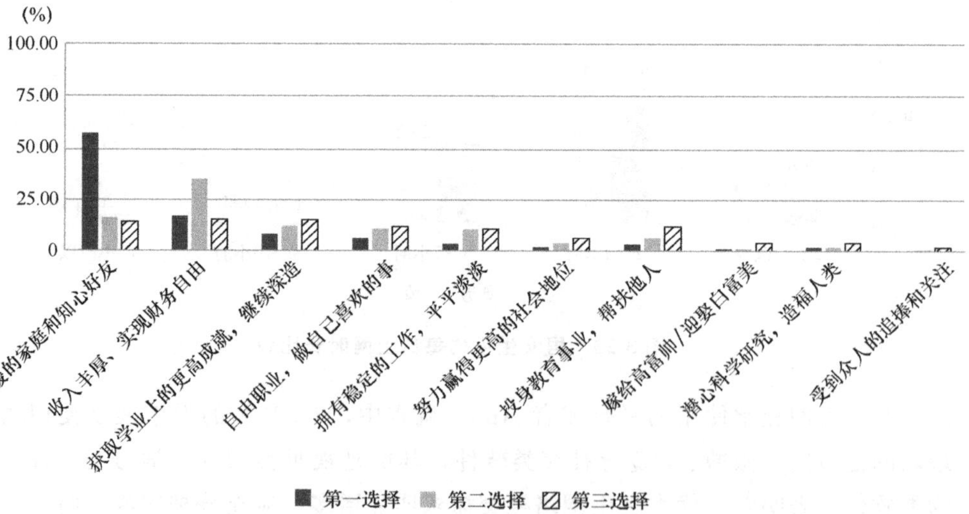

图 3-25 新生未来期望的生活

根据调查，从获得成功最重要的条件看，认为个人奋斗最重要的人占大多数（69.16％），其次是良好机遇（19.23％）、良师指导（3.89％）、社会关系（3.26％）。如图 3-26 所示。

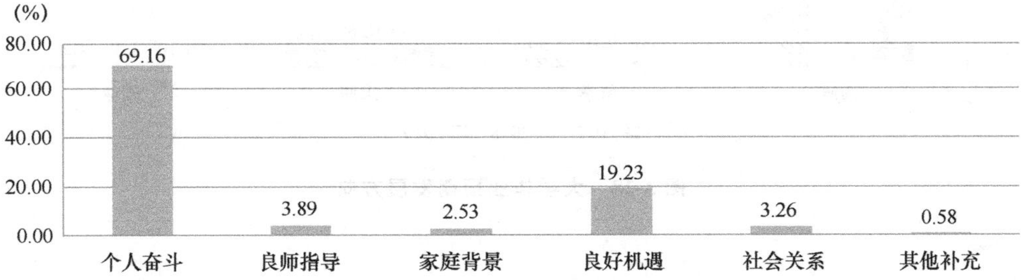

图 3-26　对于获得成功的条件的认识

在学历期望方面调查中，硕士研究生毕业是学生和父母最主要的未来期望学历，分别占 54.81％和 56.02％。此外还有 38.25％的学生期待取得博士学位，父母期待子女取得博士学位的占 28.78％。结果表明，除硕士学历以外，学生对自身学历期待高于父母对其期待，因此，学生学历期望背后所带来的个体升学压力值得关注。如图 3-27 所示。

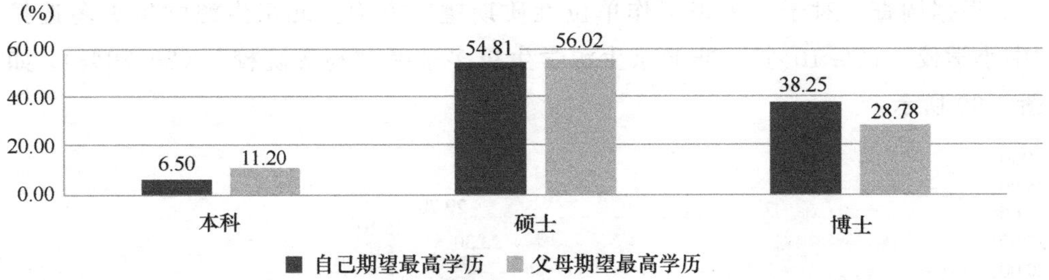

图 3-27　学历期望

关于大学毕业预期发展方向这一问题，越来越多的学生认为，读研是最主要的发展方向，以 2019 年为例，选择考研学生占 79.18％，其次是求职（10.57％）和留学（5.30％），因此考研将成为更多本科生选择方向。如图 3-28 所示。

关于未来工作单位性质的调查中，选择在中小学校、高等学校就业的学生比重最大，二者相加占比近 50％，其他选择分布较为平均，排名较靠前的有国有企业（10.40％）、党政机关（6.50％）、幼儿园（6.40％），也有 6.60％的同学暂无打算。从就业选择上体现了学生职业价值观念，也反映出学生在职业选择上较为单一和集中，未来应拓宽学生职业视野，看到更多社会需求。如图 3-29 所示。

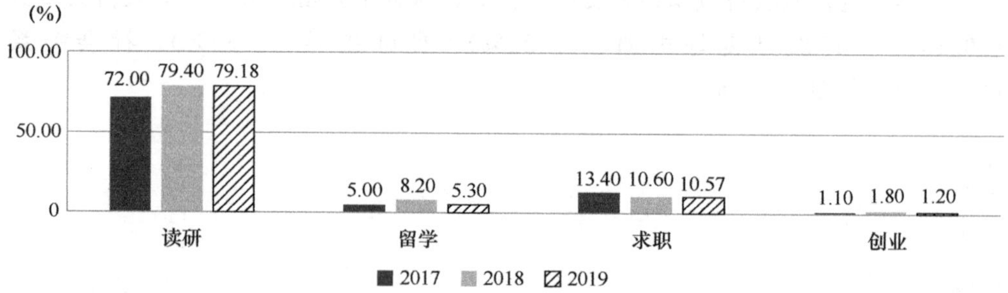

图 3-28　大学毕业预期发展方向

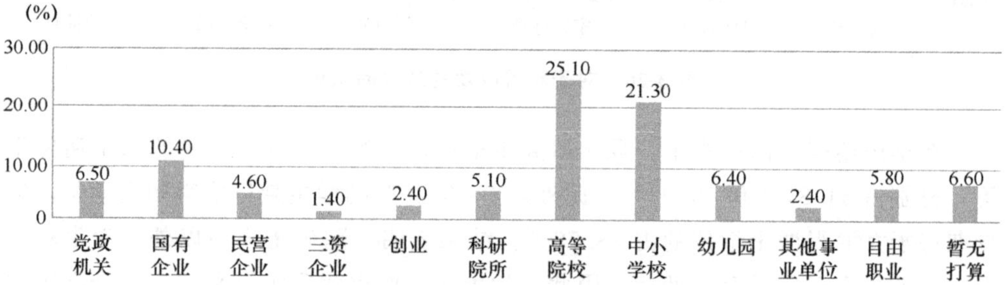

图 3-29　未来工作单位性质期望

根据调查，对于“未来工作单位性质期望”方面，北京生源学生更多选择“中小学校”（26.10%），非北京生源学生更多选择“高等院校”（29.70%）。如图 3-30 所示。

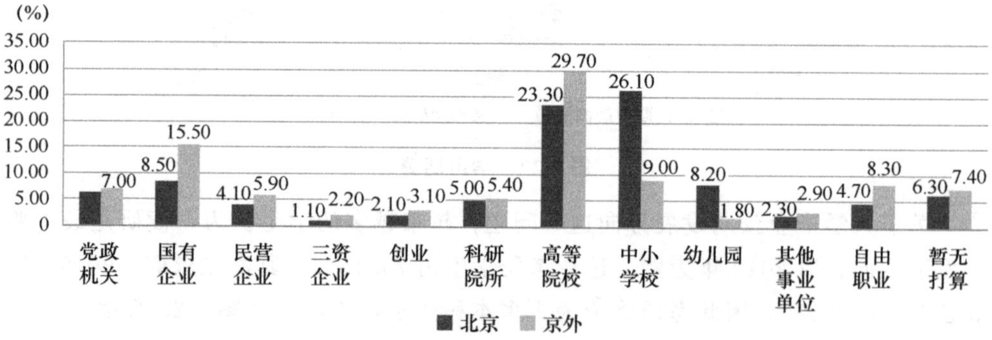

图 3-30　北京与非北京生源学生对未来工作单位性质期望

（2）压力及生活展望方面。根据调查，对未来的乐观程度，认为前景比较乐观的同学占 61.00%，不清楚的同学占 16.00%。超过半数同学对未来前景持乐观态度，也有一定数量同学觉得前景迷茫。如图 3-31 所示。

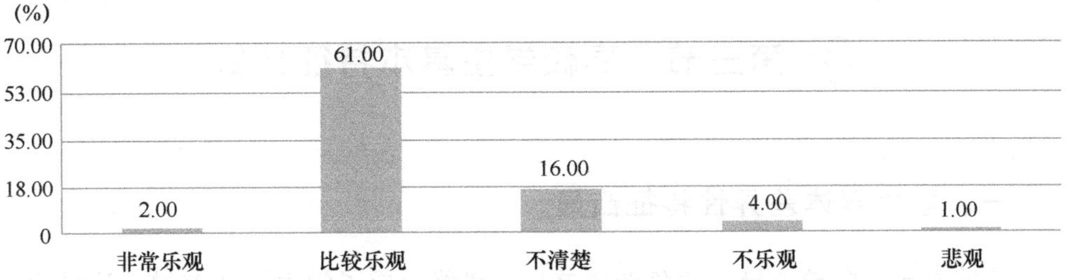

图 3-31　新生对未来态度

根据调查，新生主要压力来源方面，Z 校 2019 级入学新生大部分人感到有一定压力，很少人感到没有压力，而压力主要来源于自我期望（53.00%）和学业压力（28.00%），来自社会、父母、朋辈等的压力相对很少。如图 3-32 所示。

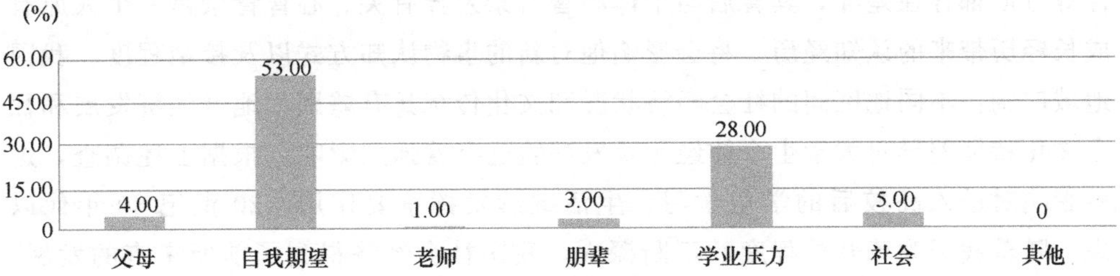

图 3-32　新生压力来源

在倾诉对象方面，41.2%的新生表示经常向大学外朋友和高中同学等倾诉，30%左右的同学表示有时向父母，大学同学、朋友、室友等人倾诉，20%左右的同学表示偶尔向学长学姐、班主任倾诉，超过 60%的同学表示从不向专业课老师、辅导员、班主任倾诉。入学新生的特点在于和原有社会关系链接程度较深，正在逐步建立新的社会人际关系，高校应关注其原有社会支持系统，同时帮助其构建新的社会支持系统，促进个体心理适应和心理健康。如图 3-33 所示。

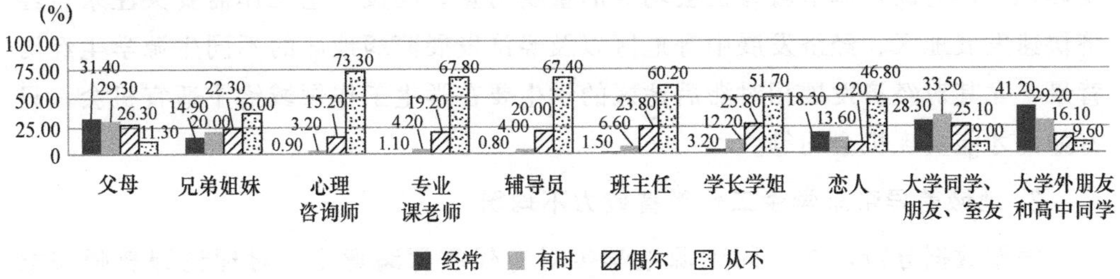

图 3-33　新生倾诉对象选择

第三节 高校学生基本特征分析

一、学生群体差异性特征凸显

地域差异、院校差异、角色选择差异，最终形成了学生认知差异，这种个体差异又汇聚成了同一地域、同一学校、不同身份背景下的群体差异，这些差异带来了学生不同的认识和选择。

1. 地域差异促成学生群体不同心智背景

学生群体地域差异性特征凸显，不同生源地学生对学生工作的需求度、感受性等方面都存在差异，其背后与个体心智背景差异有关。心智背景是一个人原有成长经历带来的认知经历，将会影响他对新的事物认知方式以及接纳程度。我国地域广阔，不同地区间的社会经济状况和文化传统具有差别，地域经济发展和社会文化特征差异对大学生个体经历及发展轨迹有着强烈影响。根据上述调查，这种影响对进入高校后的学生学习、生活继续发挥重要作用。20 世纪 80 年代以来，随着我国改革开放程度的不断深入，我国社会经济得到了前所未有的发展，进入 21 世纪以来，中国经济持续高速发展，我国一跃成为世界第二大经济体。伴随社会发展加快，一些区域间不均衡问题凸显，收入分配差距短时间内被加大，人们成长生存的社会条件出现较大差异。从全国层面来说，东部地区依然发展较快、西部地区发展整体水平不高，长三角、珠三角地区的发展程度领先于西南、西北地区。此外，整体经济发展华东、华南、华中要好于东北、西北、西南，华北地区处于中间发展区。学生生源地决定了他们进入高校之前对高校期望值不同、对自己发展定位也有所不同，因此高校对学生影响力也有所不同。高校学生工作模式能否最大程度地适应不同区域学生需求是高校学生工作影响力的重要体现。作为高校调节教育机会均等的重要力量，高校学生工作需要关注来自经济快速发展地区、经济发展中等地区以及经济发展薄弱地区的不同生源学生经历背景，尤其对经济发展相对滞后地区的学生要在学生工作领域给予适宜机会，只有如此才能实现机会均等。

2. 地域差异带来学生工作教育效力不均衡

根据数据分析，在不同生源地学生对专任教师满意度、对理论课教师满意度、对学生工作领域教师满意度以及对自我能力预期差异比较中，可以看到不同地域学生满意度差异较大。对于高校学生工作由于历史发展和外在环境影响承接了统一化模式，无论是在机构设置还是在工作内容设置上，采取了统一标准、统一要求，在实施过程中较少考虑地域差异。进入新时代，面向以学生为中心的学生工作，需要对工作模式做出新调整，地域差异应是模式调整的重要结合点。按照教育力概念，可以把学生工作教育力界定为学生工作给予学生的影响作用。对于高校学生而言，他们在高校生活学习过程中，必须要做出一定选择，相比之前更具有自我选择性。高校所有教育活动产生作用的前提在于，学生独立对高校提供各种活动做出选择，使得教育活动与学生原有认知产生碰撞。高校学生工作模式在保持原有工作结构基础上，为进一步提升学生工作模式与学生之间的高度匹配，根据地域间差异，可以试行建立地域性学生工作中心，逐步减少地域变化带来的教育力的降低。根据教育力模型，可以结合地域对工作方式、内容进行设定，只有如此才能够促使更多学生与学生工作形成高度匹配型模式。

3. 不同地域学生对人生发展前景的态度差异明显

对未来人生发展前景的态度与对学校教师总体印象、各岗位教师满意度以及对学校各项工作满意度相关性分析，具体如表 3-21、表 3-22、表 3-23 所示。

表 3-21　对未来人生发展前景的态度与对学校教师总体印象相关

	人格魅力	育人意识	理想信念	敬业精神	教学水平	学术道德	创新精神	师生关系
对未来人生发展前景的态度	0.186**	0.187**	0.182**	0.163**	0.202**	0.145**	0.193**	0.196**

注：* 代表 $P<0.05$，**代表 $P<0.01$。

由相关系数可得知，高校学生总体对未来人生发展前景态度与对学校教师总体印象都在 0.01 水平上相关。其中，与教师教学水平评价关系最为密切（$r=0.202$），其次是教师育人意识（$r=0.187$）和理想信念（$r=0.182$），均影响学生对未来发展前景的态度。

表 3-22　对未来人生发展前景的态度与对各岗位教师满意度相关

	专业课教师	思想政治理论课教师	心理咨询教师	辅导员	班主任	党政干部	团干部
对未来人生发展前景的态度	0.183**	0.183**	0.179**	0.189**	0.190 **	0.218**	0.223**

注：* 代表 $P<0.05$，**代表 $P<0.01$，***代表 $P<0.001$。

由相关系数可得知，高校学生总体对未来人生发展前景的态度与对各岗位教师满意程度都在 0.01 水平上相关。其中，与团干部满意度最为密切（$r=0.223$），其次是对党政干部（$r=0.218$）和班主任（$r=0.190$）满意程度，均影响学生对未来发展前景的态度。

由相关系数可得知，高校学生总体对未来人生发展前景态度与对学校各项工作满意度在 0.01 水平上相关。其中，与学校开展就业指导与服务工作满意度最为密切（$r=0.221$），对网络思想政治教育（$r=0.220$）和创新创业教育（$r=0.212$）开展的满意程度最能影响学生对未来发展前景的态度。

表 3-23　对未来人生发展前景的态度与对学校各项工作满意度相关

学校工作	对未来人生发展前景的态度
思想政治理论课教学	0.184**
专业课教学	0.187**
创新创业教育	0.212**
社会实践活动	0.204**
校园文化活动	0.183 **
法治素养教育	0.190**
网络思想政治教育	0.220**
心理健康教育与咨询服务	0.194**
后勤保障与服务	0.146**
学生资助工作	0.172**
安全稳定工作	0.185**
学生党建工作	0.211**
就业指导与服务	0.221**
学业辅导工作	0.205**
国际交流与合作	0.162**

注：*代表 $P<0.05$，**代表 $P<0.01$，***代表 $P<0.001$。

调查发现，受到男女生性别差异影响，在院校选择上女生更倾向于选择进入师范大学从事教师职业，男生相对要少，因此该校连续三年女生人数要多于男生。在专业选择上女生更愿意选择文科，男生选择理工科更多一些。在闲暇时间安排上，男生更注重社交活动，女生在网络和休闲活动中与男生相差不多。男女生在未来发展职业选择上存在明显差异；从民族来看，随着民族融合不断增强，新生中有 22 个少数民族，2017 年、2018 年、2019 年连续三年陆续有 20 多个不同民族的学生进入该大学，民族生覆盖面更加广泛；从新生家庭背景来看，随着城市化进程加快，城乡一体化程度提高，城市学生占比逐渐增多，农村户籍学生依然占到近三成；从家庭收入来看，大学新生家庭年收入 3 万元以下的占近 12%，50 万元以上的占 3.23%，而居于中间的差异相对也比较大，这说明大学新生家庭收入差异比较大；2019 级新生父母文化程度在大专及以上的占到 50% 左右，父母文化程度明显提升。

二、学生选择多样性特征凸显

选择，是一种自我主宰的体现，也是一种自我权力的体现，新时代高校大学生，对于多样性选择的热衷与坚守超出了以往任何一个时期，形成了新的时代特征。

1. 学生需要获得更加丰富的体验

根据调查，越来越多的学生希望进入高校能够获得更加丰富的体验。这种体验包括新的学习体验、政治体验和生活体验。进入高校的新生，已经逐步摆脱了家庭对于学生的要求与束缚，从调查可以看出，进入高校的学生，无论家庭收入高低，学生们对于未来都有了进一步的认识和期待，尽管学生的期待会受到原生家庭认知的影响，但这并不影响学生们对于新期待的热情。在学习体验方面，进入高校的学生对于独立学习以及平等交互的学习体验越发迫切，学生们希望获得来自不同层面学习的支持，在学习方面学生已然不再满足原有的课堂模式的学习，进入高校的学生开始探索利用校内外资源获得更多的认知，同时也开始不断地调整改变自我的学习，同时对高校学习体验有了更多提升质量的要求。此外，伴随学生年龄的增加，政治需求已经成为学生进入高校的一种需求体验，这种政治需求包括正式的政治生活，如入党参加党组织活动，也包括参加一些学生工作组织和学生社团，在这一过程中，新生迫切需要获得更多的角色体验。最后，围绕高校生活，学生们已经开始希望获得与成人一样的体验，这种体验包括自我独立生活的体验、情感的体验、创造的体验以及探寻社会的体验。这些体验，无疑对高校提出了新的要求，作为与这些体验密切相关的学生工作，也亟须通过自身的努力向学生提供更加有力的支持。

2. 学生需要获得更多自主的选择权

根据调查，无论是地域的差异、院校的差异还是角色选择的差异，新时代的大学生已经不再服从这种差异，而是迫切需要通过自身努力和寻求支持获得改变这种差异的机会，从而使得自身获得同等优质的发展。如，在政治生活方面，无论前期差异如何，学生们在进入高校受到积极引导和影响后，呈现了积极的自主选择倾向。调查发现，2000 年前出生的在校学生，在加入党组织方面表现出积极主动，89%的新生愿意加入党组织，这也是青年学生对党和国家发展充满自信的表现。而在专业选择方面，与高考填报的志愿基本一致和完全一致的占 91%，这说明学生有更多自主权对自己所学专业做出选择，基本达到预期，也表明 2000 年以后出生的大学生在对自己未来专业选择上更具独立性。在闲暇时间安排上，排在前三位的是“追剧、网聊、网游、网购等网络活动”“听音乐、旅游、摄影等休闲活动”“看书、自习、参观展览等学习活动”，其中，将网络活动排在第一位的同学有 1063 人（39.02%），可以看出，学生在闲暇安排上更丰富，学生个性化选择更明显，对于网络运用占比更高，说明在校学生伴随互联网成长，学生把大量课余时间花在互联网平台上，因此，应利用好网络平台开展教育。

三、学生发展个性化特征凸显

个性化，是每个个体在对自我内在发展潜力和特质清晰认识基础上，积极创设条件挖掘潜力、凸显特质的一种追求过程，这种过程带有很强烈的区别于他人的特征。新时代大学生，对于自我实现以及自我个性化的发展，显得更加迫切。

1. 务实的期望形成了个性化的发展压力

调查发现，2000 年前后出生的在校学生，在对未来生活期待中，选择有温暖家庭和知心好友的占 57%，选择收入丰厚、实现财务自由的占 35%，从中可以看出，这期间出生的大学生对于未来更加现实，更加关注与个人生活相关的内容；在压力方面，新生更多聚焦自身发展，而压力主要来源于自己，外界给大学生的压力逐渐减少，说明学生自我意识趋强；在自身学习发展中，学历提升是大学生最关注的方面，既体现出了学生对自身所学不满足，同时也能够看到社会要求提升正作用于学生身上。通过对期望、压力以及学历提升的调查，可以深刻感受到学生自我发展需求迫切，以及展现出学生对未来自我掌控的坚定信念。

根据马丁·特罗（Martin Trow）发展阶段论，以就学率 15%、50%作为分界点，高等教育发展阶段依次经历“精英—大众—普及”三个阶段。正如马丁·特罗所言，三个阶段的划分标准，没有任何数学工具的支撑，而是基于他常年从事高等教育研究经验的逻辑判断[①]。需要指出的是，马丁·特罗的划分不是简单

① 邬大光：《高等教育大众化理论的内涵与价值——与马丁·特罗教授的对话》，《高等教育研究》，2003 年第 6 期，第 6—9 页。

数据划分，而在于他所描绘的不同阶段在升学选拔、课程内容、制度设计、经营管理等方面出现的结构性特征变化。在不同阶段，高等教育需要做出适应阶段变化的结构性调整，逐步向新模式转变，只有如此才能实现真正意义上的转型。马丁·特罗指出，在普及化阶段，高校学生群体中将出现三种新的学生类型：(1)原本对高校升学并不抱有高度期望，也不具备升学所需的学术资质，并且家庭经济和文化资源也不充裕的学生；(2)之前并没有高等教育经历，由于在职业生活中感受到继续学习或获取特定资格的必要性，为此做出高校升学选择的成人学生；(3)高等教育适龄人口中的“非自愿”型升学者，即由于父母期望或劳动力市场的就业状况等外部压力或约束做出被动升学选择的群体，这一类型的学生多数来自中产阶级家庭，他们虽然进入了高校，但对高校教学课程并不抱有兴趣。借助马丁·特罗的发展阶段论，尝试对2000年前后出生的大学新生群体形态变化进行梳理，并进行调查分析。

2. 富足生活拓展了学生的个性化选择

2017年、2018年、2019年入学新生是在2000年前后出生的学生，在研究时他们也是在校学生的主体，显现了更多新时代特征。首先，多数学生已经不再为学费而担忧，一方面来源于家庭收入变化，可以稳固地支撑新生学费；另一方面，由于国家大力度资助支持，学生也可以享受无息的助学贷款，在这一过程中，学生学费已经不是学生求学的压力和障碍，学生整体生活水平得到提升，因学费差异带来的影响不大。差异主要来源于家庭收入多层次多元化，学生家庭收入差距的不断拉大，使得学生进入高校以后需求呈现多元化。其次，作为伴随中国信息化和网络时代诞生的一批大学生，他们多数从小熟悉网络，网络带给学生的不仅是便捷，还有生活、学习以及思维方式的改变。伴随新生进入高校，他们使得高校教育生态随之改变，高校学生的网络认知得到强化。最后，由于高等教育普及化，学生进入大学前对于自己所读大学和专业有了更多自主权，掌控自己大学生活的自主意识进一步激活。相对以往被迫选择进入大学或者被迫选择专业进入大学的学生来说，通过自我努力做出选择进入大学的学生，他们的专业与个人兴趣爱好、未来发展的定向更加密切。为此，进入高校以后，学生自我意识更加清晰，他们具有强烈的维护自我选择的权力意识，学生更愿意参与到高校自我发展设计中，对高校各种有目的、有计划的安排，开始有了更多质疑。参与性、自我设计、自我负责成为这些新生的显著特征。

由于学生自身特征变化，尤其是多元化异质性的凸显，高校学生工作模式出现了不适应性，原有学生工作模式教育影响力呈现不足。第一，高校现行学生工作模式，从上到下以要求主导。这种模式规范性比较强，更多呈现的是管控，对于拥有多元化需求的学生来说，学生工作变成简单执行。学生主体参与性难以得到满足，学生工作领域做出各种有计划的安排，与学生个性化需求无法形成有效匹配，学生自我发展需求得不到满足。第二，伴随高等教育普及化，现行学生工作模式在人力物力上难以覆盖更多需求群体，一些学生游离于学生工作视野之外。目前，高校学生工作采取组织体系化工作模式，从表象上看，多数活动要求学生更大范围参与，但实际工作之中，由于时间、兴趣，以及针对性等问题存在，学生工作覆盖停留在表层，没有有效吸引学生，没有对学生产生深层次影响。第三，学生工作模式相对于灵活多变的学生会体现出僵化，现有活动并未区分层次和针对性，对学生服务支持程度不足。

第四章

高校学生工作模式问题与反思

在深入了解高校学生工作模式现状与特征和系统分析高校学生现状与特征的基础上，本章在概述高校学生工作模式存在的重要问题基础上，从理论、实践和导向三个层面进行了深入反思：理论反思基于高校工作模式组织构成、行为方式和结果价值取向等角度，实践反思基于高校学生工作模式的思维、路径、方法和导向等角度，导向反思基于以学生为中心，对价值困境、发展困境、理念困境和管理困境映射到学生工作模式方面进行深入考量。在此基础上，指出高校学生工作模式转型的现实困境。

第一节　高校学生工作模式的问题

高校学生工作模式涉及学生发展，受到学生工作者的普遍关注。在前面章节中，总结了高校学生工作模式的现状与特征，同时也对新时代大学生的现状特征做了深入分析。为进一步印证这些论述与分析，同时为了更深入了解目前我国高校学生工作模式与学生发展需求之间不相匹配的实际情况，本研究尝试通过访谈分析方式做进一步的质性研究，设计了半结构式访谈提纲，对20位高校辅导员和学生工作职能部门干部教师进行了深入访谈，分别从工作模式的组织形态、组织体系、运行方式、保障机制等视角开展研究，梳理其中的问题，为高校学生工作模式转型提供对策依据。

一、访谈对象说明

质性研究中的访谈对象，是一种非概率的目的性抽样，其研究结果的效度并不在于访谈对象数量的多少，而在于限定的样本是否合适以及被访谈者回答问题的完整性和准确性。[①] 因此，在访谈对象的选择上，本研究主要是基于以上这些要求。由于研究对象是高校学生工作模式，所以访谈对象主要侧重于两类群体：高校辅导员和高校学生工作职能部门工作者。对于高校辅导员的选择，主要考虑那些不同职称和年龄层次但在高校工作三年以上的辅导员。一般在学校有过持续的学生工作经历，对学生工作模式有一定的切身体会。对于高校管理者的选择，主要侧重于高校学生工作部门的主要负责人或者在学生工作职能部门持续工作三年以上的工作者，对于高校学生工作模式有一定的参与实践经历。还希望被访谈者对所在高校的学生工作模式有一定了解，对当前以学生为中心的工作理念有一定认识和体会。另外，为了能让问题分析前后得到印证，以便使研究结论更具说服力和客观性，本章中 20 位被访谈人员主体来自第三章、第四章中学生现状和学生工作模式现状分析中的样本高校。对于访谈提纲的设计，主要是基于半结构式访谈提纲的设计要求。采用这种方式的原因主要在于，前面通过数据调查已经对学生工作模式现状特征和学生现状特征做了分析，本研究在访谈过程中，主要是希望被访谈者对预设问题表达想法和意见，以此对数据展现的结果进行进一步分析和验证。但同时考虑到前期研究在视角上可能会有局限性，一般也会引导被访谈者从各自角度谈一些问题和看法。

20 位被访谈者都来自高校，目前都参与着高校的学生工作。他们当中有的长期在各自学校工作，有着丰富的管理经验；有的是所在高校学生工作部门负责人；有的是全国辅导员年度人物。他们关于目前高校学生工作模式实施情况的看法和认识具有很好的研究信度。访谈方式主要是利用研究者到其他高校交流调研的机会，约请了这些老师和管理者进行了深度交流，也有部分辅导员和管理干部是在参与笔者所在高校组织的辅导员职业素养培训过程中进行的交流访谈。有些问题也通过电话、邮件等方式请被访谈者表达看法或作进一步补充和说明。通过访谈，共采集访谈原始资料 4.83 万字，后期经过整理编码后形成了近 2 万字的访谈材料，这些已成为我们研究高校学生工作模式向以学生为中心转型中在运行理念、组织形态、运行方式、保障机制方面的重要参考。由于访谈中会涉及一些隐私问题，如：您所在学校学生工作是否是以学生为中心的？您认为什么影响了

① 陈向明：《质的研究方法与社会科学研究》，教育科学出版社，2000 年，第 103 页。

您所在学校学生工作模式向以学生为中心转型？有些涉及政策决议以及其他不宜公开的事例，在访谈中本研究坚持自愿、保密、公正和客观等原则。为保护被访谈者信息安全，隐去了被访者的单位、姓名等信息，以英文字母来代替其姓名。本研究中，所有访谈资料的收集和整理工作都由作者独立完成，整理后的资料在被本书收录之前都经过了被访谈者的同意和认可。

二、问题质性分析

1. 组织形态滞后于学生多样性选择需求

组织结构凸显“以我为主”的理念。高校学生工作模式受制于其运行理念，可以说有什么样的运行理念就会形成什么样的运行模式。而运行理念一般又会受到环境、学校、群体和个人等因素的影响。社会心理学认为，社会心理环境对于个体发展的影响程度比较大。高校学生工作相对于高校其他领域的工作而言，由于其工作本身就具有促进学生适应社会环境的要求，因此其工作模式受社会环境的影响更直接，影响程度更深更广。很多高校的学生工作模式运行理念中常有政府、企业的影子，如管控的理念、服务的理念等。学校是高校学生工作模式存在的母体，是辅导员、学生工作者依存的主要场所。学校持有什么样的办学理念，实施什么样的办学治校策略，将直接影响所在高校的学生工作模式。当然，学生工作模式运行中还会受到在其中工作群体、个人的价值理念的左右和影响，这些人的素质素养以及持有的观念也将会对学生工作模式运行理念产生影响。事实上，通过对 8 位高校辅导员和学生工作职能部门干部的访谈，以及与调研数据的对应分析我们发现我国高校学生工作模式运行理念与当前“以学生为中心”的理念存在一定差距。如表 4-1 所示。

表 4-1　访谈对象信息简况及访谈内容编码（组织结构）

序号	被访者	性别	工作年限/年	职称	身份	访谈内容编码
1	C	男	22	副研究员	学工干部	T001
2	D	男	17	讲师	学工干部	T002
3	K	女	10	讲师	辅导员	T007
4	M	女	6	讲师	辅导员	T006
5	G	女	6	讲师	辅导员	T005
6	T	女	5	讲师	辅导员	T011
7	W	女	18	副教授	辅导员	T008—T010
8	Y	女	5	讲师	辅导员	T012

高校学生工作模式运行中，存在两种运行逻辑，一种是来自社会、学校和管理者的逻辑，这种逻辑是按照社会、学校和管理者的标准形成的一套运行准则，这种准则将“我认为、我觉得”作为整个模式运行的基本准则。另外一种逻辑是基于学生自身发展需求构建的逻辑，是一种来自学生发展的逻辑，这种逻辑是将丰富学生体验、提升学生能力、促进学生深度学习作为模式运行准则，这种准则是以学生为中心，在充分尊重学生、信任学生基础上将学生“获得感”作为整个模式运行的基本准则。正如下面一位多年从事学生工作管理的访谈者理解的那样：

2001年至今，我在学生工作系统工作快二十年了，在机关工作也有十几年了，一直从事学生工作，对现在运行的学生工作模式比较熟悉，有一些实践的体会。对于学生工作模式背后的理念，我自己体会有变化但变化并不大。为什么这么说呢，我有三个方面的理解，一是学生工作模式本身变化不大，就以我所在的学校为例，近十年学校学生工作部门和学院学生工作部门，几乎没有变化，大家习惯了上面布置下面执行，我自己也是每年都按照学校安排和上级文件要求开展工作；二是我在日常工作中，虽然知道应该以学生为中心，但在实际运行中，我时常还是先有了想法，再把想法告知科室形成方案，再想当然地向学生推广，静下来想，这些未必是学生需要的；三是，日常中受到资源限制，分配资源、支配资源时我首先考虑到的是让资源扩大效益，这种效益主要还是要能够迅速获得结果，换句话说，更多时候还是存在让上级满意、让学生看到效果的想法，这种业绩思想主导，事实上还是会把学生排在后面。(T001)

根据前面调研，高校学生工作模式中的组织结构在高校科层化结构中仍然居于主导，导致越是在科层上层权力、资源的控制力也就越强。作为各级的管理者，多数会从“利我”角度出发，优先有效完成上级任务。

在运行过程中，各级辅导员和参与其中的学生工作者会根据任务目标和要达到的效果做出计划形成方案。具体如下面几位被访者理解的那样：

我接到工作，首先会看工作任务需要什么时候完成，同时也会看看领导怎么要求的，如果领导要求紧急我就会尽快安排，如果领导要求得不紧急我就把工作向后排。(T002)

我接到工作，一般会关注这个工作给予的支持，如果有支持我就会按照支持考虑如何将支持的资源与任务对接起来，当然也会看学生是否有意愿参与，如果学生参与意愿强烈我也会主动推动，如果学生参与意愿不强我就直接安排一些学生落实。(T007)

我在接到学生工作任务时，我首先考虑自己的时间是否充裕，然后也会考虑自己能不能完成，如果感觉比较困难，我会请领导支持，如果领导热情不高我也会先放一放，主动权掌握在自己手上。(T011)

组织结构，在确立执行流程的同时，也会将组织的理念传递到每个执行者的意识中。在科层组织中，领导成为核心，上级是“我”的领导，“我”是下级的领导，领导主导、领导为先的理念构成了组织运行的基本理念。由于科层组织结构，学生一般处于结构末层，因此，学生就会自然地被边缘化。

对于现行的学生工作模式的组织构成，其运行的结果对谁负责，也就是组织结构的评价基础。组织结构如何，决定了在其中的成员间的责任。为进一步了解现行的学生工作模式中组织结构确立的管理者、辅导员们的彼此责任，访谈对被访者在其中对谁负责做了进一步了解。

我觉得我的工作首先是要对自己负责，也就是我自己要觉得已经尽力了，学生的评价我认为很重要。但由于学生众多，我个人不能对每一个学生负责，或者我觉得不能保证每个学生都满意。当然，领导对我工作的评价我觉得也很重要，或者说比我自己的评价要重要，我还是比较在乎领导的评价的。至于工作上，是否有效果，这种效果如何评价，我觉得很难讲，学生是一方面，可能还是要看评价标准怎么定。(T008—T010)

我很在乎学生的评价，但就现实而言，学生的评价只能说是一部分，更多还是要看领导怎么想。(T012)

组织结构固化了组织评价方式，在科层组织结构中，上级标准成为评价的基础，当最上层领导作出指示后，便会成为各级参与者的风向标，进而逐步变成了“我”对上级负责就是对自己负责的认知，这种认知突出的是“以我为中心”，这个“我”包括我自己和我自己的上一级。

高校学生工作模式转型的出发点，一方面要从以学生为中心的视域出发对于学生特征特点、学生的个性追求有清晰认识；另一方面也要调动激发学生的主动性，提升学生的综合素质和能力。在这种运行中，学生工作不再停留在管理者如何理解、如何认识，而要从学生如何理解、如何认识出发。在这一过程中，管理者的认知固然重要，但如何克服组织记忆，让组织运行本身就是从学生出发，从根本上需要调整组织结构，让组织结构运行的逻辑从“以我为主”转向“你我互为主体”，最终转向“以学生为中心”形成新的组织结构。

2. 组织体系凸显“一元化”的记忆

根据调研资料，可以看出高校学生工作模式在组织体系上多数仍处于一元体系下，在组织构成上较少考虑学生地域、学校间以及学生自我角色选择的差异。高校在组织运行中，简单采用一种体系模式，最终带来的是发展的不均衡、不充分。根据前期数据调研，由于生源地域、院校以及学生自我选择的差异，学生入校后发展需求不同。以下通过对 5 位高校辅导员和学生工作职能部门干部的访谈，也能够在不同层面反映相应的问题。如表 4-2 所示。

表 4-2　访谈对象信息简况及访谈内容编码（组织体系）

序号	被访者	性别	工作年限/年	职称	身份	访谈内容编码
1	A	男	20	讲师	学工干部	P001
2	B	男	11	讲师	学工干部	P002
3	H	女	11	讲师	辅导员	P003
4	K	女	5	讲师	辅导员	P004
5	I	女	6	讲师	辅导员	P005

我工作了 20 年，其中有 10 年是在学生工作部门做辅导员和院系副书记，我感觉这些年学校的学生工作组织体系没有什么变化，主要包括思想教育体系、学生管理体系以及一些服务体系，总的来说这些体系是从上到下一体的，对于学生来自哪些地区、学生过往经历在工作中有所考虑，但在组织体系上体现得很少。(P001)

我工作了 11 年了，据我观察，这些年学生差异还是很大的，原来是城乡差异，现在我觉得是城际差异。我们国家地域比较大，我们作为全国招生的学校，很多时候从西部来的学生在中学甚至连实验室都没进过，更别说人工智能研究了。但一些来自发达城市的学生，不仅看过很多，而且多数学生在高中就参加过科学探索的课程，这样学生起点就完全不同。(P002)

通过两位被访者的访谈内容，从高校学生工作组织体系起点和工作内容的角度来看，其体系构成主要包括了思想教育体系、学生管理体系以及学生服务体系等。对于学生而言，学生需求体系更多是从自身出发，从需求体系构建的组织体系会与工作体系完全不同，工作体系背后的理念更多凸显“以我为主”，而需求体系将更多凸显以学生为中心。

我工作这些年，我时常感觉我们的组织体系是不完善的，我们能关注到的总是一部分，事实上我们的体系本身就会漏掉很多，我们的体系是固化的，几乎按照一个样板办事，很少关注学校之间的差异，也很少关注学生发生的变化，这就会使我们的工作长年处于一个状态。我个人觉得对于组织体系来说，有三方面问题，一是学生工作组织体系不灵活，二是组织体系缺乏有效联动，三是组织体系

实效性不强。(P003)

我感觉，现在学生需要的组织提供不了，组织提供的往往是学生不需要的，现在部门设置不是看学生需不需要，而是看工作需不需要，有些时候更多是延续。我觉得组织体系存在这样一些问题，一是过于注重历史延续，一个体系一旦存在几乎就不会改变；二是组织体系构建更多是管理者的事务，学生在其中的作用微乎其微。(P004)

我觉得学校学生工作组织体系太僵化，上下级不能变动，左邻右舍也不能交互，学生的参与性就更少了，我感觉以学生为中心，应该真正建立一个学生发展的共同体，这种体系是改革的方向。(P005)

通过被访者的访谈，我们从组织体系来看，对于学生发展需求，高校学生工作组织体系存在如下问题：一是过于注重历史延续，学生工作组织体系不灵活；二是组织体系缺乏有效联动，没有形成有效的育人共同体；三是组织体系实效性不强，不利于学生主体作用发挥。

3. 运行方式滞后于学生多样性、个性化需求

根据数据调查，高校学生工作模式中的运行方式呈现了计划主导、经验主导、标准主导的主要特点，这一方面反映了我国高校学生工作模式带有明显的历史发展痕迹；另一方面，根据数据调研，进入新时代，学生发展需求呈现出多样性、个性化、高质量的需求，这与现有运行方式特点形成了一系列矛盾。这在如下 5 位被访谈者的访谈中也有所体现。如表 4-3 所示。

表 4-3 访谈对象信息简况及访谈内容编码（运行方式）

序号	被访者	性别	工作年限/年	职称	身份	访谈内容编码
1	E	男	16	副教授	学工干部	R001
2	F	男	10	讲师	学工干部	R002
3	J	女	11	讲师	辅导员	R003
4	L	女	20	副教授	学工干部	R004
5	N	女	8	讲师	辅导员	R005

(1) 计划趋强指令性突出。根据数据调研，在“指令型”模式下，超过 80%的学工干部认为自己与上级领导关系为“上下级关系”，对应在“咨询型”模式下，只有 37%，更多的认为自己与领导是“协作关系”。数据表明，不同的运行模式会潜在性地将“上下级”或“协作”观念体现在工作执行过程当中，领导与下属的每一次交流可能都是对层级观念的深化或淡化。如下对于被访者的访

谈也体现了这一内容。

我在高校工作了16年，换了三个院系，差不多一直在院系做学生工作，做过院系团委书记、辅导员、学生工作办公室主任，现在我在做院系的党委副书记。我自己体会我们的学生工作“指挥棒”的意识很强，我自己这些年多数时候都是在做计划、完成计划中走过来的，学校给了一个通知，我首先就是按照通知出一个方案计划。做院系团委书记时我更多执行学校团委和学院副书记的指示，做出方案计划直接发班级和学生会骨干落实，做学生工作办公室主任时我是更多按照学院副书记的指示做各种指标分配然后安排给班主任，这些年自己做副书记则是参加各种学校的会，然后把学校会议变成要求，回到学院让辅导员、班主任出计划出方案。总的来说，我觉得自己这些年无论在哪儿都是管理的一级，上面有上级，下面有下级。做学生工作，尽管也思考很多，真正按照学生需求做决策的不多，我们的计划体系没有变化，我们的分配方式没有变化，我们的执行方式自然也很难变化。(R001)

在对访谈对象的访谈梳理后我们可看出其在运行方式上呈现一些特点：一是从运行形式来讲，会议模式成为访谈对象在高校日常工作的主要方式，访谈对象通过参加上级布置的会议，通过自己召集的会议，将各种工作以会议方式传达布置，成为一种常态；二是运行中充满程序，有些是制度性的，有些是约定俗成，这些都被变成了有计划、有目的的程序指令，形成了高校学生工作的运行方式；三是运行方式比较固化，计划指令一旦形成较难调整，其根本原因在于运行体系没有变化。从这些计划指令中，也可以感受到学生在其中，时常是作为参与执行的一级，同样很难有自己的意见想法，即便是有也是落实在了如何完成好上级的计划安排之中。

(2) 经验主导专业化缺失。专业化是高校学生工作一直以来希望达到的效果，也是学生工作立足高校的关键所在。通过数据调研和分析，可以看到，在推进高校学生工作发展中，高校学生工作在心理咨询、学业指导、就业指导方面的专业化得到有效提升，但就学生工作发展来看，经验主导依然是高校学生工作的主要运行方式，很多工作在专业化方面停留在了理念层面。如下被访者的访谈也证明了这一点。

我从入职以来一直就在学生部（处）工作，今年是我工作的第11个年头，这些年在学生部（处）我换了几个岗位，其中包括思想教育科科长、辅导员管理科科长，还有学生部（处）综合科科长。从我个人来看，这些工作基本上都是管理工作，最主要的是要熟悉政策，时间长了，基本上只是凭借自己的经验来做。

如思想教育方面工作，我每年都会做新生入学教育，基本上就是讲座报告，然后就是主题班会，此外就是我们设计一系列的活动。起初，我还会到学生中开座谈会了解学生需求，后来时间紧了，我就基本按照之前做的略微调整继续，这种方式在高校学生工作领域多数差不多。不过，最近几年，我也时常觉得我们做的计划安排，学生虽然也参与，但是感觉做完就完了，对学生似乎影响不大。现在来看，学生越来越需要针对他发展中直面的问题提供更有效的支持，事实上帮助学生发现自己成长中的问题，这就需要我们管理者下一番功夫，其中包括要进行问卷调查、访谈、面对面辅导很多方式，这些内容都需要系统地培养和训练，不然是很难达到效果的。(R002)

作为一名辅导员，工作久了，经验也就成了方法，这是很正常的。案例法也是一种很有效的方式，所以我这些年基本上采用的都是案例方式，就是以前如何处理的，面向新的学生从以前中借鉴经验继续做好就可。高校学生工作在运行上，经验本身就是我们最主要的方式，从自己身上学经验、从优秀前辈那儿学经验，这是目前学生工作系统惯用的方式。(R003)

从访谈对象的访谈中我们可以总结出在高校学生工作模式中，其运行方式上存在这样的一些认识：一是经验是惯用的方法，也是最直接的方法；二是程序性工作，不需要创新，经验就是程序完成的最好方式；三是专业化的路径方式是什么，如何开展，没有明确。

(3) 标准统一个性化不足。标准是方向也是行动指南，对于高校学生工作运行方式同样如此。根据数据调研我们可以看到，高校学生工作模式呈现了各种从上到下的标准，成为衡量工作优劣的重要方式，也是衡量学生的重要指标。进入新时代，学生的个性越发凸显，追求个性卓越成为学生的重要特征。面向个性十足的学生，标准统一的运行方式是否适用，如下通过被访者的交流，也可以从中获得启示。

我工作这些年，参与了很多辅导员的评选，我的体会是评选的条件尽管很多，但事实上变化并不大。我感觉做学生工作，个体的情况不同，工作需要的方法方式也不同，事实上效果也不会相同。这个和课堂教学完全不同，课堂教学学生听懂了，学习明白了，学生就可以按照思路方法达到既定的目标。做学生工作，不能给学生预定好达到的目标，但实际工作中我们的工作目标常常是一定的，这些可以从我们的一些评选中看到。例如评选优秀班集体，其中必然有一条就是学生参加集体活动的出勤率，班级在什么活动中取得的成绩等等；而在评选优秀学生时，我们时常也是将学生是否担任班级干部、学生学业成绩作为唯一标

准。这些都会约定俗成地成为规则标准，但这些标准到底是否适用每个学生，似乎不在我们考虑之内。(R004)

我觉得，我们较少关注学生个性发展，我们工作的标准都是想把学生培养成我们希望的样子，其实很难，因为学生本身就是不一样的。我觉得学校需要把对辅导员的评价、对学生工作的评价多元化，要从学生个性出发让辅导员设计工作，评估辅导员的工作。(R005)

通过与访谈对象的交流，我们可以在目前学生工作模式运行方式上看到一些问题：一是各种学生工作设定标准成了一种运行方式，标准提前预设成了一种习惯。在这一过程中，由于提前设定标准，就会使工作的指向性非常明确，也就为学生发展设定了结果，一定程度上会束缚学生自我个性的发展。二是标准唯一，也是当前学生工作模式在运行方式上的呈现，极大地限制了学生和学生工作可能的变化。

4. 保障机制滞后于“以学生为中心”的要求

以学生为中心，其关键是要给予学生更多的选择权，丰富学生的体验，提升学生的能力。高校学生工作是与学生发展最为密切的工作，高校学生工作在向以学生为中心的模式转型时，还存在诸多不足。作者在和如下 3 位访谈对象的交流中也反映出了相关问题。访谈对象简况如表 4-4 所示。

表 4-4　访谈对象信息简况及访谈内容编码（保障机制）

序号	被访者	性别	工作年限/年	职称	身份	访谈内容编码
1	Q	男	16	副教授	学工干部	B001
2	S	男	10	副教授	学工干部	B002
3	W	女	11	讲师	辅导员	B003

我觉得以学生为中心，无论是在教学领域还是在学生工作领域都是需要条件的。首先就是需要领导意识到，不仅意识到还要重视，学校领导不重视很难推进。学生工作很多时候都是被作为“救火队”的，领导们没有把学生工作纳入人才培养的重要环节。我这些年还觉得仅是领导重视还不行，还要设计好领导重视的条件。就当前来看，是个很好的契机，“三全育人”的深入推进，促使学校各级领导都会从思想到行动重视这个环节。再有，以学生为中心推进学生工作转型，在制度上要创设以学生为中心的制度土壤，要把学生的需要变成制度的内容，制度有了，这个工作才能定下来。这包括用人的制度、干部提升的制度以及学生工作评价的制度。(B001)

我觉得，以学生为中心，首先要给辅导员创造条件，辅导员与学生人数比例达到1∶200，这是保底线的条件，事实上要想让学生有获得感，没有充足高质量的辅导员是不可能的。但如何让学校意识到这一点，如何突破这一点，感觉不容易。(B002)

我觉得，以学生为中心，要改变现有的工作框架，让辅导员的定位发生变化，辅导员要在教育者、管理者、引导者的基础上，变成学生能力提升的支持者，这就需要辅导员有能力、有专业、有素养、有责任。(B003)

通过与访谈对象的交流，我们可以做出如下总结：高校学生工作模式在向以学生为中心的工作模式转型中面临组织保障不足、制度保障不足和人力储备不足。在组织方面如何推进各级管理者尤其学校党委层面直接设计组织推进此项工作，这是关键；在制度层面要形成与以学生为中心匹配的学生工作制度，这是基础；在人力储备方面，推动学生工作领域各级干部包括辅导员能力素质提升、专业水平提升，这是核心保障。

第二节　高校学生工作模式的理论反思

理论是行为的先导，理论也是行为的支撑，在体系化的行为运行中，理论成为一种无形的力量左右着行为的方向。在对高校学生工作模式及其存在问题的研究中，需要对其背后支撑的理论进行深入的探究，找寻到影响高校学生工作模式转型的根源问题。

一、管控成为学生工作模式固化的起点

1. 高校学生工作组织构成理论及实施逻辑

任何一种工作模式、管理模式，其背后都要设定一种预设，也就是通过某种方式达成的可能目标，需要一个先决性前提假设，也是模式构成的逻辑起点。它是整个模式运行的标准和规范，也是模式运行评价的基础和保障。因此，任何管理行为都存在一种理论假设和归纳，高校学生工作组织构成承接了理性组织的基本假设。理性组织的基本哲学观是“经济人”假设，将人作为经济动物，其行为动机是以获得最大经济效益为取向，这导致了管理目标的效率价值取向。以此为基础，古典组织理论的思想家分别从不同角度提出组织观点和组织模式，如弗雷德里克·泰勒（Frederick Winslow Taylor）的职能分工观点，亨利·法约尔（Henri Fayol）的统一指挥与职能分工相结合，马克斯·韦伯（Max Weber）的

科层制理论，这些观点至今还是指导人们进行组织设计的重要理论。

控制是根据系统内外部变化进行有目的的调整，不断克服不确定性，修正偏差，使系统始终维持在确定状态中的一种活动。在教育系统，为限制或规范这些活动按照组织者的目标推进，就要进行控制。控制具有两个基本特征，一是作为一种有目标的、主动的活动行为，既要控制起点也要控制终点，另一个是要控制对象保持或变成某种状态，一旦出现偏差，要通过一系列措施进行纠偏，使其回归与组织目标一致的状态中。控制成为教育系统完成计划的重要保障，管理者将控制与计划建立起密切关联，计划成为控制标准，计划越精细、越明确，控制作用也越强。同时，强有力的控制使计划得以按照预先设计推进并完成，教育管理者正是通过完备的计划和控制，实现对教育活动的管理并达成预计目标。另外一个假设就是高度控制是实现工作效益的保证，也就是各级管理如果按照预定计划实施高度控制减少偏差就会带来更高效率和更好效益。按照控制事件进程阶段，可将控制活动分为预先控制、过程控制和事后控制。预先控制主要在活动开始，包括对人力、物力、财力等投入的控制。过程控制也称现场控制，主要是对活动给予监督和指导。成果控制称为事后控制，它是一种反馈机制，主要是用于实际效果与计划达到效果的对比。

2. 控制论在高校学生工作中的价值冲突

将控制论移植到高校学生工作管理，是因外部影响和高校内部学生工作管理实际需要所致。在运行中，运用管控的模式一定程度上可以提高学生工作管理效率，对于管理者而言，短时期内甚至可以更加体现人才培养的特有目标。高校管理者采用设定标准、规范管理和不断纠偏的方式正是利用了管控中“经济人”假设的逻辑前提。这种以管理者既定目标驱动为主要调节手段的管理模式，一定程度上还是把高校等同于企业和政府来对待，没有充分认识到高校特点，尤其是在面向发展中的高等教育者，需要最大限度激活与挖掘他们的潜力。

一元标准与多元创新冲突。尽管控制形式多种多样，但控制过程大体相同，基本包括一定标准、成效及对应的纠正偏差。标准的统一与规范是控制有效的重要前提和保障，进行控制就要有标准。在控制论指导下，高校学生工作运行前提就是标准，往往根据需要限定范围，一旦界定往往就会被不断叠加形成固化效应，进而形成单一的规范单元，被逐步内化到系统各部分，进而到每一个参与者，形成从上至下的一元标准。在推进创新发展过程中，多元是创新基础与前提，只有准许差异，才能够保障创新实现。在推进高校人才培养创新过程中，单一的一元标准与多元创新在不经意间已形成冲突，高校学生工作需要着力破解一元与多元统一。

业绩至上与育人为本的冲突。衡量成效是控制的重要方式，就是将实际工作效果与控制标准进行比照，找出两者之间差距，根据差距来对实际工作效果进行优劣评价。为了使其成效显著，参与其中的管理者会更积极主动地将自己的行为向标准看齐，并将其作为衡量个人业绩的重要标准。与业绩至上的价值观所不同的是，高校将育人作为根本，前提是以人为本，将促进人的发展作为衡量基础。发展本身是从个体出发，是个体需求与社会需求的统一，不是简单标准衡定，就带来了标准作为依据的业绩至上与育人为本的内在发展逻辑的冲突。

纠正偏差与支持个性发展的冲突。为了使控制不失本有的预期状态，不断纠正偏差就成为控制的重要价值追求，背后透射的是使各种变化的条件回归原本目标，这种预定目标往往固化不变。高校在人才培养中，个性化发展成为高校提升人才培养质量的重要价值取向，准许学生以不同方式和路径获得个人自身需求的发展成为可能，这种个性将打破原有的单一目标、单一发展路径，也就带来了通过控制纠正偏差与高校追求个性发展之间的冲突。

二、学生工作模式“行为非理性”凸显

1. 对有效性过度追求与“非理性”行为强化过程趋同

在学生工作模式运行中，有时候管理者认为，只要学生工作模式有效地运行，就会取得更多成就。实际上，各级管理人员和参与其中的教师对于有效性理解存在较大差异，一些人认为，有效性就是学校或者学生工作的目标得以实现；一些人认为，有效性就是能够保证学校或者学生工作模式的正常运行；还有人认为，有效性就是能够获得更多资源或者让上级领导满意。这些有效性都是难以评估的，即使存在一些可评估结果，也会因为不同时期面向群体不同，导致所获得的评估结果也截然不同。此外，对有效性过分追求，甚至会抑制或者阻碍学生工作模式其他功能发挥，有时会以牺牲学生发展作为有效性得以保障的方式。有效性作为高校学生工作运行的初始和标准考量，对其理解与释义构成高校学生工作趋同的重要根源。面向个体学生以及千差万别的高校，学生管理应然模式是结合不同高校、不同学生群体形成不同的工作模式以及不同的有效性评价，这是一种理性的学生工作模式。事实上，在学生工作中，通过上级部门发文方式对学校进行行为规范已成为一段时间的常态，为了有效达到与发文要求相一致，高校会对应发文行文规划要求，又转化为行动方案，由于理解不同，本应更具灵活性的工作会因为过度追求有效性而变得非理性，有时候甚至会超出一般规律而开展工作。

2. 制度化惯性行为扩大过程趋同

林恩·G. 朱克尔（Lynne G. Zucker）认为，“制度化既是一种过程，又是一种状态或属性变量”。也就是说，制度化是一种历史性过程，是获得某种确定状态或属性的一套社会安排。高校学生工作模式有序稳定，是制度化发挥作用的体现，并在一定程度上扩大了学生工作模式的过程趋同。

基于回报递增制度化，经济学家提出一种值得注意的制度化观点，在既定条件下，技术发展路径并非不可改变，也很难改变；或者人们很难想到其他发展路径，即使其能够提供“更优”的办法也是如此。他们认为，之所以存在这样一种路径依赖过程，是因为存在一种“正反馈”过程，即进一步发展如果坚持同样方向，就会得到奖赏，而向替代路径转化则需要付出成本，还会随着时间而逐渐增加。[①] 在高校学生工作模式中，持续回报递增强化了现有运行模式。学生工作中持续地热衷“活动”效应，其背后正是由于“活动”可以获得各级管理者以及“活动”以外与学生工作利益相关者的关注，因此将“活动”扩大变成了一种积极追求，同时，当“活动”效应得到认可后，“活动”变化推而广之地在各级学生工作系统中展开，这种过程极大地促进了过程趋同。基于承诺递增的制度化，塞尔兹尼克（Selznick）认为，从其重要意义来看，“制度化”就是向手头任务灌输技术要求之外的价值观。塞尔兹尼克指出：制度化是有序的、稳定的社会整合模式，从稳定的、组织松散的和狭隘的技术活动中出现的过程。发挥基础作用的“实在”——稳定与整合的基本根源——社会纠缠或承诺的形成。制度化通过两种重要的方式来限制人们的行为：使行为进入一种规范秩序，以及使行为成为其自身历史的“人质”。这种基于承诺递增的制度化强调身份作用，在过程中更多回答的是个体与群体关系，整个资源配置的网络之间关系。在高校学生工作模式中，各级管理者事实上都将面临我是谁、我对谁负责的问题。在这种承诺递增中，形成相对稳定层级。由于高校学生工作的承诺在面向学生的同时还面向来自内外系统的层级承诺，也就促使各个高校运行模式采取相同过程，从而带来更多过程趋同。日益地客观化形成了稳定的制度化。客观化包括组织决策者们对某种结构价值达成一定程度共识，并在此基础上形成一种相对的稳定结构。客观化的信念往往会悄无声息地嵌入组织的日常惯例、活动方式、公文文档以及人们日常礼仪之中，并且会被各种仪式加以强化。在高校学生工作模式中，从上至下的“计划—要点—总结”模式，就是典型的客观化带来稳定的制度化模式，每年之初

① ［美］W. 理查德·斯科特：《制度与组织：思想观念与物质利益（第 3 版）》，姚伟、王黎芳译，中国人民大学出版社，2010 年，第 131—132 页。

要有计划，计划要点要与更高一级的要求相吻合，年末总结要与计划相统一，这种周而复始的方式，不断强化制度存在的意义。回报日益递增强调物质激励，承诺日益递增强调身份作用，客观化日益增加的制度化是在人们思想、观念和行为假设中发挥作用，这三种制度化的过程极大地促成高校学生工作模式的过程趋同。

第三节　高校学生工作模式的实践反思

从分析高校学生工作模式及取得效果来看，部分高校在实践层面还存在诸多问题。如思维过于机械，缺乏整体性、协同性思考，方法上过于简单缺乏弹性，对不同学生适用性考虑不足，学生工作受力不均，过于注重标准统一而缺乏对学生个体发展需求的关注。

一、陷入机械思维误区

诞生于 19 世纪中叶的机械力学为机械决定论提供了理论基础。教育领域中组织决策机械思维也是机械决定论的产物，其发展过程表现为科学方法对教育领域思维方法的渗透、影响及转移。机械决定论的科学方法和科学方法论呈现出理想化与模型化、简单化、数量化、因果决定性和最优化。它认为科学研究对象是机械的、有规律的和规范的，研究对象的行为是可以通过分析方法找到原因的。此外，机械决定论将客观世界分成若干组成部分，可以隔离开来并做出分析。以此，将完整事物看作是由机械部件组成的机器一样，可拆分可组合，拆分后的分析组合构成整体的合理性分析。在教育管理领域，无论是泰勒的计件工作制还是韦伯的科层制以及法约尔的结构化管理，这些理论背后都透射了通过管理的规范化、定量化、精确化、简单化以及最优化提升管理效率。而这种定量、精确、简单及最优也体现了机械决定论中科学方法对教育管理的渗透与影响。时至今日，这些思维无一不在影响教育管理的各项活动。

机械思维在组织构成及决策方面形成独有特征。首先，在组织构成和决策方面，遵循金字塔等级制度，越向塔尖权力越发集中；在目标上更多倾向于追求效率优先，利益最大化，对长期效益考虑较少，注重表面化成效。其次，在方法方面，更多采取了线性方法，遵循程序、墨守规则、一元性原则和确定性原则进行思考；更加注重计划和结果运用；更加注重层级中上一级的权威要求。最后，在决策对象方面，决策对象永远处于被动状态，处于被控制状态，在整个决策中，采取了自上而下序列性方式，其日常表现为“服从”与“执行”的工作方式。

当前高校学生工作模式中机械思维依然浓厚，在实践指导中，容易陷入机械思维误区，导致学生工作模式与高校发展和学生发展不相一致，集中体现在四个方面。

1. 组织同构、科层固化缺乏活力

从构成来看，高校学生工作组织内部尽管由于院校间差异存在一些不同，但从总体来看，我国高校学生工作组织整体构成趋于一致，层级划分明确，学生工作组织社会化趋同程度较高。对高校学生工作组织内部部门设置对比可以发现多数高校设置几乎完全一致，工作职能差异极小，较少能够看到体现不同高校办学特色的学生工作组织构成设置。在对内部学生工作组织构成的纵向历史分析中，学生工作组织在发展过程中，受到社会环境影响较深，因此，组织构成在不同时期呈现出当时社会发展需求，以社会导向的组织构成趋于明显。我国高校学生工作组织按照社会组织逻辑和管理者的管理逻辑构建，在组织构成上，社会导向成为高校行为的重要风向标，在发展进程中形成了高校间相对一致的组织架构。从管理者视角出发，上传下达执行命令成为最有效方式，在运行方式中体现更多的是层级管理，学生被纳入其中一级，遵循这种逻辑，高校学生工作自然呈现出层级执行模式，学生诸多体验更多呈现的是管理与被管理。

2. 决策单一、程序化主导

从高校学生工作模式运行看，不同层级高校学生工作决策部门有所差别，从学校层面来看，一些重要学生工作一般采用经验的方法——依据前人和决策者自己积累的知识及过往经历进行决策。学生工作领域在多数决策中，采用单向思维、一元思维的方式，注重对过往追忆，注重对传统继承，注重经验。同时，强化程序在各项决策中的作用。在学生工作决策中，无论对于什么样的议题，采取的决策程序环节基本一致，只是采取强度不同，而标准往往限于要求程度。

3. 执行成为工作模式的法则

在高校学生工作模式实际运行中，各级决策执行几乎无条件执行。学生是决策执行的最后一级，也是基础级，完全处于被动状态。在现实工作中，高校学生工作内容一般经过三个层面，校外上一级管理要求，往往是以文件方式下发到学校，再以转发方式进入学生工作部门，部门会对文件进行加工，一般会结合学校实际情况进行整体安排，基本上会严格执行上级和学校要求。学校学生工作职能部门对修正好的安排一般会以通知方式下发院系，接到通知后，就会快速分解到辅导员、班主任，然后会安排到班级干部直至一般同学。这种从上到下的执行，在学生工作模式中形成一种执行文化，进而变成一种惯性，逐步成为工作模式的法则，学生成为执行程序的一个环节，学生主观能动性被消解。

4. 标准统一、无视差别

在高校学生工作模式实际运行中，从上至下的灌输和要求，带来更多的是步调一致、方法一致、结果一致，此种工作模式的背后是机械的要求、机械的灌输，从而带来机械的结果。对某高校各院系学生工作总结梳理对比会发现，将两个院系名称互换以后，学生工作内容照常可以执行，对学生以及各级执行人员丝毫没有影响，从这一现象可以感受到学生工作模式的标准统一，学生工作运行对学生差异性考虑较少，这种无视差别模式，带来的是规范和固化，与培养创新型人才不相符合。

综上所述，面对外部环境的变化，高校组织应该发挥其特有的功能，吸收有用的东西，排除有害的东西。美国社会学家卡尔·维克（Karl Weick）认为，组织需要减少不确定性，以维护组织的稳定性，同时也要保持一定的不确定性，以便了解环境的变化。① 高校学生工作组织，作为高校组织的重要组成部分，同样需要在保持稳定性的同时克服稳定性带来的机械模式，从而提升组织的适应性。

二、陷入“主体能动性失觉”的方法误区

在学生工作中，长期存在将“为了学生的一切、一切为了学生”理解成“为学生准备好一切”的现象，这种“准备式”模式长期萦绕在高校学生工作之中，也被称为“保姆模式”。它带来的最大问题就是使学生主体能动性失觉，学生自我参与、自我管理、自我教育的机会被削减。

1. 惯用还原方法，忽视个体差异性

在社会科学管理中，一旦“经济人”假设渗透到实际管理工作中，其作用远远超出人的约束范围。古典经济学在没有精确的经济学方法分析复杂现象时，他们采用了最流行的方法——还原法。基本思路是，将经济学中选择人的行为作为研究方法，采用“隔离”方法，排除一切干扰因素，把人从复杂环境中抽离出来，得到所谓“经济人”。这种经济学分析俨然把人作为一个不与外界发生任何关系的物体，一个严格遵守各种规则的机器人。事实上人的行为不同于其他动物，更不同于机器，人的所有的欲望和行为都受环境约束。这种抽离还原的方

① ［美］W. 理查德·斯科特：《组织理论：理性、自然和开放系统》，黄洋译，华夏出版社，2002年，第183页。

法，在分析人和现象时，常常把结构上的整体现象转向个体现象。同时，一旦个体方法奏效，常常采取由局部到整体的推广使用模式。

如研究16所不同类型高校学生从生源地、院校、学生角色选择差异角度对比学生对高校学生工作直接或间接满意度，结果呈现出明显差异。相同地域学生、相同类型院校学生、相同角色选择的学生对相关学生工作需求满意度呈现趋于相同的特征。从调研中我们发现，高校学生工作对于生源地差异没有给予足够关注，无论是在学生活动安排上还是在日常工作交流中，都很少给予不同生源地学生考虑与安排，仅仅体现在高校向少数民族地区学生做出一些安排。对于校际学生工作，在进行相关工作内容和方式的分析中，会发现高校间尽管做出一些差异对待，尤其是面向不同学生具体活动安排呈现不同模式，但从总体看，高校学生工作由于过度标准化，院校特色内容仍相对不足；对于学生自我选择差异，从目前高校学生工作模式看，分类单一，提供方案也比较单一，差异更多体现在是否参与了社会工作、是否担任了职务、是否参与社团等，面向学生具有个性化的学生工作方案较少。由于我国地域广泛，院校众多，学生对自我角色定位多元，这决定了高校学生工作模式要更加多元，要结合院校实际、学生实际提供不同的学生工作方案。

2. 惯用静态均衡方法，忽视不确定性

形而上学的特点是孤立、静止、片面地看待发展事物。从亚当·斯密（Adam Smith）到艾萨克·牛顿（Isaac Newton），在静止中分析受力体成为一种惯用的"静态"方法，他们在静止中分析抽离事物过程，用静止方法建立模型，这种静态思维方法产生了均衡理论。"他们认为在一般的经济活动中，每个人，每家厂商都力求为自己谋取最大的利益，因而在自由交易过程中，供需双方都千方百计地寻求对自己最有利的价格和数量。这样，效益不高的厂商就会被淘汰，所有生产资料都会被充分利用，从而实现供需均衡，使经济达到最优境界。"① 这种均衡更多强调的是竞争过程趋同性和系统稳定性，往往忽视了经济结构多样性、市场活动不稳定性和过程突变性。在这样的系统中，目标单一，没有多变量；系统也没有层次，子系统之间是纯粹的线性关系，缺失协同，无法对突变做到应对。这种建立在牛顿力学范式基础上以"经济人"建设为核心，刻意排除不确定性和非现实性。如在高校学生工作模式中，常常采取规范化制度，对学生限制性管理，多数时候往往处于可以与不可以之间的过程，是一种以静态对待变化

① 武杰：《非线性思维与跨学科研究》，中国社会科学出版社，2004年，第104页。

的问题，对于其中学生的不确定性考量较少，学生主导作用被静态均衡方法纳入一种虚拟状态，学生被虚拟为均衡产品，使其自我发展的可能性缺失。

在高校学生工作模式中，对某一个体或者群体常常采用问题追溯和剥离方式展开，某一学生学业出现问题时，在对学生问题溯源时，发现学生家庭经济收入不足，因此，认为经济是导致学生学业下降的主要原因，学生工作部门会快速运用经济补足方式给予学生日常生活补助。在这一还原过程中，事实上忽略了学生家庭地域，忽视了学生学习经历，尽管进行了经济补偿，但是否确实有效难以评价。同时，如果经济补偿奏效，各级管理者就会扩大这种试点范围，对学业困难家庭经济不足的学生采取经济补偿，将局部办法通用到每个学生身上，对个体学生差异考虑较少。

3. 惯用决定性的方法，忽视沟通协商

决定是对事物掌控的一种表达，也是对资源控制的体现，呈现出高度权威，一般是有权威者依据综合判断做出的结果性安排。决定在一定层面既是做事方式，也构成行为方法，呈现出如下特点：第一，做出决定人员，一般在群体中享有较高威望或者具有一定权威，来自个体经验积累或者上一级法律赋予的权威；第二，决定方法呈现出对结果的评判，这种决定带有对结果的预期，有较为明确预期才会做出决定，一般不易改变；第三，决定带有一种方向性，各级人员，需要按照决定做出对应的行为反应。在这一过程中，弱势群体参与者，往往难以有机会对决定做出反馈，更缺少各级参与者之间的有效沟通，这往往带来各级消极执行的结果。

在现有高校学生工作模式中，当一个楼管员发现晚上十点钟大部分学生不自觉熄灯时，管理者认为，这在浪费电的同时也会影响学生休息，被反映到学校学生管理部门，对问题进行分析，最终由学校学生部（处）和学生宿舍管理负责老师共同决定，采取夜间十点钟统一熄灯，只留有楼道灯光。这一决定动用了管理者权力，采用了决定方法，最终效果是灯熄了，学生们开启了夜聊，甚至楼道聊。同时，原本有精力夜间学习的学生也被剥夺了学习可能。这种管理过程事实上在学生工作中经常发生，学生们在表面处于执行状态，在思想深处却是消极执行。

三、高校学生工作模式的导向反思

一种模式表面呈现的是一种方式、一种程序、一种规则，在方式、程序和规则之下却是一种导向、一种示范效应，随着时间推移会变成一种习惯、一种文化和一种态度。具体来看，现有高校学生工作模式具有以下三种基本导向：

1. 思维呈现一元导向

一元与多元是相对的两种思维模式。一元思维就是因果推理。最简单的例子就是对问题原因的追溯，“因为 A 所以 B”。我们在判断一类事物的时候，要保持因果关系一致，不要相互矛盾，这就是一元思维。一元思维特点主要包括，一是呈现出单线思考模式，问题与答案构成一一对应的关系，不存在其他结果；二是一元思维较少考虑其他因素影响，认为影响因素是唯一的；三是一元思维不具备思想的交互，更多的是单向思考，从而获得单向的结果。相对一元思维，多元思维是一种交互思维模式，正确答案不唯一、思考路径不唯一、实现方式不唯一，这为多层次创新性解决问题提供可能。

在前面章节的论述中，我们会发现，现行高校学生工作模式呈现出更多的一元思维导向，包括对学生地域差异研究中，我们时常发现学生工作模式很少考虑地域差异，往往把学生发展与在校学习努力挂钩，忽视原有地域差异差别。同时，对新生入学以后的状态，往往也是单向思维，缺乏多元化培养方案，方案唯一成为学生工作模式运行显著特点；此外，对学生成功定位也呈现出较为单一的评价，缺乏运用网络大数据。种种现象表明，当前高校学生工作模式思维“一元”导向趋强，已难以适应创新型人才培养的需要。

2. 系统呈现封闭导向

根据热力学原理，在内外部物质与能量交换中，如果没有与外界产生物质交换，但发生了能量的交换的系统被称为封闭系统。而另外一种过程则是既有物质的交换，又有能量的交换，这种过程一般被认定为开放系统。教育领域借助这种原理，将其引入教育管理之中，以此解释相关的教育现象和问题。在这一过程中，教育组织被作为一个开放系统被人们重新认识，其突出的特征主要包括两个方面：一是组织内部各个子系统相互联系相互依存，形成了高度的协调依赖；二是组织具有较强的适应性，这种适应包括对组织内外部环境突发变化的调整与控制。作为开放系统的教育组织，在运行中形成了独有的功能，总结来看包括三重功能，第一是管理的功能，这种管理主要是通过体系形成协作关系，成员通过协作形成合力，从而实现组织效能最大化发挥；第二是专业运行的功能，这种开放管理将极大地融入教师以及专业在管理中作用发挥，一定程度促进专业程序的认可与保护，促进管理的专业发展；第三是制度化功能，这种管理将形成有形与无形两种运行环境和文化，有形的制度是更多通过交互形成一种规范的要求，无形的制度则是管理者和教师构建的约定俗成的彼此尊重的制度文化，从而形成一种开放的交互环境。如上三种功能，相互协调递进发展，从而形成一个有效的运行系统。

根据前面章节的研究，可以看到现行高校学生工作模式，其特征呈现更多的是一种封闭系统，系统上游一般是来自组织之外的上级部门决定和意见指导，在学校组织内部构成了相对比较完善的科层组织体系。在内部运行中，几乎可以不与校内其他部门互动就可以自如运行，并形成强有力的内部自洽结构体系，在这种体系运行下，学生工作组织与学生工作以外的组织是相互独立甚至是割裂的，这种组织运行往往带来人才培养与学生工作“两张皮”现象，学生工作与教学工作没有有机融合，带给学生割裂的教育。封闭导向越强，学生工作育人效能就会越不足。

3. 身份制度“趋强”导向

一个人在组织中的“身份”，是指其在现有的组织环境中，其自身的地位和价值，以及由此派生出来的个人的权力、特权、豁免权、义务和责任等，这其中包括了来自成员的信任与期望，同时也涵盖了自身可以支配的资源以及可以构成的对他人的约束。在一个组织中，一旦身份作为一种标准，其中的成员将会认真去认定并将这种身份的影响落实在各个任务环节。也就是“当所有人身份都以不同称号、头衔、称呼、身份的标志或外在行为模式而被公众所熟知时，身份也就逐渐制度化。”① 一般在正式组织中，有两种身份制度，一种以专业职能作为基本区分，称为职能性身份制度，一般不区分职务高低，更多体现的是专业水平高低，在高校一般划分为助教、讲师、副教授、教授等；另一种身份制度，按照社会政府体系构成的身份，对应更多的是权力，如副科长、科长、副处长、处长、局长等，背后往往还会附加一些名称，如办公室主任、书记等名称，这种身份强化带来的是上下级明确区别，带来的是各级管理者向上看的导向。

在高校学生工作模式中，各级学生骨干被定义为各种虚拟级别，如学生会主席、副主席、学院党支部书记、学院分团委副书记这些“官称”，向下包括组织部、生活部、学习部等部门部长、副部长，再向下是干事，再向下是各个班级班长、团支书以及班委，这种从上到下的身份带来的是，学生对成长中自然向上的角色认知，久而久之就形成了一种对人和社会的认知导向。身份会带来个人能力差异、工作难度差异、工作重要性差异等不同认知。

四、高校学生工作模式转型的困境反思

高校学生工作模式在相对长期稳固发展中，逐步形成一种惯性发展方式。在

① ［美］切斯特·I. 巴纳德：《组织与管理》，杜建芳译，北京理工大学出版社，2014年，第151页。

高等教育改革不断深入过程中，有时很难感受到高校学生工作模式的不适应性，其在运行中也不能主动认识到自身存在的弊端和问题，即便有所感知，对其中的行为如何修正，未来如何发展，更多处于模糊状态。这些问题已构成高校学生工作模式转型的现实困境。

1. 高校学生工作模式转型面临的理念困境

面临向以学生为中心理念转变的困境。从以管理者为中心向以学生为中心的转变中，高校学生工作模式面临理念更新困境。长期以来，管控思维不仅在行为方面已经固化，行为的深入也塑造了一种管理育人理念。在日常工作中，这种理念主要包括凡事必须要有条文、凡事必须要有规章、凡事必须要有程序，它们一定层面构筑了强有力的管控模式。突破需要在组织层面、人员构成以及运行方式上做出极大调整，这对于长期稳定的运行模式，必然面临废旧立新的冲突，成为高校学生工作模式转型必须面临的困境。

面临向融合发展理念转变的困境。无论是全员、全过程、全方位的工作体系要求，还是融合发展、协同育人的要求，高校育人都要从部门间割裂状态走向一体化的工作格局。学校内部按照传统方式，将教学、学生、后勤等部门进行专业化划分，突显其功能性，忽视了它们作为主体对于育人现场的影响及其中的联动作用，这种独立如不进行适度调整，学校育人生态就会被分散，学生思想无法在自然生长中获得较为一致的系统引领，学生价值观教育很有可能受到冲击和影响。作为一个需要连贯性、一体化的教育内容，在独立思维引领下，被分散到课程之中，被异化到各种活动之中，作为教育主体，各个学院各级专业教师处于不关注或者无从关注的状态，久而久之使全程全方位停留在分散理念中，各类载体、方案层出不穷，在呈现丰富多样特色的同时，影响思想形成的各类载体没有呈现体系化。

2. 高校学生工作模式转型面临的发展困境

（1）面临转向专业化发展的困境。高校作为培育人才的高等教育专门机构，专业化是高校区别于其他组织的重要特征。面向多元化发展的学生，高校学生工作需要通过其特有的组织模式，向学生输出具有专业化水平的服务支持，应具有一定的专业知识、价值引领、科学方法及相应规范。目前，高校学生工作模式，职能层级化模式居于主导，命令传达是其主要运行方式，经验是其工作主要方法和策略，对于身在其中的人而言，这些方式方法相对于专业化发展，是最为轻松的模式。因此，高校学生工作模式向专业化转型任重道远。

（2）面临转向扁平化发展的困境。扁平化是一种组织方式，直接表现形式是减少层级，让更多育人主体面向学生，在与学生的直接互动中，发挥育人作用。目前，高校学生工作模式呈现出管理层级多且管理对上负责的格局。在这种模式转变中，需要更多管理者从管理角色转向支持服务角色，需要更多的管理者将手中权力变成支持学生发展的资源。此外，扁平化发展需要各级人员直接面向学生，需要他们有更加深厚的育人功底，需要有能力面向学生的发展问题。这些成为学生工作模式转型面临的困境。

第五章

高校学生工作模式转型的基本原则

立足新发展阶段，随着我国一流人才培养目标的逐步推进，高校学生工作模式亦应重新审视新时代的历史使命与重要责任。一方面，要主动构建与一流人才培养目标相一致的学生工作模式，明确其在一流人才培养中的重要作用和角色，最大程度地促进目标和战略的实现，通过不断调整优先事项、策略、资源、服务方案，满足高等学校高质量发展的需求。另一方面，要努力拓宽服务内容。我国高校学生工作基本涵盖学籍管理、宿舍管理、奖惩管理、资助管理、心理咨询、就业指导等众多方面，但是离世界一流、中国特色的人才培养定位配套服务体系还有差距。鉴于此，本章尝试着从"以学生为中心"的价值取向、运行逻辑、评价原则等三个方面为高校学生工作模式转型提供基本原则。

第一节　以学生为中心的价值取向

价值取向（Value Orientation）具有实践特性，其突出作用在于决定、支配主体的价值选择，对主体、主体间关系和参与其中的其他各类主体均有一定影响。对于高校学生工作模式而言，其承载了一种基本价值判断，工作模式反映的是，在其中的人所持有的观点和认知，不同模式的运行可以传递不同的价值认知，并形成一种价值导向。

一、坚持有中国特色的价值取向

"以学生为中心"在不同的话语体系中，具有不同的界定与理解，新时代

"以人民为中心"落实在高校的直接体现就是"以学生为中心"。中国高校长期独特的学生工作形成融汇中外具有中国特色的"以学生为中心"的思想理念和运行方略，为高校学生工作模式转型提供了方向指南。

1. 建立一切为了学生、一切依靠学生的体系

立德树人，是高校的根本任务，围绕这一任务，我国高校在认识层面形成了广泛共识，并以此构建了全员育人的格局，这一格局之下逐步形成了有中国特色的"以学生为中心"的高校工作方略。这种方略体现了两个层面内容，首先就是一切为了学生。基于这一思想，高校上下构建了完备的教育支持体系，包括教学体系、学生思想教育体系、后勤支持体系，这些体系初始目标都是更好地育人，围绕育人呈现出了高度的责任感，并将这种责任感给予不同层面参与其中的教师、干部和工作人员，并逐步内化为教师的一种品质素养，从而形成了自上而下的全员育人格局。这种全员参与、全员担当、全员育人的模式，为高校学生工作模式围绕学生展开，提供了良好的氛围保障和情感保障，使得高校学生工作模式具有天然的交互合作氛围。其次，坚持"一切为了人民、一切依靠人民"的思想融入学生工作之中，使得高校学生工作自然形成了"一切为了学生、一切依靠学生"的思想保障。在高校，学生就是高校的主人，高校任何的转型发展，其核心都要惠及学生，因此学生工作模式转型也就必须要依靠学生。这种自然形成的学生自我参与、自我管理的主人翁精神为学生工作模式转型发展提供了很好的学生基础。由此可见，我国高校学生工作模式在中国这片特有的土壤，已经形成了围绕学生、发挥学生主体作用的特有传统，这种传统的激活，将成为学生工作模式转型的天然动力。

2. 完善从学生中来、到学生中去的运行关系

我国高校学生工作在长期的运行中，党的"从群众中来，到群众中去"的思想已经自然融入各级管理干部的思想和行动中，坚持走进群众、深入群众、联系群众，坚持从人民群众需要出发开展工作，努力为人民群众排忧解难，切实为人民群众办实事、做好事，成为人民群众信得过、靠得住、离不开的贴心人、知心人，这一群众工作思想和做法构建了中国特有的学生工作模式中的运行关系。在高校学生工作中，坚持深入学生，了解学生所需，根据学生所需及时地提供支持帮助，已经成为高校各级学生工作者与学生之间关系存在运行的基本方式。其中孕育的"以学生为中心"，成为我国高校学生工作特有的工作方式，也是以人为本自然状态的体现。这种"以学生为中心"不同于西方创生的理论和思想，中国的"以学生为中心"是中华优秀传统文化中自然生成的"爱生如子"的师生之情所孕育的，是一种工作方式和一种情感方式。这种方式一旦获得新的激活模式，将会拥有无穷的动力，也会极大地促进学生的发展。

3. 推动实现学生工作模式的现代化发展

如何推进与实施高校学生工作模式现代化？不同的学校自有不同的回答。但毋庸置疑的一点是，正确理解现代化是一切工作的大前提，也是新时代给予的新课题。由中共中央、国务院于2019年印发的文件《中国教育现代化2035》中确立了下一阶段奋斗目标，就是在全面建成小康社会的基础上，“再经过15年努力，到2035年，总体实现教育现代化”。基于新发展格局需求，未来我国高等教育结构应当更具公平、更具效率、更具品质、更能引领发展。让每个有机会接受高等教育的学生都能够拥有个性化的学习体验，让每个学生潜能得到充分发挥。新时代高等教育格局应该立足当下，在制度、体制机制上大胆创新引领未来。注重破除高等教育结构中不合理的壁垒，着力提升高校自主创新能力，为高校发展注入更多活力。为与上述理念相适应，高校学生工作模式应用现代化理念来引领，促动高校学生工作模式走上善治之路。实现学生管理者善于放权、注重“治理”与学生的“同心协力”，达到“共创、共担、共享”。以此，学生工作模式的现代化，要着力实现“四个转型”，即：调整重心，工作目标由“保稳定”向“保稳定、促发展”转变；调整方式，思想教育从“单一化”向“立体化”转变；调整结构，工作队伍从“泛兼职化”向“职业化”转变；提高水平，整体工作从“经验事务”层次向“科学规范”层次转变。

二、坚持以人为本的价值取向

高校坚持“以人为本”，就是突出对学生成长发展选择的尊重和人文关怀，突出对教育对象主体地位及其差异性发展需要的尊重，尊重学生特有的人格和自我价值实现。“以人为本”是“以学生为中心”工作模式的理论基础和价值取向。

任何一种模式背后都有一套对人的基本假设，不同假设传递不同管理理念和运行方式。支持型工作模式秉持基于人性的假设是“社会人”主导的思想，是硬性管理向软性管理的重要转变。早在1953年，道格拉斯·麦格雷戈（Douglas McGregor）就系统地阐释关于管理概念的观点：“认为人就总体而言是懒惰、不值得信任、与管理者对抗的这类管理人员所做的决策，与认为人就总体而言是合作而且友好的管理人员所做出的决策是大相径庭的。”他在《企业的人性面》一书中指出，人的本性与人的行为是决定管理者行为模式最重要因素的管理假定。管理者基于对人的本性假定，提出不同方式对人进行组织、领导、控制和激励，其中X理论与Y理论作为不同人性假设下的重要理论。X理论作为一种强性管理主要假定包括：(1) 人一般生来厌恶工作，只要有可能就想逃避工作……(2) 由于厌恶工作是人类本性，因此，对大多数人必须动用惩罚措施进行强迫、控制、指挥与威胁，以鞭策他们努力去实现组织的目标……(3) 人一般愿意受人指挥，希望逃避责任，相对而言没什么进取心，把安全感看得重于一切。Y理论作为软性管理，与X理论相对，主要假定包括：(1) 人在工作中消耗体力与智力，是极其自然的事，就像游戏和休息一样自然。一般人并非天生厌恶工作，工作究竟是否为一种满足的来源（当事人自会力求避免），视人的情况而定。(2) 促使人朝向组织的目标而努力，外力的控制及惩罚的威胁并非唯一的方法。人为了达成其本身已经承诺的目标，将“自我督导”和“自我控制”。(3) 人对于目标的承诺，就是由于达成目标后产生的一种报酬。所谓报酬项目甚多，其中，最具有意义者为自我需要及自我实现需要的满足。这种报酬可以驱使人朝向组织目标而努力。(4) 只要情况适当，一般人不但能学会承担责任，且能学会争取责任。常见的有规避责任、缺乏志向。(5) 以高度的想象力、智力和创造力来解决组织上各项问题的能力，乃是大多数人均拥有的能力，而非少数人所独具的能力。(6) 在现代产业生活的情况下，常人的智慧潜能仅有一部分已被利用。上述这些假定都是动态的，指出了人有成长和发展的可能。此外，这些假定构成并非以一般工作标准为着眼点，而是着眼于一项深入开发人力资源潜力的设想。

高校学生工作模式必须突破围绕管理者、管理制度为主导的运行方式，摒弃传统一切都管、管理一切的策略和方法，确立以人为本的管理理念，在研究高校学生的心理和行为规律基础上，依靠激发学生内在兴趣、情感和精神等，通过一系列方法在大学生内心深处生成一种潜在说服力，把学生之外的意识和被动服从意识转化为学生自觉的内在认可的行为。首先，要引导学生自主选择、自主发展，其核心是尊重学生内在发展的需求，引导学生结合个人成长经历、自身发展特质构建科学可行的个人大学发展目标及人生职业发展规划，并通过系统的活动辅助实施，真正激发学生自我发展的主观能动性。其次，要关爱特殊学生群体，力所能及地支持学生成长中遇到的各种问题，对各类存有困惑的特殊学生群体倾注更多的人文关怀。再次，发挥好不同的学生组织在学生自我教育成长中的枢纽作用，让学生组织能够为学生实现角色体验、促进学生发展提供更多支持。

三、坚持内涵发展的价值取向

“推动高等教育内涵式发展”，其根本意蕴在于树立高等教育的育人本位，要把人作为教育过程的核心主体，将全部工作转向促进人才培养。这就要求教育要重新找回教育中的人，把工作重心从过去的重视资源回归重视人。某种意义上说，内涵式发展实质就是回归人的主体性发展，就是要促进人的全面和谐地发展，这是对高等教育存在价值的体现，也是高等教育本质观的理性回归。高等教育内涵式发展是质量导向的发展，其根本出发点和落脚点回归人发展的质量，为此要遵循高等教育内外部关系规律，构建高等教育生态化系统。一方面，要推动高等教育自身在组织结构、运行方式和功能上的优化；另一方面，高等教育要主动建立起与环境间有机的平衡关系。

当前，高校学生的主体性意识不断增强，学生的社会化程度也在不断提高，社会管理也逐步从硬性要求走向柔性发展，过度地依赖权力、行政手段的强硬管理正在弱化，社会管理正在步入一个新的阶段，在这样的背景下，单一的外在的教育模式已不能满足大学生成长发展的实际需要，隐性的内在的教育将是学生工作模式创新的重要方式，这就要求学生工作者将教育目标意向悄无声息地转到大学生周围生活环境和特定形式活动中，使学生在校园生活中自然地接受教育内容，实现学生工作的终极目的。要充分利用各种思想政治教育资源，使学生在不知不觉中接受在思想和心理上并未察觉的无形课堂、无形空间的教育。学生工作模式要着力促进工作者在其中应发挥的缔结者和组织者的作用，在学生认可中接纳教育，在接纳中创造学生需要的教育。

坚持内涵发展，要重视对学生工作的科学管理。建立符合学生发展需求的学生工作质量标准，强化质量监控与动态调整；逐步调整学生工作管理体系，实施多元矩阵式扁平化管理，优化管理层级；开展学生工作弹性化考核，构建与人才培养质量密切相关，贯彻要求与服务学生融合交互层次递进，定性考核与定量考核权重相宜，注重学生反馈，强化过程管理与结果导向融合的学生工作质量评价体系；强化学生工作质量评价结果的合理运用，引导学生工作资源集中向人才培养配置，确保工作质量。

四、坚持专业化发展的价值取向

1. 专业就是专门职业[①]

相对于职业来说，专业不是一般职业，是一种专门职业，具有特定社会功能、服务领域、专业知识，需要接受长期专业教育并具有研究意义。专业化是一

① 宁虹：《教师成为研究者——国际运动、理论、路径、实践》，首都师范大学出版社，2002年，第16—17页。

个普通职业逐渐发展成专门职业的过程，一个普通的职业群体在一定时期内逐渐获得鲜明的专业标准和相应的专业地位，这个职业就发展成为一门专业[①]。专业具有一定标准：（1）有相对稳定的专业队伍，其成员接受过专门的职业教育或职业训练；（2）以专业知识作为主导支持；（3）有对应的明确的法律、法规或政策对专业边界进行界定和保护；（4）在社会上拥有相应的专业声誉以及专业认可；（5）成员具有在本专业领域进行研究并进行互动分享的机会和能力。具体到高校学生工作，首先，从专业概念来看，高校学生工作的社会功能在于通过培育适应社会发展需要的人才实现服务社会的目的，其服务领域主要涵盖在校大学生的思想政治教育、学习发展、职业发展和综合素质素养提升方面，专业知识主要包括思想政治教育学、教育学、心理学、社会学等方面知识。此外，专业学生工作者要接受学生工作领域长期的专业教育并具有研究意识。其次，专业化是一种建设过程，是高校学生工作专业发展过程。“以学生为中心”的高校学生工作模式将逐步走向专业化，与其他学科拥有等同价值，需要专门人才、专业知识、特有运行模式，其与学生交互的知识更多属于隐性知识。

2. 时代变革需要专业化的学生工作

伴随着信息的海量增长，学生的需求也发生巨大变化。高校学生在校学习生活已经变成了全空间多维度的选择，学生已经不能满足原有课堂以及课堂之外的教育，学生需要更为生动丰富的学校生活，不断发现创造新的知识，能够不断与社会互动融合的体验。学生工作在高校学生课堂之外发挥着重要的教育、引导、指导的作用，其角色逐步变化成为学生生动生活的指导者、学生隐性知识增长的引导者、思想品行的教育者。进而言之，高校学生工作已不再是简单的事务性工作，而是将逐步成为一项具有科学化的专业性工作，在这一过程中，学生工作需要更加专业化。学生群体日益复杂，需要专业化学生工作。学生数量变化，为高校学生工作带来新机遇与挑战。面对种种情景，在高校学生工作中，不再是单纯的思想教育工作，加入了心理、生活、规划、就业等细化并具有专业分工的工作，而每一项工作又形成具有一定学科体系的工作内涵，此外，由于对象复杂，不得不对学生进行分门别类的教育指导，逐步建立在新的教育理念之下，由此所带来的就是高等教育对学生工作的需求，学生工作队伍需要具有专业知识、专业技能和具有研究能力的专业人员。

---

① 宁虹：《教师成为研究者——国际运动 理论 路径 实践》，首都师范大学出版社，2002 年，第 16—17 页。

第二节　以学生为中心的运行逻辑

通过对转型理论的梳理，发现通过转型促进发展包含两个目标层次的内容，一种是发展目标的转型，即发展阶段和发展形态的转型；一种是发展手段的转型，即体制机制和发展方式的转型。面向新时代学生发展需要，一方面高校学生工作模式需要通过转型解决发展目标的问题，另一方面也要通过转型解决发展手段的问题。对于转型发展，早期转型发展理论重点关注如何提升学生工作的影响力，对于通过转型促进学生自身发展方面的关注较少，是一种单视角的转型。另一种为双视角转型，是从单一强化管理效果向关注管理体制机制与学生能力素质提升方式转型。

一、基于学生个性能力提升

《国家中长期教育改革和发展规划纲要（2010—2020 年）》提出：要关心每个学生，促进每个学生主动地、生动活泼地发展。“以学生为中心”，强调的是每一个学生和全部的学生。使全体学生都得到发展，不仅是实现教育公平的基本要求，也是素质教育的宗旨，更是“以学生为中心”教育理念在量上的目标所在。因此，高校学生工作在促进教育资源公平配置的同时，要让全体学生都能得到同等关注关爱，让全体学生能力与素质得到不断的完善与提高，使全体学生都能享有自由发展的机会。

“以学生为中心”在关注学生全面发展的同时，还要注重学生个性化发展。全面发展与个性发展是辩证的统一体，全面是基础，个性是前提。全面发展是保障，个性发展是全面发展的动力，是全面发展的追求。“以学生为中心”的高校学生工作，要从学生自身特点出发，充分关注学生个体差异，尊重学生个性，多渠道地激起学生兴趣，挖掘学生潜能，注重学生个性化发展，使其潜能得到最大程度开发。让学生得到全面发展，实际上就是让每一个学生在德、智、体、美、劳方面得到充分、全面、自由的发展，这是“以学生为中心”在质上的规定。

学生发展离不开主观能动性发挥。促进学生积极主动地发展，是“以学生为中心”的精髓。教育过程并不是一个单向语言传递的过程，而是双向互动过程。因此，激活学生、促进学生从过去“被动”接受状态转变为主动思考、积极探索“主动”发展状态，是“以学生为中心”的本质体现。1999 年颁布的《中共中央 国务院关于深化教育改革全面推进素质教育的决定》指出，要让学生积极主动地发展。积极主动其前提是要最大限度地尊重学生主体地位，最大可能地调动学习者主体的能动性，挖掘学习者潜能激发其积极主动学习的动力，增强学生学习的自信心，让学生感受学习的乐趣、体验学习的幸福，让受教育者由过去的消极被动的状态转变为积极主动的状态，让过去枯燥无味的教育过程切实地转化为受教育者积极主动地自我建构的过程，让过去灌输式的客体实施的教育变为学生积极主动地探索自我价值实现。

二、基于学生权力运行

权力是个人或者组织所拥有的影响他人的能力。在高校围绕教师、学生、管理人员这些直接利益相关者，形成了学术权力、学生权力和行政权力。长期以来，高校的学术权力和行政权力得到广泛关注，而围绕学生所形成的学生权力则没有得到应有的重视和关注，导致高校学生主体地位缺失，高校学生也因此成为高校权力的弱势群体。以学生为中心，就是要还以高校学生应有的权力，构建新的权力制衡关系，在这一过程中，作为教师、学生、管理人员交互载体的高校学生工作组织，在调节学生、教师、管理者之间权力关系中发挥着关键作用。见图 5-1。

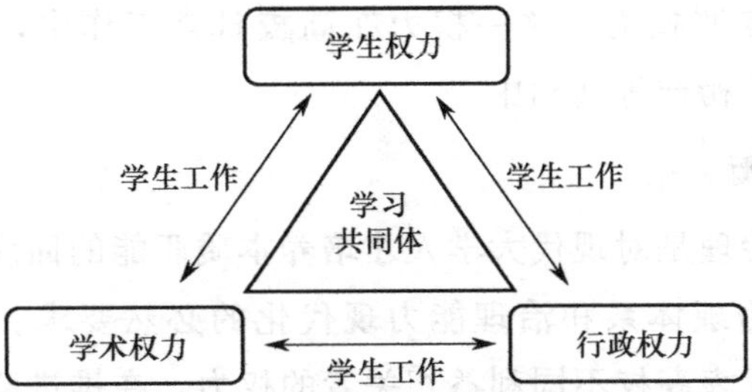

图 5-1 学生权力运行图

1. 学生权力生成

学生作为高校主体，对于高校存在价值具有重要意义。从一定程度上说，没有学生就没有高校存在的价值。因此，当高校将学生作为一切工作的中心，权力派生也就随之发生改变。按照社会学家约翰·弗伦奇（John French）和伯特兰·雷文（Betrand Raven）列出的组织权力的五个来源：法定性、奖赏性、强制性、专家性和参照性，高校以学生为中心的组织权力的来源可以做如下分析：（1）法定权力，是组织成员间的一种协定，即担任某种角色的人能要求其他人的行为。[①] 以学生为中心，学生作为学校学习发起者，在学校整个学习活动中可以对其他人包括教师和管理者行为提出合适要求。如学生有权力要求教师给予学生学习的支持和指导，有权力要求各级管理者对其学习提供必须支持。（2）奖赏权力，源于个人控制他人所重视的报酬分配以及免除消极惩罚（即负强化）的能力。[②] 以学生为中心，对于高校教师、管理者的奖励，应基于这些人员对于学生发展的作用，同时，在奖励中要积极推动学生参与，将学生满意度作为奖赏的重要依据，使得学生拥有一定的奖赏权力。（3）强制权力，是使用惩罚的能力。以学生为中心的组织体系中，学生有权力对于不符合学生发展的人员按照一定程序提起规范性的处理。（4）专家权力。法定、奖赏以及强制权力很大程度来源于个体在组织中的位置，也可以说，以学生为中心对于学生在组织中的位置作出了明确界定。而专家权力源于个体，专家权力是个人或者工作部门通过掌握他人重视的知识或技术对他人的行为产生影响的一种能力。高校学生作为成熟体进入学校后虽然处于学习者角色，但其拥有的能力和智慧以及相对独立的创造性想法，将使其具有一定的专家权力，包括对其专业信息的控制和解释，以及依靠自身信息对于不确定性做出判断的能力。（5）参照权力。当一个人被别人认同、喜欢或者尊敬时，就拥有了参照权力。[③] 以学生为中心，当学生被周围人认同、喜欢或尊敬时，就拥有了参照权力。这一权力在高校日常工作中，体现在评选优秀学生、优秀干部、学生榜样等活动中。

2. 学生权力制衡

学生参与高校治理是对现代大学人才培养本质职能的回应，也是维护学生权力诉求、推进高校治理体系和治理能力现代化的必然要求。学术权力、学生权力、行政权力作为代表高校不同利益相关者的权力，在推进高校治理中，学生权力在平衡好三者之间的关系中发挥着特有的作用。一方面，要合理保障学生权力的存在，相对学术权力和行政权力，学生权力多数时候处于一种弱势状态，随着学生流转变化，学生进入高校对自身权力需要一段时间的了解和认知，还需要对于自身权力存在的界别有进一步把握。不同高校给予学生权力认知不同，也会使学生对于自身拥有权力认识不清晰，导致学生权力难以保障。另一方面，要充分

① [美] 麦克沙恩、格里诺：《组织行为学（第 3 版）》，赵卫东等译，机械工业出版社，2007 年，第 247 页。

② 同上。

③ [美] 麦克沙恩、格里诺：《组织行为学（第 3 版）》，赵卫东等译，机械工业出版社，2007 年，第 248 页。

发挥学生权力的制衡作用。以学生为中心，高校学生工作组织可以通过协调保障学生权力的合理运行，也可充分发挥学生权力对于学术权力和行政权力的制衡，以实现高校内部权力的均衡。学生权力、学术权力、行政权力，三者之间构成了三组平衡的关系体系。首先，学生权力与学术权力，“与研究人员相比，学生理智、情感和实践的持续发展都要宽广得多”。[①] 由于这一原因，在学生参与科研过程中，是否能让学生真正触及科学前沿并不重要，重要的是应该赋予学生清晰的概念框架，建立坚定的立场，对各种重大认知具有自己清晰的认识。明了科学与荒谬之间的差别，并且能够从更加广泛的空间对于意义做出批判性评价。学生权力与学术权力的均衡存在，一定程度上在高校内部构建了学生、教师新的学术共同体，不仅有利于激发学生学习的积极性，也会进一步激活学术创新，促进从事研究的广大教师获得新的研究动力，以此促进学术权力与学生权力的共生存在。其次，学生权力与行政权力，在学生与教育行政管理人员（包含学生工作者）之间存在一种相互平衡的平衡点，当学生权力被忽略处于劣势时，行政权力就会处于优势地位，此时教育行政管理人员往往会凸显主导作用，学生处于从属地位，学生各种权益难以得到保障。相反，当学生权力得到充分保障时，各级行政人员会更大程度尊重维护学生，学生发展权益也会最大限度得到保护。由此，学生权力维护，是高校行政权力与学生权力合理发展的基础。综上所述，行政权力、学术权力和学生权力，在以学生为中心时，学生权力将会很好地调和三者之间的关系，从而构建真正意义上的学习共同体。

三、基于学生体验丰富

学生体验是学生在高校学习、生活中的感受与体会，是拓展学生心智、促进学生多方面发展的重要过程。高校学生工作作为高校与学生之间交互的重要媒介，创设了丰富的交互载体，以此来促进学生体验。

根据学生体验方式及效果可分为三种类型和层次：技能性体验、情感性体验及文化性体验。其中，技能性体验属于初级体验，情感性体验居于中等层次，文化性体验属于思维层次体验，是一种高级的具有持续效应的体验。如图 5-2 所示。

高校学生工作在促进学生与高校交互过程中，形成了两种类型的体验，一种是以显性知识为主导的体验，一种是以隐性知识为主导的体验，两种体验交互构成了学生在高校专业课程体验之外较完整的学习、生活体验，构成了学生对于高等教育的理解。同时，对于不同体验，也会形成不同的受众要求，一般隐性知识

---

① ［英］罗纳德·巴尼特：《高等教育理念》，蓝劲松主译，北京大学出版社，2002 年，第 172 页。

主导的体验，效果取决于学生的个体经验和认知，更凸显学生的个性化差异；而以显性知识为主的体验更多是一种普及化、大众化体验。

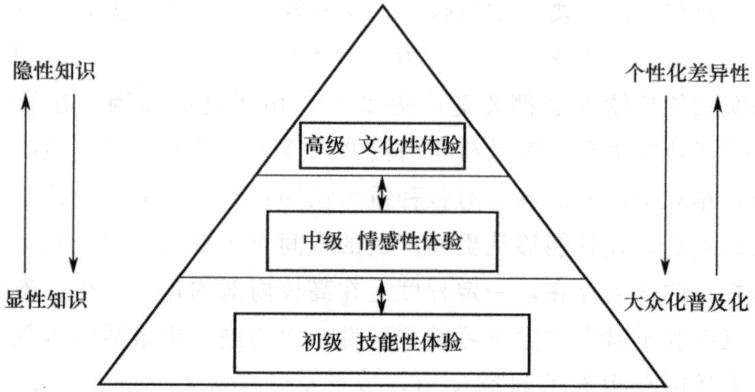

图 5-2 学生体验层次类型图

如图 5-2 所示，对于技能性体验，属于大众化普及化体验，往往不受学生原有知识背景限制，不受学生选择差异限制，一般属于应知应会体验。在高校学生工作中，这些体验也是日常工作最容易推进的体验。对于技能性体验，一般学生被动接受即可，不需要做出反应；情感性体验属于中级层次的体验，带有学生个人情感的表达，具有一定个性差异，同时，也会反映出群体学生情感。文化性体验是高等教育最本质的体验，也是最具代表性的体验，更多体现了学生对于参与高校活动中所形成的价值判断，由此形成个性思维方式和持续的个性行为方式，因此这类体验必须要结合学生自身成长阅历和个性认知展开。根据不同类型体验，高校以促进学生体验为中心，需要对学生工作模式进行重新建构，需要考虑学生在成长不同时期对体验的需求，还要更加系统化设计促进学生体验的方案，对于高校中思想、价值、认知等不同层次的体验，需要通过学生工作不同的设计，系统化展开才能有效促进学生的体验。

第三节 以学生为中心的评价原则

“以学生为中心”的高校学生工作模式既要注重推进构建促进全体学生全面发展的体制机制，又要注重每个学生的个性化发展需求；既要与学生发展需求相匹配，又要适切社会对人才培养的要求。

一、适切性原则

进入新发展阶段，高校学生工作模式转型目的在于促进高校学生工作更好地适应学生发展的需要。因此，其转型的根本遵循在于提升学生工作对学生有效的教育影响力。以学生为中心的高校学生工作模式面临的问题，均属结构性适切问题。如学生工作组织结构固化、工作内容设置单一、与学生能力提升需求的不匹配，学生工作模式简单化与学生发展的复杂性不相适宜。根据新时代创新型人才培养的结构目标，建立"适切性"学生工作结构标准，重构学生工作的运行新模式。通过主动改革和优化学生工作组织构成和运行关系，在权力运行、资源配置、学生主体作用发挥方面更加向利于学生个性化发展转型，解决"不充分、不均衡、不协调"等结构性问题，并探索个性化组织结构的学生工作路径，建立健全学生工作模式与学生发展的有效对接，注重提升学生综合能力素质，以更好推动学生发展等。注重学生工作模式向提升适应性、敏感性转型。适应性是指学生工作要更加注重以学生需求导向，不断调整自身运行方式；敏感性是指学生工作要更加了解学生，工作模式要更加贴近学生。

针对不同类型高校学生的生源地、院校、学生角色选择差异角度进行对比，可以发现，高校学生工作对于生源地差异没有给予足够关注，无论是在学生活动安排还是在日常工作交流中，都很少给予对不同生源地的考虑与安排。对于学生自我选择的差异，从高校学生工作模式来看，分类单一，提供方案也比较单一，差异更多体现在是否参与了社会工作、是否担任了职务、是否参与社团等，面向个体学生，专门的个性化学生工作方案较少。由于我国地域广泛，院校众多，学生对自我角色定位多元，这些决定了高校学生工作模式要更加多元，要切实结合院校学生实际提供不同的学生工作方案。

按照学生群体分类，高校学生工作需要着力建立与学生发展高度匹配的学生工作模式。这种匹配一定程度上要与学生发展需求相契合，符合学生身心发展规律。对学生工作模式而言，就是要通过组织体系重构与运行方式调整，形成符合学生发展的权力运行关系、资源配置方式和学生主体作用发挥的方式，建立新的学生工作模式。

二、融合性原则

独立与融合是高等教育中实现专业发展的两种状态，也是高校育人的价值导向和运行机制。随着信息化时代的到来，高等教育发展复杂程度的提升，专业发展需要更多交互，对于人的教育也不再是某个专业所属领地。人的教育受到来自整个教育活动现场的全程影响，对于人的教育需要参与其中的各种教育者相互间的联系联结融入直至融合，这种交叉融合为教育带来了新契机。正确认识独立与融合内涵和相应运行机制，重新审视独立与融合的关系，对于高校构建全程全方位的育人机制和发展框架具有重要意义。马克思在《关于费尔巴哈的提纲》中明确指出，“人的本质不是单个人所固有的抽象物，在其现实性上，它是一切社会关系的总和”。大学从分科分专业到学科交叉专业交叉，从单独招生到大类招生，独立与融合在左右高校教育政策的同时，也影响着高校学生工作系统，高校学生工作与各种人和物构成学校社会关系系统。在系统形成中，独立与融合的天平偏向哪方，体现了高校育人系统价值导向，也是高校内部系统运行机制设计的前提。

融合是以一种自然状态存在，体现的是相互吸纳，相互融入，最终构建集组织、内容、价值相一致的组合模式，从而使组织获得一种全新的共生机制。融合是相互依存共同发展的基础，也是社会组织发展的重要机制。第一，融通融合利于人类走向共同发展。每一个个体人的力量是有限的，作为单一个体在面向简单事务时尚可发展，在面向复杂事务时，个体力量很难推动事务发展，即便让多个个体共同参与，由于缺乏共识和有效协同，不能达到深层次互动，发展空间也必然受限。第二，人才存在的社会是一个联系体，相互间不存在根本性的独立，在共处的空间中，个体间发展一定会相互影响，在有限空间，若没有更多共识，必然会带来相互间的更多冲突与阻力，最终会影响空间中资源挖掘与使用。第三，融合是独立存在的基础与前提。对于各类组织而言，长期独立将会带来持续性的封闭，缺乏新的发展动力。组织在相对独立中，需要相互的借鉴创新，需要不断获得来自自身以外新的支持，在这一过程中，独立是在相互联系中一种获得彼此支持的独立，是一种建立在全系统运行中的独立，也就构建了一种开放的独立。

融合不是一般意义上的组合，融合包括组织融合、内容融合和价值融合三个层次，在推动融合中，三种融合交互依存同时存在，初级阶段更多表现为组织融合，也就是一些组织构成上的融合，形成一些基本合作框架；向下发展中级阶段，表现出更多内容融合，包括围绕共同关注议题开展一些共同项目，组织一些中长期合作组织，开展一些具有实效意义的工作；最高一层级，就是价值融合，表现的是围绕一个长远目标或者共同发展方向，建立形式、内容相一致的组织体系运行体系，其中的各级人员在共同理念和目标下具有较高合作意愿，并构建起稳固的运行方式和模式，外在的独立丝毫不影响长远目标的达成，为了这种达成，大家在其中发挥各自力量，积极促动其他独立体参与其中发挥作用，从而获得更大发展力量。

三、协同性原则

“协同”来源于古希腊语，或曰协和、同步、和谐、协调、协作、合作，是协同学（Synergetics）的基本范畴。协同是指协调两个或者两个以上的不同资源或者个体，协同一致地完成某一目标的过程或能力，更加强调行动主体相互合作和共同作用的一致性。德国理论物理学教授海尔曼·哈肯（Hermann Haken）在 1969 年创立一门新兴学科——协同学。它从新视角揭示了系统从无序到有序演化的内在机理和规律性，是自组织理论的重要组成部分。他在研究激光理论过程中形成了协同思想，用它解释各种复杂系统的演化机制，在这一过程中协同思想逐步丰富成熟，发展成为一门自组织理论。协同学来源于自然科学，又超越了自然科学，其方法论对于其后研究具有重要意义。德国科学家普朗克指出：“科学是内在的统一体。它被分解为单独的部门不是由于事物的本质，而是由于人类认识能力的局限性。实际上存在着从物理到化学，通过生物学到人类学到社会科学的连续链条。”

无论是全员工作体系的要求，还是融合发展、协同育人的要求，高校育人都需要从部门间割裂的运行状态走向一体化的育人新格局。从这个意义上说，高校学生工作模式无论如何转型，都要遵循促进协同这一原则。面向学生，高校学生工作不是某一个主管部门依靠某一个领域专业知识就可以完全掌控的，而是需要各级管理部门、后勤保障服务部门、科研部门和思想政治教育部门协同配合。高校学生工作模式运行要符合学生工作内容需要，在运行中更多是促进高校内部与学生发展密切相关的部门和不同利益相关者组成的学生教育、管理、支持机构的联动，建立一种体系化的工作运行模式，通过自由灵活机制，实现学生工作模式主动地、更好地适应学生需要。

四、开放性原则

切斯特·I. 巴纳德（Chester I. Barnard）把组织看作一个开放系统，进入 20 世纪 60 年代，系统理论开始对管理思想产生一定影响。路德维格·冯·博塔兰菲（Ludwig von Bertalanffy）注意到所有规律都存在某种相似性：（1）整体性，或称为有机性研究；（2）组织的一个部分寻求稳定或平衡的倾向；（3）所有系统的"开放性"，也就是说，一个有机体既影响环境又受到所在环境的影响。① 高校学生工作模式，作为一个组织体系，其运行同样受到环境内外部影响。因此，在开放条件下对高校学生工作模式进行思考是恰当的，可以把它视为：由环境对它进行投入，其运行过程是对环境投入进行处理，结果就是对环境投入的产出。作为开放系统，不可能用唯一的方式构造组织，组织设计受环境因素影响，其结构取决于环境因素：(1) 环境条件变化率；(2) 可获取信息确定性；(3) 决策或行动结果反馈周期。在分析环境对组织构成的影响中，保罗·R. 劳伦斯（Paul R. Lawrence）和杰·W. 洛希（Jay W. Lorsch）发现，大多数成功企业能对其相关环境做出调整。企业面对的环境越不稳定、越不确定，企业就越灵活、越分散。

对于环境因素考量同样适用于高校学生工作模式转型。

① [奥] 路德维格·冯·博塔兰菲：《通用系统理论：新的达到统一性方法的科学》，《人类生物学》，1951年第12期，第302—361页。

第六章

高校学生工作模式转型的实践路径

计划在行动之前只是一种假设，它的科学性、有效性更需要实践来检验。从这个角度而言，当前高校学生工作模式转型能否实现“以学生为中心”，需要结合学生工作模式存在的主要问题，从构建适应学生发展需要的组织形态、运行方式、技术策略、保障体系等进行积极探索和实践。

第一节　组织形态转型

大学组织体系是以权力为基础的组织机构设置、职能布局和权力配置。① 具体到高校学生工作领域，就是对学生工作层面师生权力以及相应的机构设置、职能布局和权力配置的安排与部署。面对高校学生工作组织在结构上同构现象凸显，科层固化，与学生需求差异化、多样化、个性化特征不相匹配的问题，通过组织体系扁平化、多元化变革，减少管理层级，直面学生，与学生需求建立直接关联以达到高度匹配，是向“以学生为中心”的高校学生工作模式转型的突破口与实践路径。

一、组织结构扁平化

一种组织结构会给组织带来某些好处，但是同时也使组织难以获得其他好

① 李立国：《大学治理的制度逻辑：融通“大学之制”与“大学之治”》，《华东师范大学学报（教育科学版）》，2021 年第 3 期，第 1—13 页。

处。因此，不存在一种十全十美的组织结构，组织结构的建立只是一个权衡利弊的问题。[①] 在向“以学生为中心”的高校学生工作模式转型中，建立适用于促进师生权力良性互动、学生资源优化配置、学生主体作用最大化发挥的组织结构，是组织结构转型的重要依据。

1. 金字塔式组织结构

根据调查，我国高校学生工作模式中，多数高校学生工作组织结构呈现金字塔式组织结构。典型特征是管理幅度窄、管理层次多，缺陷在于权力过于集中，部门间横向交流不足，对环境变换反应相对较慢。

金字塔式组织结构中权力呈现明显的“上下级”关系，越向顶端权力越集中。对应到高校学生工作组织，呈现的是由学校校级层面构成思想政治工作领导小组或者学生工作领导小组，一名副职校领导作为分管领导，下设学生工作部(处)、学校团委、研究生工作部等职能部门，院系设置一名主管学生工作副书记，同时设置学生工作办公室，通过班级、团支部、党支部等对接学生，与学生建立关联。这种管理模式从组织内部关系看，校领导、职能部门领导、院系主管领导到班级、到学生，构成明确的上下级关系，学生自然而然地被纳入管理最后层，成为管理末梢。这种关系如图 6-1 所示。

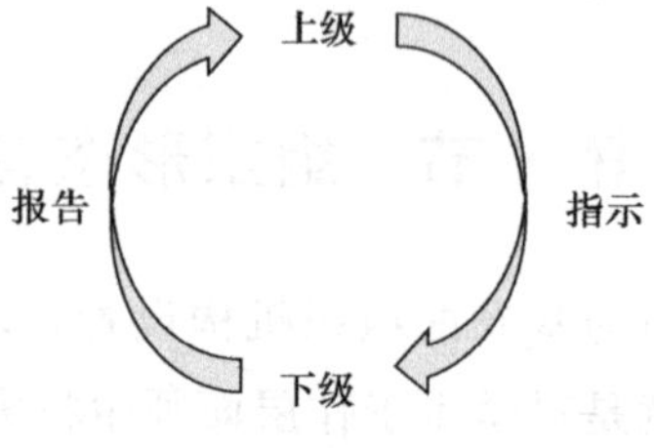

图 6-1　金字塔式组织结构上下级关系

从图 6-1 中我们可以看到，上级对下级发布指令，下级遵照执行，并向上级提交报告，然后上级根据报告做出新的指示和要求。在这种运行中，上级权力得到最大限度维护，逐步形成具有一定效力的权威，这种上下级的相互作用不仅能够完成指令，也将强化组织控制结构的功能。具体到高校，金字塔式学生工作组织结构，在学生权力方面，由于学生工作组织各级之间权力界限清晰，上下级通过严格规范的上传下达得以运行，这一过程中学生作为一级，其平等的知情权、选择权等权力被逐层消解；资源配置方面，金字塔式组织结构，

① ［美］罗伯特·伯恩鲍姆：《大学运行模式》，别敦荣主译，海洋出版社，2003 年，第 105 页。

资源往往被上一层级控制，使用上多数采取计划配给方式，这种方式更多时候寻求的是资源配置的相对平均，按照对应数量做出资源配置成为金字塔式组织结构的典型模式；在学生主体作用发挥方面，学生处于被执行层面，对于学生工作整体认知理解不足，最终导致学生主动参与意识不强，主体作用难以发挥。具体如图 6-2 所示。

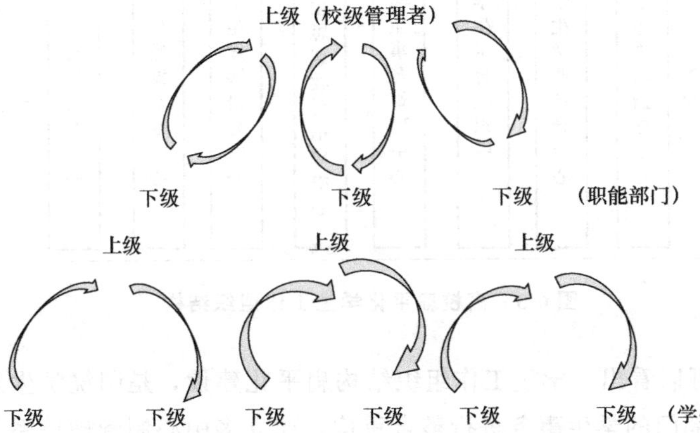

图 6-2　金字塔式学生工作组织结构

2. 扁平化组织结构

扁平化是管理层次少而管理幅度大的一种组织形态。其典型特征是管理层级少，管理者更接近管理现场。管理结构从金字塔形趋于向下更加扁平，管理者与被管理者信息沟通更加直接，管理者对整体情况把握更加深入。此外，扁平化组织结构相对覆盖面广，利于更多管理者与被管理者之间的交互，使得工作效力范围更广。此外，扁平化组织结构，使得被管理者有更多自主性，更易于参与。对应到高校学生工作组织中，扁平化学生工作组织结构，学生成为与各级教育管理者互动的主体，围绕学生能力提升将组织设计成若干支持性组织，这种组织在面向学生时，各级参与者在权力方面呈现的是与学生平等交互、相互尊重。由于不存在上下级关系，师生各自权力不存在绝对权威；在资源配置方面，扁平化组织结构，更易于管理者了解学生所需，围绕学生需求配置资源，从而实现资源按需分配，提升资源使用效率；从学生主体作用发挥方面，扁平化组织结构使学生易于了解教育管理者设计想法，学生也易于将个人理解与管理者交互，从而实现目标统一，进而调动学生主观能动性，发挥学生主体作用，实现学生积极参与。高校扁平化学生工作组织结构具体如图 6-3 所示。

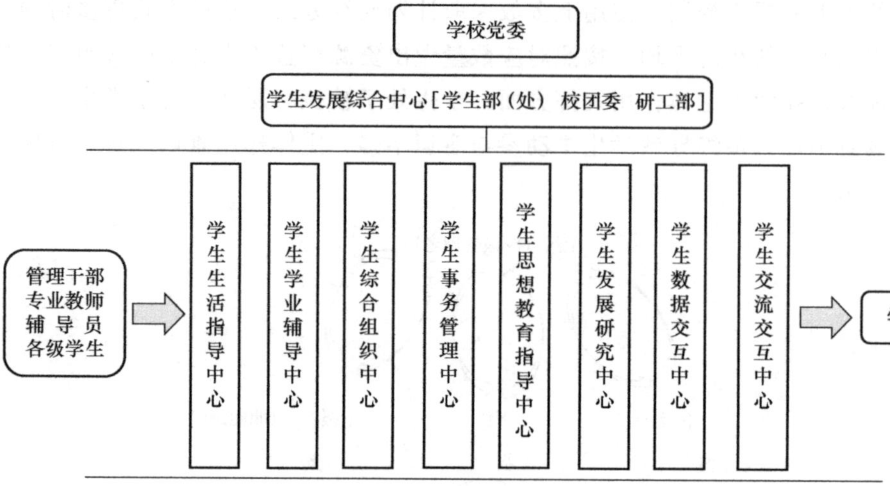

图 6-3 高校扁平化学生工作组织结构

从图 6-3 可以看出，学生工作组织结构扁平化建设，是围绕学生发展，将分散在高校不同部门的学生事务进行整合重构，建立多中心制管理体系。组织结构打破了校、院以及班级的多层次建构机制，学生工作组织逐步从单一行政职能走向多元专业化职能，逐步改变相对单一的组织构成。在学校层面，建立学生发展综合中心，再按照学生发展需求构建不同专业化中心。专业化分中心可以分为教育、管理、服务、指导以及研究中心，将学校、部门、院系各种与学生相关职能逐步纳入中心序列，人员按照参与中心工作分工进行组合。具体而言，学生发展综合中心可以下设学生思想教育指导中心、学生事务管理中心（负责招生、就业、资助、管理事宜）、学生生活指导中心（负责住宿管理、生活服务管理）、学生就业辅导中心、学生心理素质提升与咨询中心、学生综合素质发展中心以及学生发展研究中心等，同时，设置学生数据交互中心和学生交流交互中心，将各级学生工作者全部纳入学生交互交流中心，从而有效扩大与学生交互覆盖面。

随着高等教育普及化程度提高，高校办学规模扩大，高校学生工作面对的学生数量逐年增加，需要协调参与的工作也不断增加，而学生对学生工作需求更是呈直线上升趋势，在这一过程中，金字塔式学生工作组织已难以适应发展变化需要，需要构建与办学规模匹配的学生工作组织。减少管理层级，扩宽管理幅度，建立“扁平化”组织结构，不断促使权力中心下移，保证参与学生工作的各级教师与学生不断深入沟通，形成相互交流、相互理解、深入互动的学生工作共同体，有效发挥各级人员主动性和创造性，从而推进学生工作实现新发展。

二、组织体系多元化

随着“以学生为中心”思想的深入，高校学生工作模式由组织体系一元化向多元化转型，已成为高校学生工作领域深化改革适应学生多样性、个性化需要的重要举措。结合调查和国内部分高校实践探索，建设地域化、校本化、专业化学生工作组织体系应作为推进学生工作组织形态转型的主要举措。

1. 地域化组织体系

基于学生群体地域性差异，构建与学生心智背景相融合、与学生发展需求相匹配的多元化、扁平化学生工作模式，是推进“以学生为中心”的高校学生工作模式和提升治理水平的重要体现。与传统工作模式不同，居于地域化构成的学生工作组织，将生源地作为组织构成的基本元素，在传统学生工作组织体系基础上，在学生工作组织内部生成若干区域中心，主要依据所在高校主体学生群体地域或区域组成，将学生工作者纳入这些区域，地域中心发挥更多的是专业研究组织职能。这种双融合的组织体系如图 6-4 所示。

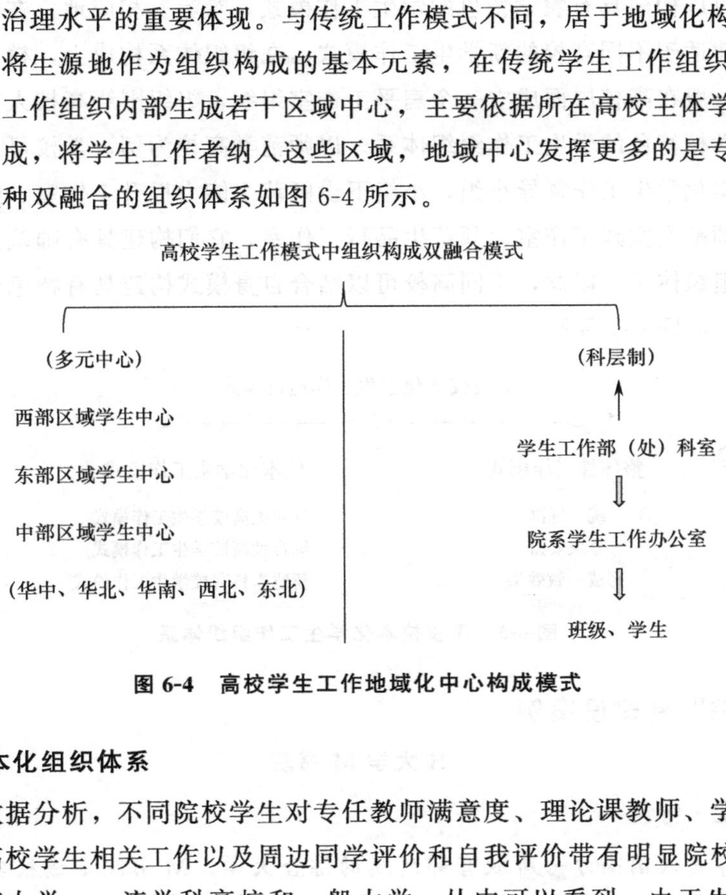

图 6-4 高校学生工作地域化中心构成模式

2. 校本化组织体系

根据数据分析，不同院校学生对专任教师满意度、理论课教师、学生工作领域教师、高校学生相关工作以及周边同学评价和自我评价带有明显院校特征。分析对比一流大学、一流学科高校和一般大学，从中可以看到，由于生源结构差异，学校培养目标不同，以及学生对进入高校以后期望值不同，学生对于高校提供支持的满意度评价差异较大。由于我国高校学生工作在内容和结构方面具有高度同构性，因此，高校间在组织体系和运行方式上具有高度一致性，缺失高校本身发展特色。

随着高校增强自主办学能力，学生工作需要自主创新模式以适应人才培养的目标，构建校本化学生工作模式对高校创新人才培养具有一定借鉴意义。所谓校本化就是从高校发展出发，包括管理权下放、参与式管理、合理的激励机制、重视学生发展、保持信息沟通、重视学校的组织文化等。基于不同院校学生需求的差异，高校在保证正确办学方向和正确思想价值引导下，可以结合高校本身特色，推进学生工作，在工作模式上可以更加多元。如师范类高校可以构建具有师范特色的学生工作模式，医学类高校可以构建具有医学特色的学生工作模式，农学类高校可以构建具有农学特色的学生工作模式，等等。相应地，在学生工作领域可以构建适于不同高校的新学生工作模式。在组织体系构成上，校本化学生工作模式，一般在高校层面成立一个扁平工作室组织，组织围绕高校人才培养目标构建具有学校特色的学生工作组织体系。以师范类高校为例，学校可以成立某师范大学校本化学生工作领导小组，小组下设师范生能力提升工作室、师范生发展工作室、师范生实践工作室、师范生品行工作室，它们构建具有师范大学特色的学生工作组织体系。以此，不同高校可以结合自身模式构建具有特色的学生工作组织体系。如图 6-5 所示。

高校校本化学生工作运行模式

整体性工作模式	校本化学生工作模式
统一标准	行业类高校学生工作模式
分块安排	综合性高校学生工作模式
形成一致效果	新建本科高校学生工作模式

图 6-5　高校校本化学生工作组织体系

附：“书院”制建设案例

H 大学 M 书院

M 书院·特色

H 大学是我国南方一所教育部所属的综合大学，M 书院是该校实施书院制改革的先锋，M 书院始终秉持“以学生为中心”的特有的办学思想，将专业发展与综合发展相融合，着力在第一课堂与第一课堂之外的学院体验与专业体验建立协调关系，从而将学习生活与养成教育融入学生全部生活环境之中，构建起院系交融互补的新的社区化的学习生活的空间。

作为学校本科教育改革的试验田与突破口，M书院借鉴西方大学书院制管理模式，融入中国古代书院文化特有的元素，立足学生共享空间，创设师生互动区域，探索社区制、导师制，与专业院系协同合作，在创新人才培养模式和学生事务管理等方面进行了探索和尝试。经过持续实践，逐步形成了课堂教育、实践教育、养成教育相融的德智体美劳“五育并举”第二课堂特色教育体系，培养了一批具有优质品格、卓越能力、视野开阔并且勇于担当的优秀学子。

M书院·构架

M书院按照行政运行系统和专业运行系统，设置了各类办公室和工作室以及专业中心，其中办公室一般用来统筹学院内外部各种行政工作，这其中包括与学校和相关院系的对接工作；工作室则是通过专业教师以及相关辅导员构建的各种专业输出的工作平台，这些平台主导向学生提供指导、帮扶以及日常专业的组织和运行；专业中心更多是围绕学生提供交互的场所，在其中学生可以自行参与、自行管理、自行服务，起到了相互支持联系的作用。与此同时，书院设置党委，党委下设党支部若干。

M书院将构建学习共同体作为书院建设的核心。通过共同体建设，书院着力将辅导员、教师、校友和校外力量共同纳入支持学生学习发展的群体。针对学生学习、生涯规划、职业发展以及日常生活，构建一对一的交流体系，这些交流体系呈现松散结合的模式，在日常中更多是学生和对接指导老师的自发行为，而在整体上又是书院管理的一种模式，书院通过协调管理促进各级人员主动参与到这个共同体中，通过有效运行使得学生自我体验得到丰富，也使书院形成一种多经验交互的中心，实现专业发展与个体成长的融合。

3. 专业化组织体系

根据新生生活形态调研数据，高校学生在个人信仰、学业发展、生活方式、压力来源、职业选择方面问题呈现出个性化、复杂性的特征。这一方面与社会环境、家庭环境相关，另一方面也与学生性别、民族、个人志趣密切相关。面向学生成长发展问题，高校以管控为主要特征的组织体系呈现诸多不适应性。基于新生生活形态调查分析，随着高校学生数量增加，以及学生生活形态变化，高校学生的需求个性化凸显。在这一过程中，学生教育、管理、服务、支持需要更具针对性和实效性。围绕学生性别、家庭、城乡、信仰、心理、兴趣、压力、职业等，高校可以构建一系列以专业知识、专门人才、专门机构、专门方法汇聚的新型组织体系。我国的高校心理健康教育与咨询中心、高校学生学业指导中心、高校就业指导中心、高校学生生涯规划中心，一些高校还专门设有民族学生发展中心，是一批比较有代表性、专业化的学生工作组织体系。这些基于学生发展需求建立的专业化中心，对于参与教师具有较高要求，需要具有相应的专业知识和专业背景，同时也对学历层次等作出限制。近年来，在心理咨询领域，对于心理中心从业教师，学历方面一般都会有心理学科硕士及以上的要求，同时强化从业经历要求，就业创业指导领域强化了职业规划师以及就业指导师的从业资格，学业方面强化学业指导师制度建设；在招聘新进辅导员方面，在学科方面更加凸显思想政治教育、教育学、心理学等学科专业要求，学历层次方面部分高校逐步强化高学历人才引进，这些都是向专业化体系迈进的重要举措。具体如图 6-6 所示。

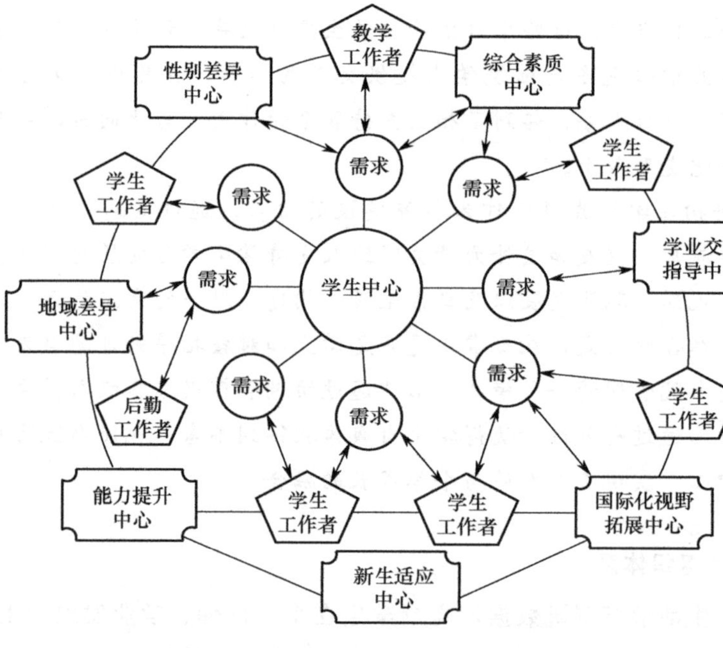

图 6-6　高校专业化学生工作组织体系

从图 6-6 可以看出，专业化学生工作组织体系在与学生互动中依托专业，建立起以学生发展为轴心的各种支持中心，在促进学生发展中结合学生不同时期特点挖掘相应资源，使得学校各部门间围绕学生发展进一步融合，实现学生工作模式与学生发展需求匹配，与周边环境高度融合。就学生本科发展阶段，大一是大学适应期，大二是大学转折期，大三是大学成长期，大四是大学成熟期。以适应递进转折成长成熟为基本序列，构成了一个完整时间序列轴，以此，建立与学生发展全过程相匹配的融合机制，从知识、能力、思想、价值、核心素养等维度纳入时间轴来设计工作。大一建立与适应性相融合的教育，包括适应学习方式、知识再造方式、适应思想、能力提升与价值凝练，建立新生发展性规划；大二是学生全面开启大学专业生活、能力挖掘、素养提升的阶段，学生差异性将进一步体现出来，学生工作要牢牢地与人的发展相融合，将认识国家、认识世界与认识自我相融合，让学生自己在体察中推动自我综合素质与能力提升；大三是成长期，是学生自我成长成熟的重要阶段，要开展更多有助学生辨别、甄选以及自我坚守的教育；大四作为本科阶段的最高一级，此时要着力推进人生重大选择与社会价值、个人价值融合。基于学生成长发展序列和成长规律，高校学生工作以教育学、心理学、管理学等专业学科为依托，将各级人员纳入专业中心，以此构建专业化的支持中心，是高校学生工作模式中组织结构变革的有益尝试。

第二节 运行方式转型

以学生为中心的治理逻辑，核心在于通过扩大学生选择权，丰富学生学习体验，提升学生综合能力，增强学生主体参与性，促进学生发展。罗杰斯（Rodgers）将“学生发展”定义为“学生在高等教育机构中”，不断地成长、进步，各方面能力得到提升的方式。他认为，学生事务管理人员的职责是鼓励学生学习，促进学生的发展。基于此，高校学生工作模式的运行方式需要做出适用于学生发展的重要调整。

一、从管控主导转向支持主导

组织运行采取什么样的方式，取决于组织运行目标制定的思维和方法。面向学生，高校学生工作组织模式运行采取什么样的方式，同样取决于高校学生工作组织的运行目标制定的思维和方法。

1. “计划－规范”促生管控

关于教育计划的概念，美国教育家 C. A. 安德森（C. A. Anderson）认为：“教育计划（plan）是未来教育的活动一套决定的程序”。[①] 希恩（Sheehen）认为，教育计划“必须是针对整个教育系统的，它要联系教育系统的各个方面，把

① 金国辉：《教育计划管理》，中国科学技术大学出版社，1992 年，第 15 页。

教育政策协调起来"①。基于上述认识，在我国高校学生工作模式运行目标上，管理者更多从社会需求出发，按照相对统一的培养目标，对学生施加影响，以达到教育目标和要求。

在组织运行目标上，以管理者设定目标为出发点，更加倾向于完成管理者预期目标。在工作设计与安排方面，更多呈现的是从上到下的指令下达方式，为达到整体统一目标，构成的设计标准也就设定了方向，从而形成从上到下步调一致的行动，学生被作为执行指令的关键一环，按照指令实现预定目标。在这一过程中行动整齐划一，培养的人标准一致成为检验效果的重要支撑。这种运行方式较少考虑学生需求，对于学生自身发展的需要提供的支持十分有限。基于这种计划性的目标所形成的规范的运行机制，运行方式更多采用从上到下的指令方式，对被管理者不断提出要求，通过各种条件限制、促使被管理者达到预期的目标。在评价标准上，"计划-规范"促生的管控的方式更注重外在标准对于被管理者的评价，往往较少关注被管理者自身的变化，这也就使得被管理者处于发展被动状态。在高校学生工作领域，管控方式使得学生处于被动状态，学生与管理者在权力关系上，学生权力难以得到重视，往往是学生工作者权力居于中心位置；在资源配置上也是管理者为主导，按照管理喜好进行资源分配，较少考虑学生需求以及资源配置效率，管控方式带来的往往是学生被动参与，学生主体作用难以发挥，学生主观能动性难以调动。具体如图 6-7 所示。

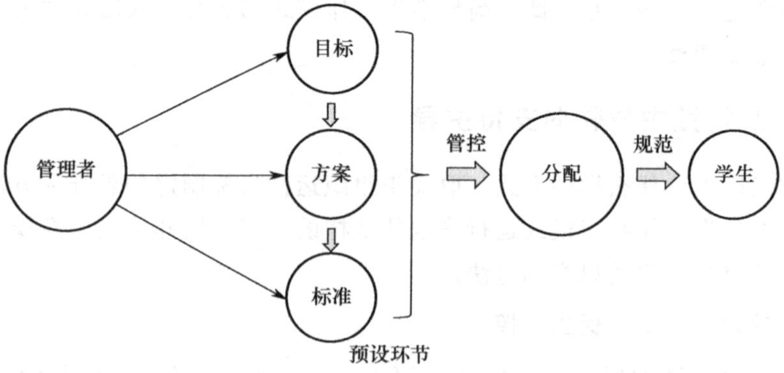

图 6-7　以管理者为中心的管控的运行方式

① [英] J. 希恩：《教育经济学》，郑伊雍译，教育科学出版社，1981 年，第 87 页。

2. “适应－满意”促生支持

支持主导方式主要是指学生工作者围绕学生发展拓宽资源，围绕丰富学生体验、促进学生学业发展、提升学生能力素质的需求形成工作目标、工作方案以及评价标准，并以此调动调配资源、实现目标。

根据供给侧理论，当需求方发生变化时，供给方根据需求变化相应调整，以适应需求达成满意为基础。基于适应理论，当内外部环境发生变化时，需要适应环境需求做出相应调整。从供给侧理论和需求理论两种视角出发，构建“适应-满意”促生支持的学生工作运行方式。这种方式将学生作为需求侧，将管理者作为供给侧，同时也是将学生作为环境变化的重要因素。从供给侧理论出发，当学生在大学体验、能力提升、学业发展方面提出新需求时，作为供给侧一方的高校学生工作要从需求变化出发，制订新工作目标、形成新工作方案，进而调整评价体系。同时，根据新的目标方案对学生发展需求资源及时做出相应调整，最终实现预期目标。

支持主导运行方式，学生管理者与学生在权力运行方面，呈现出两者权力相互独立，且在围绕学生发展时，维护尊重学生发展权力；在资源配置方面，资源按照学生发展需求进行匹配，资源最大化与学生发展建立关联；在学生主体作用发挥方面，积极创造条件调动学生主动参与到自我发展各项活动之中，发挥学生主观能动性，激发学生向上发展的潜能。支持型工作模式运行方式构建，可围绕学生能力发展，在工作目标、运行机制和工作评价上进行调整。工作目标上，逐步改变社会目标作为唯一目标方式，可以将社会导向目标与学生自我发展目标相互融合，构建以学生为中心的发展目标；在运行机制上，将从上到下的指令方式变成平等支持方式，按照需求指令进行计划设定，从而实现对学生需求的有效支持；在评价上，将学生自身成长变化作为重要指标，尽可能将学生本人成长作为重要参考，而尽量少地将社会指标以及他人指标作为衡量学生标准。具体如图 6-8 所示。

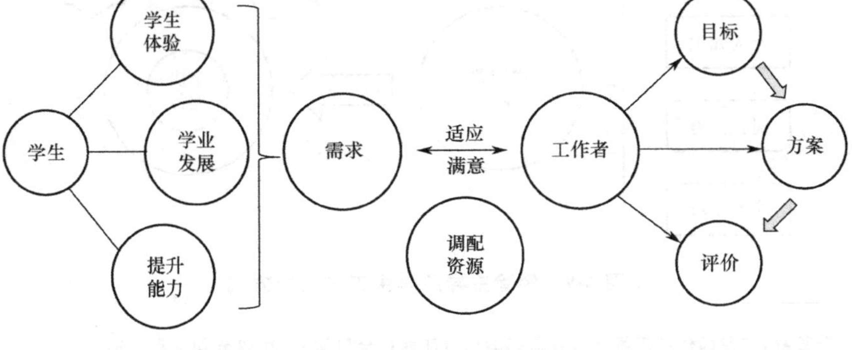

图 6-8　以学生为中心的支持的运行方式

二、从经验方式主导转向专业方式主导

1. 经验主导方式

经验主导方式的形成主要侧重于对事物整体、外在联系和表象的认识。经验主导方式相信自己的感觉经验，就如常言所说“眼见为实”。人们相信的是依靠自己感官所得来的认识，而依靠感官经验的认识是感性的，是认识的初级阶段。感性认识是人们的感觉器官直接感受事物的现象、事物的各个方面、事物的外部联系，它以直接感受性为特点，以事物现象为内容。以感官经验把握事物，必然使人拘泥于事物表现出来的外在现象、外部联系，形成的是关于事物的表面认识。[①] 经验主导方式在知识形态主导中主要是依托个人的隐性知识，这种经验主导方式缺乏理性，缺失抽象的加工，行为难以普遍化、系统化，只是基于个人感官经验。由于个体的差异性，经验性认识呈现出更多个体性、模糊性和不确定性。

经验主导方式在高校管理中构成了经验式的工作方式，渗透影响了高校学生工作模式，使得经验主导方式是高校学生工作模式中的主导方式之一，也是各级学生工作者自发形成的一种方式，这种方式主要是以管理者长期从事工作积累的经验和惯例为基础，形成的一种惯性的运行处理方式。在高校学生工作中，从上至下形成了“体系化”的经验模式，范围广泛的包括高校学生工作经验交流会、学生成长榜样交流会等各种的经验交流会，管理者将学习经验作为促进工作发展的最佳路径，此外个体工作者也往往会从个人过往经历中形成各自的工作经验，因此惯用“以前、原来”是如何做的，这种方式使得工作模式进入到一种循环往复路径中，学生遵循过往轨道，被程序性进行培育培养。这种经验主导的运行方式如图 6-9 所示。

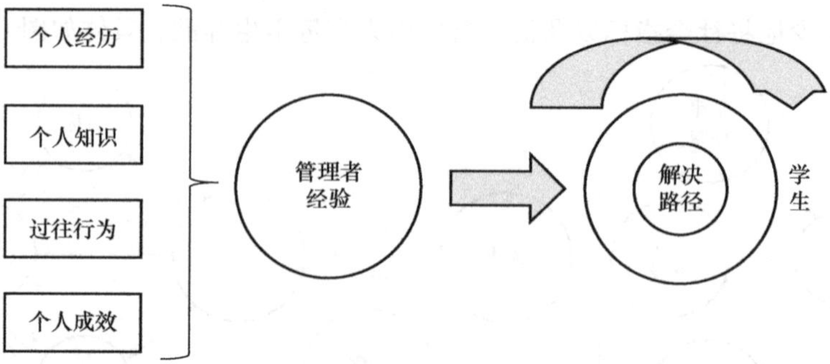

图 6-9 经验主导的学生工作运行方式

① 孙长虹：《我国传统思维方式及其影响》，《江西社会科学》，2012 年第 4 期，第 8—13 页。

2. 专业化主导方式

好的高校管理包括三个层面：其一是经验管理，其二是制度管理，其三是文化管理。经验管理已成为过去，制度管理是核心，文化管理是目标。高校管理需要经验，更需要科学，最终走向文化管理。中国高等教育走向世界，需要形成自己的治理体系，关键就是要有自己的理论体系。在这个意义上，高等教育研究价值不容置疑。大学治理从“经验办学”走向“科学办学”是未来大学发展的必由之路。[①] 高校学生工作模式在向以学生为中心的治理模式转型中，专业化运行方式成为一种必然选择。高校学生工作模式的专业化主导运行方式，主要体现在专门人员、专业方法以及专业的交互方式。具体体现包括如下几方面，在知识素养储备方面，要求从业人员具备与大学生交互的各种专门知识，包括思想政治教育、教育学、心理学、管理学方面的知识储备。在学历层次方面，要求学生工作从业者要具备能够作为研究学生问题的研究者所具备的学历素养，近年来高校逐步将硕士学历要求作为辅导员的入职学历要求，有条件的高校已经将辅导员学历要求提升到博士学历，学历要求提升背后是对高校从事学生工作人员在研究层面素质要求的体现。此外，对于学生工作从业教师一般要求具备心理咨询、就业指导、学业指导等专门的从业资格证书，从业人员需要定期接受专门的培训。在专业方法方面，学生工作者逐步从单一的说教方式走向系统的辅导、咨询、督导、实训和课程教学相结合的方式。在辅导方面，强化与学生面对面交互交流，这种交流一般是建立在对学生情况系统把握基础上，开展的有针对性的精细化指导，强化在对学生个性特点把握基础上通过辅导促进学生学业发展和自我能力提升方面的方法指导。在咨询方面，是指按照专业咨询模式开展工作，包括心理咨询、学业咨询、职业咨询、人生发展咨询，对于从事工作的教师要具备相应的专业从业资格，同时要借助专门的方法在相对固定的领域对学生进行系统化的辅导支持，这一过程中注重对于学生个性问题能力的破解。课程方面，是指将学生工作中的教育活动通过课程方式展开，以此促进思想政治教育的系统化推进。具体如图 6-10 所示。

3. 专业化的运行思路

结合新时代新阶段学生特征特点提出以下几种专业化的运行思路：

建立“地域化”的运行模式。在运行中改变传统学生“院系班级”定义符

---

① 邬大光：《重新认识高等教育研究的存在价值——兼论大学治理中的经验与科学》，《大学教育科学》，2020 年第 1 期，第 8—13 页。

号，将学生生源地作为学生初始标识号。当学生在学业、生活以及职业规划中出现疑问寻求支持时，学生的信息反馈到地域中心组织后台后，将把学生信息派送到不同地域的区域中心，将以学生的生源地特征特点以及由此带来的可能的情况作为初始点，对学生给予支持帮助。地域化学生工作模式在运行方式上，主要基于如下步骤，首先是对地域特征特点分析把握；其次，对需要支持的学生与地域特征特点进行比照；再次，在比照基础上对学生过往经历以及地域特点对于学生心智背景影响展开分析；最后，在分析基础上形成区域特性的学生发展指导。基于这种模式更加有效地指导学生发展，提升学生工作教育影响力。

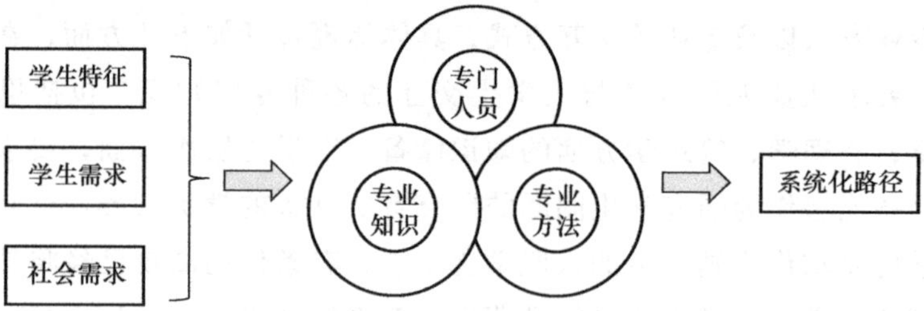

图 6-10　专业化主导的学生工作运行方式

建立“校本化”的运行模式。根本是依据所在学校人才培养目标，基于学校特有人才培养特征特点展开工作。如在师范大学，可以构建有师范特色的学生工作运行方式，包括建立师范生思想教育实训基地、师范生师德培育课程等；在高职院校，可以建立结合职业教育特色的学生工作运行基地，以及实训基地；而在一些综合大学，也可以结合所在学校不同特色专业建立具有专业特色的学生工作运行模式。

建立个性化“工作室”运行模式。根据数据分析，对于进入高校的学生，往往根据自己过往经历以及未来规划，对自己大学生活做出安排，直接体现为对自己大学生活角色的定位。根据对学生的调查，在高校学生角色选择中，根据有无参与学习以外固定周期的活动，可以划分几类角色。如参与到学习以外的管理性活动中，包括班级层面、院系层面、学校层面的不同管理层级的角色之中，这种角色自然而然地会分出“管理与被管理”的角色；另外一种以自己的兴趣志向为主导的各级学生组织中，包括社团组织、志愿服务组织等，在其中尽管存在角色，但更多是一种扁平化的管理角色；最后一种就是在校内没有担任任何角色仅仅是以学习者身份存在的学生。在数据分析中，对有无角色选择学生对于学校专任教师、各岗位管理教师以及周边同学评价和对自己能力评估进行了数据分析。可以看出，不同角色选择使得学生在这些方面的评价出现一定差异，这也充分说明，学生进入大学以后由于学生角色选择不同，需要学校给予的发展支持也不同。

第三节　技术策略转型

一、大数据下学生工作分析框架与研究设定

1. 基于数据资源的分析框架

对于高校学生工作模式转型，当前关注点集中在权力运行模式、资源配置方式和学生主体作用发挥上。在这三方面，资源配置与使用成为关键内容，也是体现权力和学生主体作用发挥的重要标志。不同资源在使用和配置方面也有不同特点。对于资源，从数量多少可以划分为有限资源与无限资源，有限资源无疑是数量上难以增长的资源，而无限资源则是不受数量限制的资源。大数据无疑是一种无限资源，这种数据资源不受时间空间以及资源管理者所限，资源可以不断扩大。随着资源扩大配置模式也可以不断发生改变。关于资源配置模式，从决策者行为的描述方面我们可以界定三种模式。第一个是理性模式（Rational Model），认为学校的决策者们为了提高教学质量，在资源配置和决策过程中采取的是一种纯粹的、理性的逻辑思维方式。第二个是科层组织模式（Bureaucratic Model），认为学校资源配置决策主要基于现有的制度安排和执行标准，缺乏对动态性和不确定性因素的考量和追踪。第三个模式是政治模式（Political Model），认为学校资源配置决策是在一个科层组织中进行的，而决策者则会在此过程中追求个人效益的最大化。[①] 对于有限资源，三种模式运行中资源配置方式一旦确定，难以变化，往往被固化下来，而对于无限量的数据资源，在资源配置中由于资源的不断扩大，资源配置模式也会发生变化。如图 6-11 所示。

图 6-11 中，当数据资源有限时，高层管理者牢牢掌控这些资源，由于信息不对等，上一层管理者依托这些资源对下级管理者进行控制管理。但由于数据资源的特殊，尤其是大数据资源，当两种数据交互时，往往会产生第三种数据，这时数据资源就会扩大。在一般概念中这种数据资源扩大是逐步向上逐步扩大，但由于数据资源流动性和交互性，生成不确定性，导致在中层也会产生新的数据。

① 杜育红、刘亚荣、宁本涛：《学校管理的经济分析》，北京师范大学出版社，2003 年，第 143 页。

而在普通管理层由于覆盖面太广甚至会生成更多的数据资源，当普通管理层的数据无限扩大时，普通管理层对于数据的掌控权限就会不断扩大，这时资源分配流动就会从单向流动变成双向互动，资源配置方式相应发生变化。

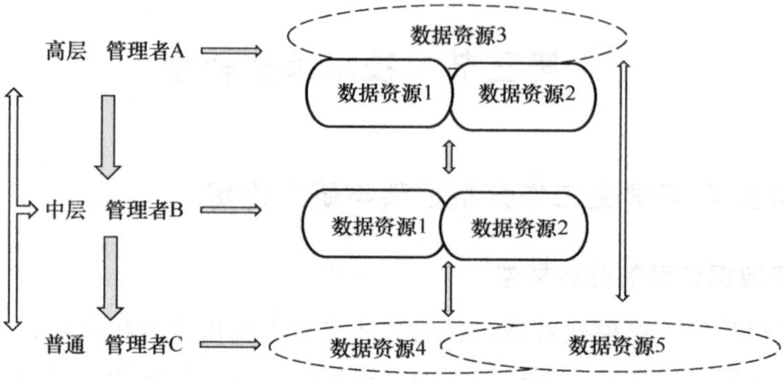

图 6-11 科层模式中大数据资源配置框架

2. 研究设定

为考察大数据对高校学生工作模式转型的影响，采用典型案例分析的方法，分别选取学生日常性数据（校园卡记录的数据）、学生发展性数据（学业成绩）、日常工作性数据，对这些数据生成、采集、流动、运用进行分析，对运用中组织构成、运行方式变化进行分析，探索学校中学生工作的数据资源配置的基本情况，把握高校学生工作中的数据资源生成的特征特点，以及对学生工作模式转型的影响。

学生日常性数据，主要是指学生在校学习生活轨迹性的数据，包括学生在校日常的时间安排、学生日常在校行动的轨迹，以及学生对学校资源运用的记录等。关于此类数据，研究以某校学生校园卡记录为例，解析相关数据生成、采集、流动、运用的过程，对数据特征特点进行分析，并将这类数据作为数据资源对学生工作组织结构以及学生工作运行方式产生的影响进行分析。

学生发展性数据，是指学生随着时间进程推进在能力素质认知方面的变化，包括学生在思想、价值、学识以及人生发展目标方面的变化，更多是代表学生在某一方面或整体层面有实质性提高的数据化内容。关于此类数据，更多是从学生的调查、每年成绩达标以及综合测评中获取的数据，研究以某校学生发展性调查为例，解析相关数据的生成、采集、流动、运用的过程，对其中数据的特征特点进行分析，并将这类数据作为数据资源对学生工作组织结构以及学生工作运行方式产生的影响进行分析。

日常工作性数据，是指学生工作者在日常工作中生成的数据，包括学生信息性数据、学生奖学金、助学金、贷款等数据，有些数据在运行中会与学生日常性数据或学生发展性数据具有一定重合，但总体来说，是由工作者发起工作带来的数据。研究以工作过程中奖学金、助学金中数据为依托做数据对接分析。

二、学生大数据生成与特征分析

1. 学生大数据的生成、存储与挖掘

（1）学生大数据的采集。高校学生工作大数据开发以数据采集为初始阶段。高校学生大数据采集首先是建立数据生成渠道，也就是在哪里可以生产数据。事实上，学生所在之处也就是数据生成之地，在校园内部，根据场所我们对于学生数据生成做如下归属，主要包括宿舍、教室、餐厅、图书馆、体育场以及档案室这些实体空间，另外就是网络等虚拟空间。根据这些场所特征的不同又可以将在这些场所产生的数据分为生活区数据、学习区数据以及活动区数据，根据网上网下又可分为线上数据和线下数据。对于这些数据采集，第一，发现数据源，就是在学生所处的场所发现数据，主要包括学生门禁数据、学生成绩数据、日常消费数据、借阅历史数据、第二课堂数据等。第二，建立关联通道，实现数据脱敏，即运用虚拟 ID 对诸如学号、姓名等学生敏感信息进行替代性表示，在学生真实身份与虚拟数据信息之间建立一一对应的映射关系。第三，依据数据环境制定处理方案，即根据不同数据源存储环境采用主从同步、视图或定期任务执行的方式对数据进行同步或迁移。数据脱敏是所有数据分析与使用的前提基础，当且仅当用户通过精准系统查询学生信息时，学生真实信息才会通过上述映射关系表被找到并展示在系统中。在此基础上，增加对外的数据通道，使得数据能够随时推送出去，汇聚到统一的地方进行存储。推送过程采取协议约定的形式，对于推送的信息加密传输，对于推送的状态能及时反馈，确保数据准确。如图 6-12 所示。

（2）学生大数据的存储。由于涉及个人隐私，对于学生数据的存储需要做到合法保密。学生数据存储分为多源数据存储和关系型数据库存储两种主要方式，在实践中通常将二者相结合，实现对所有数据存储、计算和其他需求的兼容。数据存储管理理论上包括多源数据存储模块、数据冗余备份模块、数据安全防护模块等。多源数据存储模块负责对门禁系统、消费历史、成绩单等多源业务数据进行分类存储和统一管理；数据冗余备份模块负责对所有多源异构数据、数据库及

相关文件进行冗余备份，从而实现有备无患；数据安全防护模块则主要从数据库、操作系统、服务器、防火墙以及互联网等五个方面着手，对数据文件采取多种控制措施、进行多级防护，在维护数据正常使用的前提下，防范对数据资源进行的非法操作和不当利用，以此充分保障数据安全。

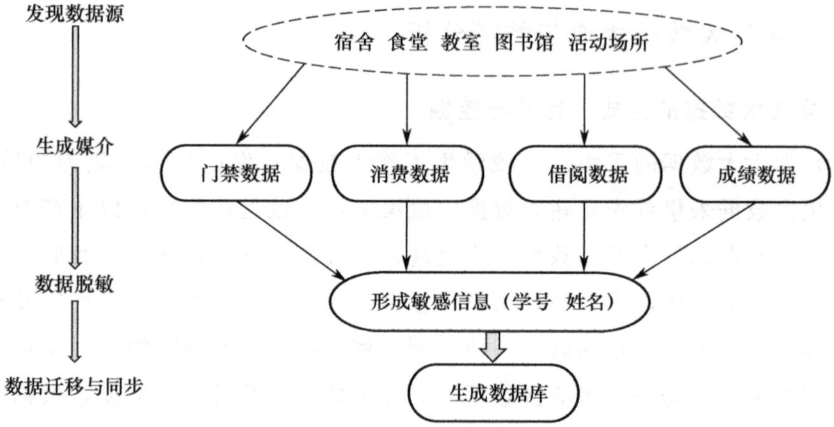

图 6-12 学生大数据生成流程

（3）学生大数据挖掘。学生大数据挖掘分为学生数据预处理部分和学生数据挖掘部分，其中学生数据预处理包括数据清洗、预处理、数据关联和补全；数据挖掘包括早期挖掘算法结构和后期挖掘算法结构，早期挖掘算法结构主要针对当前学校数据维度较少的情况设计，后期挖掘算法结构主要针对系统上线以后数据丰富起来的情况设计。

数据预处理，即在开始挖掘之前进行的数据相关处理操作，预处理完成的数据再次存储进入数据库，以待使用，针对不同年级的学生所使用的预处理方法有所差别。数据处理流程如图 6-13 所示。

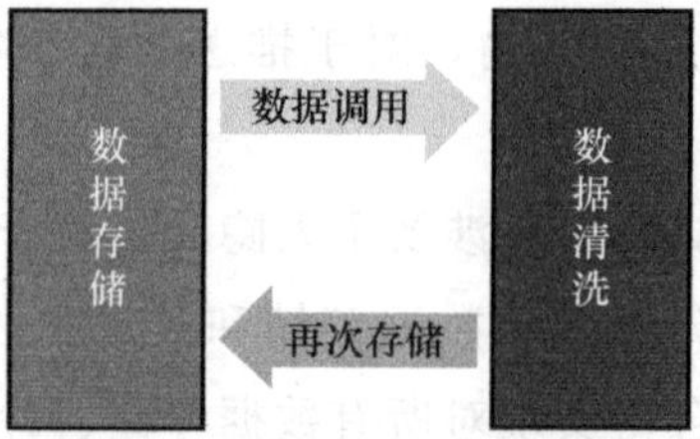

图 6-13 学生数据处理流程

数据处理包括三个步骤：数据清洗、数据预处理和数据关联。

数据清洗：包括脏数据去除、数据校验等，主要使用关键词匹配技术去除脏数据，对于可以纠错的数据进行纠错处理。

数据预处理：主要是使用大量算法算子将数据处理成方便挖掘的格式，包括将多个数据源的数据进行整合并进行简单的统计分析，处理结果留待进一步挖掘使用。

数据关联：主要是将来自不同数据源的数据进行互相验证补全，以弥补部分数据源数据缺失问题。主要使用了虚拟ID匹配的技术，以及概率分布原理，将缺失或者不同数据源不一致的数据进行补全和纠错处理。数据清洗完成后的数据及说明如表6-1所示。

表6-1 学生数据清洗

数据名称	数据说明
一卡通终端信息	各一卡通终端pos机的信息，包括编号及所在场所等
学生基本信息	学生年龄、性别、班级、生源地等基本信息
学生家庭信息	学生家庭成员、工作单位、职务等信息
奖助贷信息	学生曾获的奖学金、助学金，贷款信息
门禁信息	寝室门禁；图书馆进出门禁
一卡通刷卡信息	每张一卡通在不同终端上的刷卡记录信息
学生额外信息	如是否残疾、是否来自军人家庭、家庭住址等
学生困难认定结果	系统内上一次学生的困难认定结果

数据挖掘。系统会对清洗后数据进行挖掘分析，包括三个步骤：特征提取、样本整理以及算法分析。特征提取是系统综合考虑与贫困相关联的各类因素，筛选了五大类特征簇，分别为：消费特征簇、行为轨迹特征簇、奖助贷特征簇、家庭背景特征簇以及社交关系特征簇。以上各特征簇，又各自包含几十到上百维特征不等。其中，消费特征簇最为重要。特征分析是建立系统最大的前置工作，也是算法准确度最大的保障。样本整理，通过对过往数据的分析对样本进行整理。整理方式主要包括历史同期数据分析和不相关数据剔除。算法分析，对于已提取的样本数据及特征进行分析，形成数据使用计算的方法。

2. 学生大数据类型及数据特征

（1）生成性数据（学生日常性数据）。生成性数据即通过对学生日常生活进行记录而产生的数据，其中，最为典型的是经济困难学生数据建设。对经济困难学生进行资助管理是学生工作的重要组成部分，工作内容涵盖学生自主申请、学院资格认定、学工部门审核、资助名单公示以及补助资金发放等主要环节和基本流程。同时，此项工作顺利开展还涉及学生申请人、辅导员、民主评议参与人、学工部门与财务部门工作人员、分管学工学院领导和其他相关校部机关领导等，流程相对较多，涉及面也较为复杂，整个过程容易受到个人主观因素的影响。因此，如何充分保证相关认定工作的公开、公平、公正就成为了一项重要议题。在此背景下，引入线上“精准资助管理系统”，推进资助管理工作公开化、透明化建设就显得尤为重要和迫切。生成性学生大数据生成过程如图 6-14 所示。

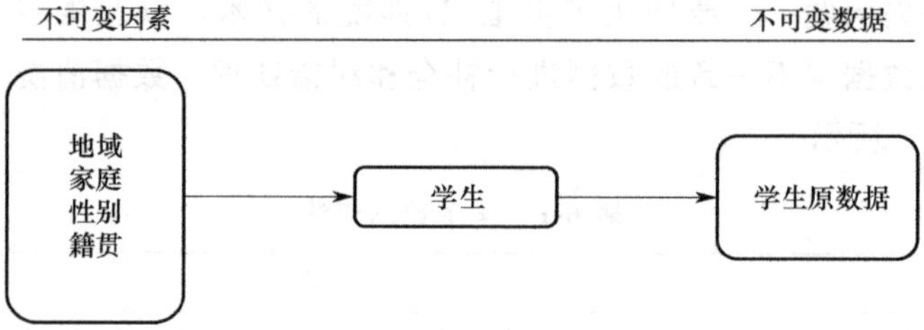

图 6-14　生成性学生大数据生成过程

(2) 交互性数据（学生发展性数据建设）。学生发展性数据是对学生在持续跟进过程中，对于不同学校学生进入高校以后在知识、能力、素质方面数据变化的把握，了解把握这些数据对于改进高校包括学生工作在内的各项工作具有重要意义。大数据使得各级工作者通过采集到的数据把握全貌变成了可能，同时在对全貌认识过程中对于每个个体数据的把握也成为研究的一种方式。对于学生发展性数据建设，纵观近年来在大学生发展方面的调查与研究，可以发现高校学生在校发展的数据以及数据背后可以观察到的内容已经引起了教育决策部门和高等教育研究者的重视。本书依托学生问卷开展调研并展开实证研究，最终将研究结果用于指导实践已经成为研究和工作的主导方向。交互性学生大数据生成过程如图 6-15 所示。

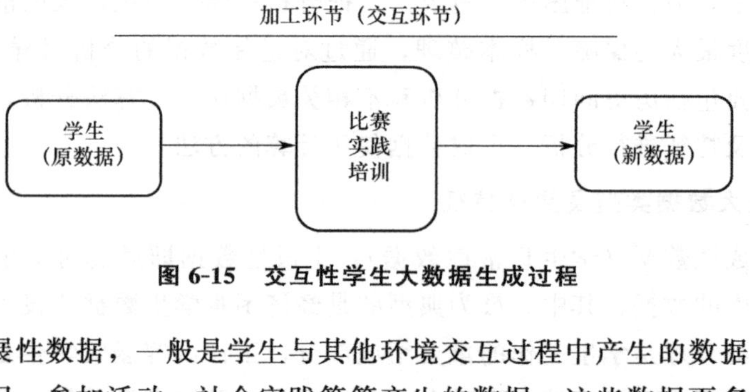

图 6-15　交互性学生大数据生成过程

学生发展性数据，一般是学生与其他环境交互过程中产生的数据，包括学生通过课堂学习、参加活动、社会实践等等产生的数据，这些数据更多地体现出学生所参与的内容达到的效果，同时也可以展现出学生在其中的变化，因此，我们把这类数据定义为交互性的数据。

（3）整合性学生大数据（学生工作性数据）

整合性大数据，是指对不同领域学生个体原始数据、学生交互性数据进行加工，如在学生工作中，可以把学生的心理数据、学生学业数据、学生体能数据等几类不同领域的数据纳入一个数据库，在这一过程中生成出更加综合的数据，通过这种过程获得的数据称为整合性学生大数据，因为是借助不同工作平台获得的数据，也可称为工作性数据。如图 6-16 所示。

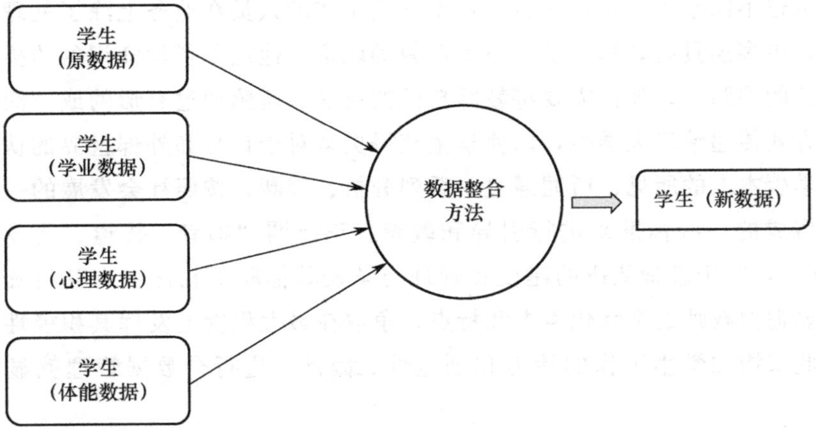

图 6-16　整合性学生大数据生成过程

由于整合性大数据的综合效应，可以看到不同事物间的关联，同时还可以看到事物背后存在的关系，这类数据的使用，将会很大程度提高高校学生工作科学化。由于整合性数据生成与研究者关注的焦点、使用方法不同，从而生成出不同数据，这些数据还会因环境变化而发生变化。整合性数据更多处于一种变化中的状态，因此对其使用更多要考量环境变化。

三、大数据下学生工作模式变革

通过对学生工作中数据采集、存储以及挖掘过程进行梳理，对不同类型学生数据界定解析，可以看到，高校围绕学生存在生成性学生大数据、交互性学生大数据和整合性学生大数据，这些数据的采集、存储和挖掘将会给学生工作带来新认识，形成新格局，进而影响到学生工作模式转型。建设大数据下高校学生工作新模式最重要的是，不是在开始就设定一个明确目标，而是要给学生工作发展与变动提供足够空间。

1. 学生大数据的全数据管理

新时代学生工作要想进一步取得质的飞跃，就必须在管理模式、工作理念、体制机制和文化建设等方面给所谓的“不确定性”以更多包容和空间。只有这样，学生工作才能像科学研究那样在未知世界中探索，才能真正取得突破，真正取得创新性进步。“全数据管理”是相对于传统“硬性管理”而言。相当一个时期内，学生工作在一定程度上被置于条文式管理之下，许多事项都必须按照既定的要求和规范进行推进。正因为条条框框较多，工作人员也往往墨守成规。然而问题在于学生工作不同于其他工作，学生工作部门也不同于其他党政机关，学生工作人员也不同于其他工作人员。从事学生工作的人员在业务上除了处理行政事务之外，更多还具有教师身份、肩负着教师职责。他们是科学知识的传播者，是学生成长的领路人，他们需要将教师自己的所学、所感通过有形的或“润物细无声”的方式传递给广大学生，以使学生获得更多对于自身和外部世界的认识，也需要将学生本人的所见、所闻通过一系列分析、判断，按照社会发展的一定需要和约定俗成的一些标准来进行引导和教育，正所谓“师者，传道、受业、解惑也”。此外，对于教师队伍的建设和管理与学校其他职工相比也有其特殊性，尤其是需要把握教师的个性化需求和特点，争取在最大程度上发挥其积极性和主动性，以此来增加学生工作的活力和创造性。因此，进行全数据管理就显得十分必要。

当前，要进一步做好学生工作，必须调动广大从业者工作热情，共同开创充满活力与创造力的学生工作新局面。通过全数据管理平台，学校得以对原有的学生工作评价管理体系进行优化升级，广大辅导员队伍的工作积极性势必会在全新评价体系中得以充分调动和激活。在此作用下，辅导员个体活跃将有效激发整支辅导员队伍的群体活跃，进而带动整个学生工作团队的工作热情，甚至辐射到学校建设与管理各个层面。全数据管理高效运行有赖于健全的全数据工作制度，也有赖于有效的全数据奖惩体系。高校管理者要在引入全数据管理的同时，进一步制定和完善相关配套措施，为大数据下学生工作发展开创活跃高效的新环境与新局面。

2. 学生大数据的混杂性管理

团队凝聚力是影响学生工作办事效能的重要一环，因此创建学生工作的优质发展空间变得格外重要。在大数据背景下进一步拓展和建设学生工作发展空间并非易事，它需要许多不同层面发展空间的相互作用和有机融合。要想在学生工作中建立混杂性组织并使其有效运转，必须明确个人发展空间、团队发展空间以及混杂性三者之间的对立统一关系。个人发展空间是创建团队发展空间和混杂性的前提和基础，正是许多个人发展空间的碰撞、作用和互动才结合成为混杂性发展空间。同时，学生工作重要任务也在于不遗余力地鼓励和支持个人发展空间的拓宽与发展，并试图凝练出足以超越并统摄所有个人发展空间的混杂性，随后再作用于所有个人发展空间，进而将个人的、团队的和混杂性的发展空间相互结合起来，以一种协同创新的状态激发出学生工作的无限活力。

通过上述分析，我们得以明确学生工作的团体发展空间和混杂性发展空间均基于个人发展空间的建立和互动。在此过程中，第一步，引导学生工作从业人员摆脱对确定性目标和固化思维的依赖，创造主体内心对于未知世界的好奇与想象，以此来调动广大教师每个个体的激情与动力。第二步，学生工作者要支持和鼓励每个学生进行积极的自我探索与潜力挖掘，并因人而异、因材施教地对其进行引导和帮助，进而在师生之间搭建起真实有效的信任基础和沟通桥梁，营造出同为一体的和谐关系。第三步，充分运用全数据管理为在校学生营造出良好的学习氛围和成长环境，使其能够在有序的竞争机制和和谐的人际关系中保持源源不断的创造活力。同时，在实现个体发展基础上，学生工作任务随即转变为进行适时适度的积极介入，将其逐步引导至团体发展轨道。这一过程实现主要分为三个阶段：首先，要通过全方位、深层次的沟通和交流达到主体之间相互理解与相互信任；其次，要在互帮、互助和互信基础上构建以成长、沟通和交流为核心的学习共同体；最后，借助全数据管理中的评价体系和配套制度来实现整个团队共同进步与合作共赢。而在拓宽团体发展空间后，个人发展也会从中受益，随后则逐渐过渡到学生工作混杂性发展阶段，自下而上的学生交流与互动模式也渐渐生成，学生个体发展与团体发展在自发自觉相互作用过程中协同共进。

3. 学生大数据的相关性管理

把握数据间的相关性必然意味着要树立大局意识和系统思维，增强对事物发展的动态的、整体的掌控能力，将组织或问题置于一个相互联动、相互作用的关系网络之中，在事物诸要素的变化发展中寻求整体的动态均衡与相对和谐。大数据背景下推进学生工作发展，要使得“相关性”理念成为学生工作团队中每个成员所必备的思维能力和工作方法。对于学生工作管理者而言，要在实践探索中对其工作理念和管理方法进行不断的自我反思和革新升级，要深刻把握学生工作所处宏观环境的变化，找准学生工作的任务目标和战略定位，才能真正引领学生工作在正确的道路上健康发展；对于学生工作团队成员来说，要树立“相关性”反思模式，要在明确个人目标的基础上认准自身发展方向，要在把握周身环境的基础上调整自身发展状态，这样才能保证学生工作有条不紊地整体推进。在实践工作中贯彻相关性策略，可以采取以下几个关键性步骤。一要从制度安排层面入手，可以建立相关人员的工作反思机制，如编制和填报反思情况表。学生工作人员可根据个人情况设定反思周期，在学期之初填写工作目标和任务要求，到了期末，对照预期目标反思当前工作，发现偏误及时矫正，以此来将反思理念贯彻到实践中并固定下来。二要组织召开形式多样的以分享交流、学习研究为主题的非正式会议或活动，针对学生工作目标任务、任务要求、战略策略以及实践工作中存在的问题进行反思和总结，不断对教学理念和工作方法进行自我完善和自我教育。三要积极引导每一位学生工作团队成员将工作理念内化于心、外化于行，在日常工作、生活和学习过程中自觉主动地反思“目标与结果”“理念与行动”间的一致性，不断对自身行为进行调试和控制。至此，通过制度养成习惯—反思行为优化理念—贯彻思想调整行为，三个环节亦是三个部分，三者相辅相成、相互作用，最终在大数据基础上建立起顺应发展方向、符合发展要求反思性、相关性的学生工作体系，实现学生工作效能全面提升。

当今时代，包括学生工作在内的高等教育工作已经势不可当地走上了信息化、数据化之路，大数据迅速发展与完善更是为新时代高校学生工作模式转型提供了诸多基础条件、操作平台甚至无限可能。本书以此为背景，探究了大数据背景下学生工作发展趋势，提出若干可行性对策建议，以供广大高校工作者交流借鉴。需要指出的是，大数据下学生工作发展不存在“放之四海而皆准”的套路和标准，在借鉴高校现有成果和模式的同时，最重要的是要结合本校发展实际与师生基本状况，建构一套具有自身特色的学生工作模式，才能更好地服务学生、促进学生的成长成才与全面发展。

第四节　保障体系转型

——以 Z 校为例

在推进以学生为中心的高校学生工作模式转型中，需要构建以学生为中心的保障体系，包括领导体系、组织体系和评价体系。Z 校作为一所教育部与省市共建“一流学科”建设高校，在“三全育人”中，率先开展先行先试，在理论与实践层面开展了一系列探索，取得了很好的示范作用。其“三全育人”机制探索获批省市级重点课题，其案例报送教育部作为优秀推广案例。现以 Z 校为例就保障机制建设做分析。

一、构建育人领导体系

在推进学生工作模式转型中，如何解决好“专任教师、高层次人才、党政干部、辅导员”等多元主体相互割裂难于融合的重要问题，如何解决好各级教师浮于表面难于深入学生、融入学生开展思想政治教育工作的重要问题，是学生工作模式转型的关键。高校可以发挥党委统领这一优势，强化顶层设计，围绕问题，以强化领导体系建设为突破口，推进以学生为中心的工作模式的体系建设。

以 Z 校为例：

学校党委要充分发挥把方向、管大局、保落实的重要作用，通过将育人共同体的构建融入“三全育人”的具体实践中，强化顶层设计、做好统筹规划，推动办学治校各领域、教育教学各环节、人才培养各方面和保障机制各层面的育人力量协同协作、互联互通。在实际运行中，高校可以将“以学生为中心”作为领导体系建设改革的立足点，建立校、院两级党政委班子构建决策领导小组，带动形成示范引领体系，通过组织部门、人事部门、教学部门、学生工作部门形成政策领导小组构建政策驱动体系，以院系学生工作、教学工作平台联动领导小组打造平台协同体系，以此形成“三维协同”的“三全育人”新领导格局。如图 6-17 所示。

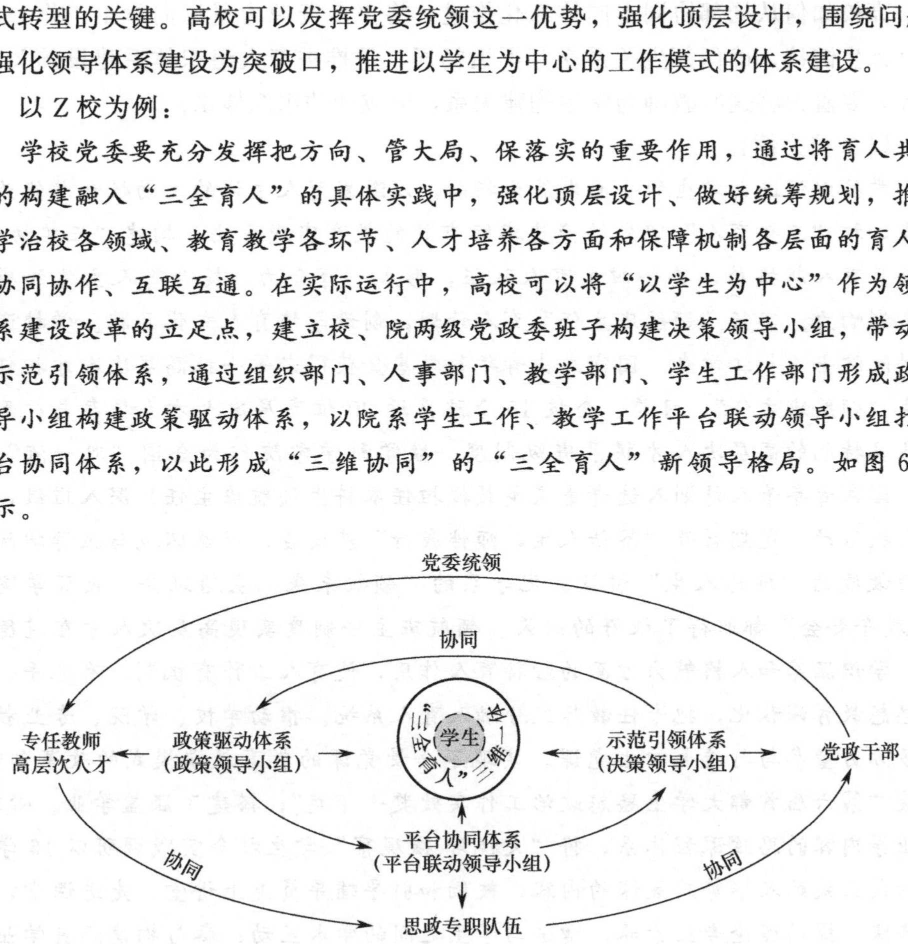

图 6-17　“三维协同”的“三全育人”领导体系示意图

围绕示范引领体系，统筹出台相应的制度政策，建立联系班级制度，有效促动各级干部深入班级联系学生，起到示范引领带动作用；围绕政策驱动体系，学校政策领导小组专任教师、高层次人才的重要指标，学校教务部门可以将参与班主任工作核算工作量，学生工作部门对专任教师即部门内担任班主任人员纳入专项培训计划；围绕平台协同体系，联动领导小组可以将建立学生发展工作室，推出专任教师研究学生问题项目作为抓手，以此为各级教师参与育人工作构建有效平台，建立起“以学生为中心”的高校学生工作模式运行的领导体系。

二、构建育人组织体系

高校如何从局部协同走向体系化推进，将更多资源力量压向学生工作一线，做好师生链接，确保师生关系交互渠道畅通，是推进育人组织体系建设的关键。因此，要着力将这些教师与学生构建关系，形成新的组织体系。

以Z校为例：

学校以促进大学生的全面发展为指向，以激发育人主体的主动性和潜能为出发点，把“三全育人”理念转换为实际有效的教育实践方法，构建“三维协同”的全员育人新格局，整合四支育人队伍，形成德育合力，提升育人主体的感染力、影响力。实行“领航班主任”育人计划，创设学校育人文化品牌。学校邀请中科院院士、长江学者、国家杰出青年科学基金获得者等一批高层次人才担任本科生“领航班主任”，目前，全校10个院系近20位高层次人才直接参与，形成了各具特色的高层次人才联系班级制度，数学科学学院作为全国“双一流”学科，国家青年千人计划入选者童庆龙教授担任本科生领航班主任，深入班级，参与班级活动，定期召开“茶话人生，师伴我行”座谈会，资源环境与旅游学院宫辉力教授的“诗与人生”讲坛、化学系的“领航未来”主题班会、教育学院的“教授午餐会”都取得了很好的效果。领航班主任制度实现高层次人才在道德修养、学识涵养和人格魅力方面的独特育人作用，使育人工作有机制、有抓手。推动思想教育课程化，把专任教师充分融入育人系统。推动学校、学院、专业教师等多方力量参与打造大学生党课，实现了全景党课的教育教学模式的改革创新，荣获“第六届首都大学生思想政治工作实效奖一等奖”；搭建了涵盖学业、心理、就业等内容的思政课程体系，将“大视野 微观察”学生社会实践调研以16学时的形式正式纳入形势政策课的内容，鼓励和引导辅导员走上讲堂，走进课堂，听课评课，提高理论专业素养，增进与学生之间的学术互动；参与构建涵盖学业就业、心理健康、国防教育等思政教育课程体系；加强师德师风建设，讲好立德树人故事，开展“我最喜爱的教师”“我的导师·我的师门”评选活动，积极推动教书与育人相统一，言传与身教相统一，提升专业教师的育人意识与育人能力。搭建育人实践平台，促进专任教师与思政专职队伍育人协作互补。学校以大学生综合素质提升为根本出发点，充分发挥专业教师学科优势，积极吸纳专任教师参与到大学生的科研赛事、实践实习，全面参与大学生“大视野 微观察”、大学生综合素质提升科研立项等社会实践调研、学术训练项目的指导。每年有近300位专任教师参与到学生科研立项的指导之中，有近200名学生参与到学生各类学科竞赛，有近200名教师参与到学生的阅读演讲比赛和微课大赛的指导之中。同时专任教师主动加入到大学生学业指导的工作之中，通过开展学业咨询、读书沙龙、科研讲座等活动，主动走近学生，了解学生，关爱学生，以良好的师德风尚引领学生的成长发展。此外，专任教师还亲自参与到大学生社会实践的具体指导工作之中，每年有近100名教师带领学生实践团队，奔赴祖国各地，与学生们同吃同住，共同开展实践，于无声中切实发挥育人作用。

三、构建育人评价体系

高校要逐步摒弃传统的单一评价体系，将师生关系作用、育人作用、协同作用、学生体验和学生获得感等作为评价指标，才能真正推动高校学生工作模式转型。

以Z校为例：

1. 将师生联系紧密程度作为评价标准。在学校、院系两级领导班子成员普遍联系班级、直面学生的带动下，学校形成了全员育人的浓厚氛围，200余名党员领导干部以座谈会、主题班会、一对一访谈等形式与学生交流互动；以知名学者教授为主体的领航班主任牵头，开展了形式多样、内容丰富的学术报告、文化沙龙等活动，发挥了重要的示范、引领作用；广大专任教师深度参与学生学习学术、思想政治教育、校园文化建设和社会实践等各种类型的学生生活中。

2. 将教师育人主动性作为评价标准。除课堂教学外，每年有400名左右专任教师还更加主动地参与学生科研立项、各类学科竞赛、阅读演讲比赛、微课大赛等学术文化活动的具体指导工作，主动参加大学生学业指导与学业帮扶，通过开展学业咨询、读书沙龙、科研讲座等活动，主动走近学生，了解学生，关爱学生，以良好的师德风尚引领学生的成长发展。此外，每年有100名左右专任教师作为带队和指导教师亲自参与到大学生社会实践活动，奔赴全国各地，与学生们同吃同住，共同开展实践，于无声中切实发挥育人作用。教师与学生共同受益，共同成长。

3. 将各级部门协同育人效果作为评价标准。深度构建全员育人新格局，一个重要的体现就是学校把更多资源、更大力量压向育人工作一线，打通育人各个环节中存在的梗阻与壁垒，有效整合各部门、各院系的育人力量，着力打造思政育人共同体，推动了高校机关部门之间的育人协同工作。教务教学管理、党委职能部门、学工、群团、后勤保障等部门，在整体育人上协力携手，深度协作，逐步消除了单打独斗、各自为战的工作局面；学工部门具体工作与马克思主义学院理论课教学深度融合，共同打造“红色地图”学生社会实践品牌项目，推动“辅导员进马院课堂”，共同举办大学生骨干人才培养培训等；通过大力推动23个辅导员工作室建设，把辅导员、专任教师、行政教辅人员、优秀校友等群体纳入一个育人整体，推动大学生思想政治教育工作模式转型。

4. 将立德树人效果作为评价标准。通过构建全员育人新体系和新格局，使学校立德树人工作更加贴近学生需要，更为精细深入，提高了育人实效。在学校“六个融入”（曾获北京市大学生思想政治教育实效奖一等奖）整体育人理念的指导下，实施了“六个精细化”，通过“一对一”深度辅导、进宿舍进班级进网络、召开座谈会等形式，推动辅导员深入学生、联系学生；推动学校、学院、专业教师等多方力量参与打造大学生全景党课模式，工作成果“把根扎在中国大地 把初心讲进学生心里——Z校开展全景党课的工作探索”获得北京市大学生思想政治教育实效奖一等奖。图6-18为Z校学院辅导员工作室建设示例。

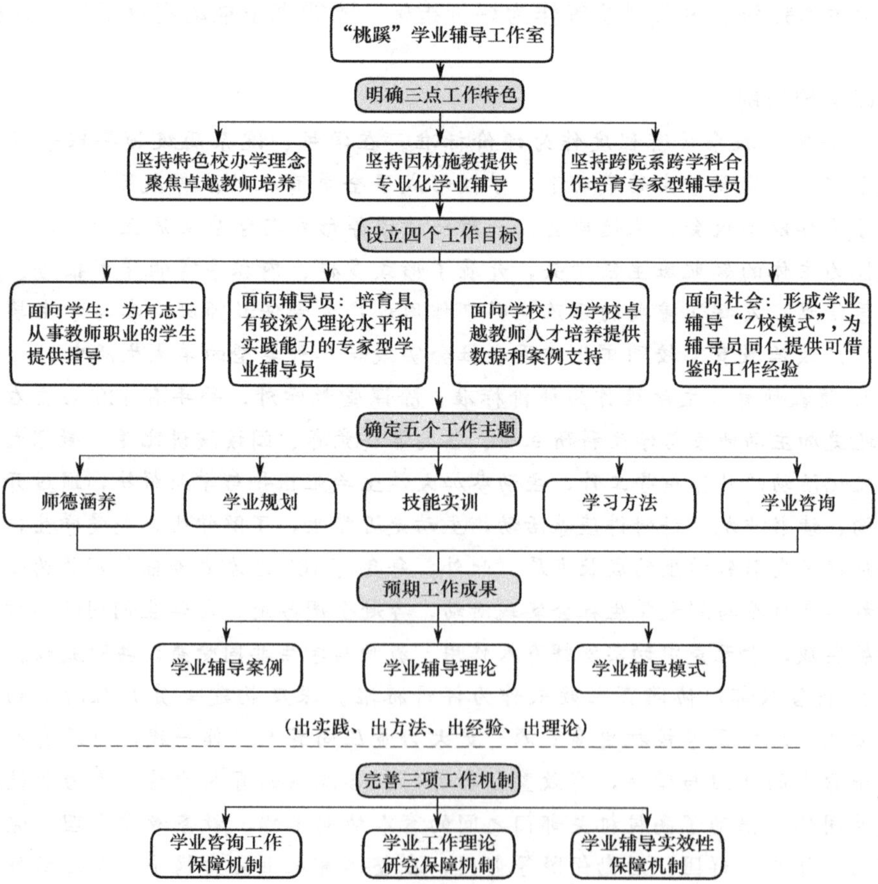

图6-18　Z校学院辅导员工作室建设示例图

结　语

我们处在世界百年未有之大变局和中华民族伟大复兴之战略全局，开启了全面建设社会主义现代化国家新征程，这是承前启后、继往开来的新时代。新时代提出新要求，新时代提出新使命，具体到高等教育领域，要立足新发展阶段，实现高质量发展。作为高等教育实现高质量发展载体的高校，全面落实立德树人根本任务，扎根中国大地，培养社会主义建设者和接班人，是其时代之责和历史使命。与之相对应的是，高校学生工作模式也要紧跟时代发展潮流，积极回应时代需求，在向"以学生为中心"转型中履行职责、完成使命。

一、运用系统的科学思维考量新时代学生工作

人的思维方式决定了人的行为方式，学生工作者的思维方式同样影响着他们的行为方式。我们有怎样的思维就会有怎样的行为。在面向学生开展学生工作中，我们需要从人对时代的理解把握，对自身的认知，以及对自己未来的预期做出系统的设计，在这一过程中必须要摒弃简单的改造思维。改造思维更多地认为人是存在错误认知的，人是需要被修正的，这种思维决定了我们面向学生时，更多采取的是"输入—更改—再造"的修正模式。这种简单思维模式面向实际工作的时候，我们获得更多的是低效率的接纳甚至是抵触。而另一种塑造思维，是指人天然的选择，我们在天然选择基础上的不断滋养，让人的自身动力发挥更大的主导作用，也就是"自生—助长—成长"的塑造模式，这种系统化的思维塑造模式，一定意义上让学生成了主动的思想自我修复者。运用现代的科学方法开展新时代学生工作。各级学生工作者要处理好教育方法和教育目的的辩证关系。方法是做好工作的重要手段，思维、理论最终要依托科学的方法来实现。在推进学生

工作科学化发展中，要注重因材施教，遵循“一把钥匙开一把锁”原则，精准把握学生思想发展状况，运用符合学生发展规律的教育方法开展差异化引导，创新教育形式。

二、关注学生权力，促进学生工作模式从集权走向适度分权

长期以来，无论是在学者还是在管理者视野中，对于高校内部行政权力、学术权力的研究探讨从未间断。相对于行政权力和学术权力的研究，高校对于学生权力给予的关注和研究不多。但是，随着教育规模的扩大，学生自我发展意识的增强，特别是受到网络文化以及大数据发展的影响，无论是学生本人、家庭还是社会对于学生权力的关注和维护都在进一步加强。教育规模的扩大，给高校学生工作的内外部环境带来了新的不确定性，学生工作面向学生发展的需求日趋复杂，种类繁多，致使学生工作集中决策、集权管理变得越发困难。同时，学生自我发展意识的增强，促使学生更加遵循自我的兴趣、爱好以及自我成长发展的需求，在这一个过程中，学生对自我发展权力的维护迫使学生工作需要融入更多的学生元素。此外，网络文化以及大数据的发展，使得权力更加透明，学生、社会对于学生在校享有的支持、获得的发展较之以往更加清晰，高校学生工作集中管理的方式显然已经不能适应学生工作发展需要。为了适应环境的变化，更好地尊重维护学生权力，高校学生工作在组织构成上逐步从单一的决策方式发展成为多级、多个学生发展决策的中心，并逐步使得更多学生参与其中，逐步使学生工作组织决策从集权决策走向多元分散决策。

三、关注资源配置方式，促使学生工作模式从控制为主转向支持为主

对学生发展提供资源支持，是高校学生工作促进学生公平发展的一种有效方式。在资源相对匮乏阶段，对有限资源进行控制，从而发挥其最大效率，是一段时期高校学生工作对资源配置的主要策略，在这种策略驱动下，资源配置方式采取了分配方式。随着国家对高等教育投入力度的加大，以及高校对于发挥资源效力的充分认识，越来越多的资源将从分配方式转向按需供给的方式，资源与学生需求的匹配度将会得到进一步提升。对于资源配置方式的关注，将会极大促进学生工作部门及其成员将更多的精力用于资源与学生需求的合理匹配上，带来的将是对学生工作深入的分析研究，对学生工作发展规律的科学探索，最终使得各种资源通过学生工作构建的各类平台与所需的学生建立起对接关系。鼓励高校学生

工作组织和成员从以往的资源分配者转换为资源开发与资源有效对接的管理者，从而助力学生能更加有效利用资源促进自我成长，这将成为学生工作的组织和成员的主要任务。

四、关注学生主体作用的发挥，促使高校学生工作模式适变成为常态

让学习者成为学习主人，这是高校所有工作的关键也是根本，只有充分调动学生的积极性，学习效果才能得以体现。一段时间，高校学生工作以管理者为主导，采用强有力的管理措施，使得学生被动参与到学生工作的各种教育活动之中，学生尽管也有一定的变化，但由于缺失学生的主动参与，这种变化效果往往有限。对于学生工作模式而言，由于固有方式便于管理、利于管理者实施，因此长期以来学生工作模式处于一种固化状态，较少变化。未来，高校学生工作要将学生主体作用发挥作为重要评价指标，要注重将学生引领到学习发展的各种平台之中，构建有利于学生发展的学习共同体。通过发挥学生主体作用，促使高校学生工作模式在适应学生变化中不断做出调整，从而使得学生工作模式从静态不变转向动态适变。

行文至此，对于高校学生工作模式转型的探讨意犹未尽，但思考路径已逐渐清晰。立足新阶段、面向新时代，以学生为中心，支持学生发展，注重维护学生权力，注重构建学生需求导向的资源配置方式以及充分发挥学生主体作用，是高校学生工作模式转型之基、存在之本。

附件一

高校学生工作模式运行现状调查（教师版）

亲爱的高校学生工作同仁：

您好！

为了更好推动高校学生工作模式组织转型，提升高校学生工作的育人实效，本问卷拟对高校学生工作模式运行现状进行调查，问卷采用匿名方式作答，您所填写的内容仅为学术研究所用，敬请放心。请您结合个人实际情况认真仔细填答，填答时间大约需要6分钟，衷心感谢您的合作与支持！

1. 您所在学校名称：__________

2. 您的岗位角色__________

A. 院系辅导员　　B. 院系副书记

C. 学生工作相关部（处）正职　　D. 学生工作相关部（处）副职

E. 学生工作相关部（处）辅导员　　F. 学校其他部（处）正职

G. 学校其他部（处）副职

3. 您认为您所在高校的组织形态更倾向于哪一种结构__________

A. 垂直科层式结构（如下图示）

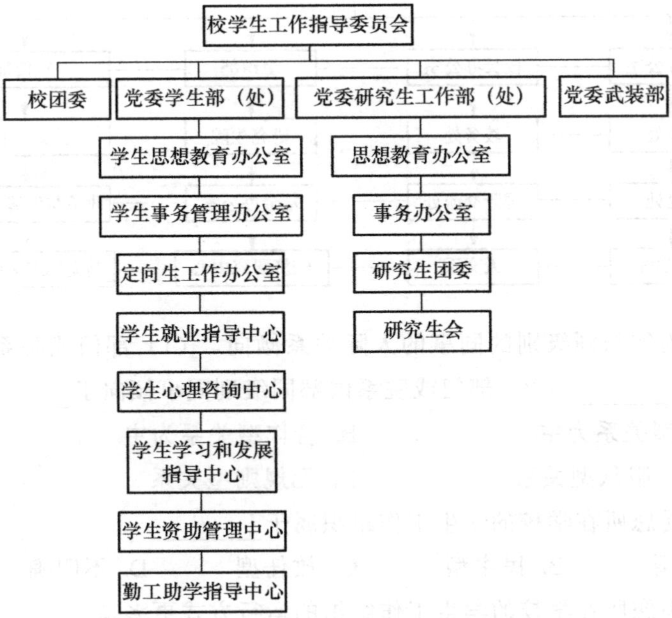

B. 横向职能型结构（如下图示）

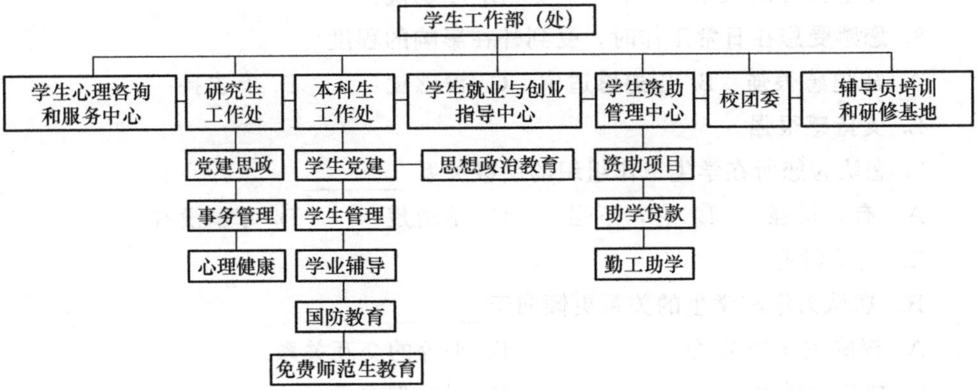

C. 矩阵式结构（如下图示）

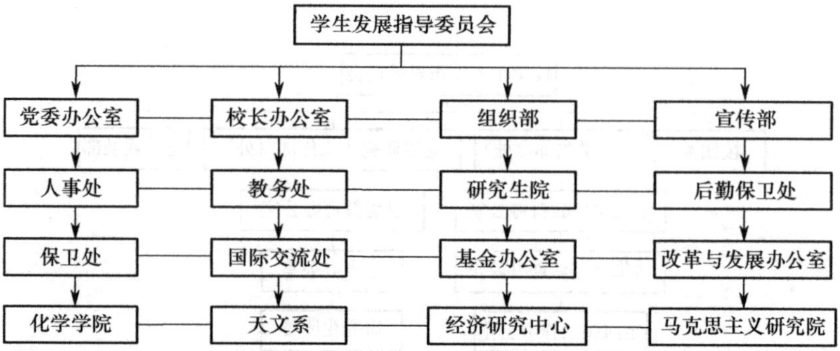

4. 您认为您与同级别的同事的人际关系倾向，（1）部门或院系之间同级别同事倾向于________，（2）部门或院系内部同级别同事倾向于________

A. 竞争型关系为主　　B. 合作型关系为主

C. 主导—服从型关系　　D. 无规则型关系

5. 您感受您所在学校的学生工作组织属于________

A. 命令型　B. 民主型　C. 放任型　D. 不明确

6. 您认为您所在学校的学生工作组织的运行方式更多是________

A. 从上到下　B. 从下到上　C. 上下结合的　D. 不明确

7. 您认为您与您的直接上一级同事的关系更多是________

A. 领导与被领导的关系　　B. 平等合作的关系

C. 专业指导的关系　　D. 不明确

8. 您感受您在日常工作时，受到外在影响的程度________

A. 压迫感很强　B. 压迫感适中　C. 没感觉　D. 有支持

E. 支持感很强

9. 您认为您所在学生工作组织的层级关系________

A. 有，很强　B. 有，不强　C. 不清楚　D. 基本没有

E. 完全没有

10. 您认为您和学生的关系更倾向于________

A. 权威主导型关系　　B. 平等的交互关系

C. 放任型关系　　D. 对抗型关系

11. 您感受您周围同事开展工作时更多倾向于________

A. 以自己的感觉为主　　B. 注重学生的感觉

C. 注重学生的收获　　D. 注重完成上级任务

12. 您认为您所在学校学生工作的活动遵循的指导思想更多倾向于________

A. 上级要求　　B. 学生需求　　C. 学校要求　　D. 不明确

13. 您是否认为学生的意见才是最为关键的，哪怕有些时候有些偏激________

A. 十分认可　　B. 比较认可　　C. 一般认可　　D. 不认可

14. 您感受用于学生方面的资源是否充足________

A. 十分充足　　B. 比较充足　　C. 一般充足　　D. 不充足

15. 您认为您所在学校向学生提供的支持是否可以满足学生需求________

A. 完全能满足　　B. 基本满足　　C. 不能满足　　D. 很少能满足

16. 您认为您所在学校给予学生的资源配置属于哪一类型________

A. 典型的指标分配型　　B. 指标分配与学生需求结合型

C. 以学生需求为主　　D. 完全依据学生需求提供丰富支持

17. 您认为您所在学校的学生参与活动的自主程度________

A. 不存在自主参与，必须要求才会参加　　B. 要求参加与自愿参加结合

C. 多数情况下是自愿参加　　D. 完全自愿参加

18. 您认为学校面向学生的工作，学生是否有机会参与决策________

A. 有，都会参与　B. 有，经常参与　C. 有，偶尔参与　D. 没有机会参与

19. 您所在学校的学生是否关注自己在校的权益________

A. 十分关注　　B. 一般关注　　C. 偶尔关注　　D. 从不关注

20. 学校在做工作时是否采取调查和座谈的方式听取学生意见________

A. 是，都会听取　B. 是，经常　　C. 是，偶尔　　D. 从不听取

21. 您认为在日常工作开展过程中，自己的变通性________

A. 非常好　　B. 比较好　　C. 比较不好　　D. 非常不好

22. 您认为在日常工作开展过程中，自己的组织能力________

A. 非常好　　B. 比较好　　C. 比较不好　　D. 非常不好

23. 当遇到问题时，您倾向于使用何种方式解决问题________

A. 自己解决　　B. 咨询上级领导解决

C. 自己协调各个部门解决　　D. 暂时搁置

24. 您与您的上级领导或下属进行除工作外的内容探讨频率为________

A. 一周 1～3 次　B. 一周 3～5 次　C. 一周 5 次以上　D. 几乎不探讨

25. 您觉得您和学校的联结________

A. 强　　B. 较强　　C. 较弱　　D. 弱

26. 您认为您在上班过程中有效工作时间占比为________

A. 80%～100%　　B. 60%～80%　　C. 40%～60%　　D. 40%以下

27. 在工作过程中，您可以获得“工作支持感”与“工作掌控感”________

A. 是　　　　B. 否

28. 在工作过程中，一般情况下，您所感知到的工作压力为________

A. 80%～100%　　B. 60%～80%　　C. 40%～60%　　D. 40%以下

29. 当您在工作推进过程中遇到阻碍时，曾有过向上级领导（科长、副书记、学工部长）的咨询经历

A. 是　　　　B. 否

30. 您在现在的岗位上，可以感受到很强烈的职业幸福感________

A. 是　　　　B. 否　　　　C. 一般

31. 您认为您所在的学校关注学工干部成长，有很多类型的培训可供选择________

A. 是　　　　B. 否　　　　C. 一般

32. 您认为您所在的学校为学工干部发声提供了渠道，我可以畅所欲言________

A. 是　　　　B. 否　　　　C. 一般

33. 您认为您的学校在____________上的资源配置仍需改善

34. 您所在的学校会强制学生参加活动或工作，如____________

35. 您认为您的学校在____________的活动或工作中，遵从学生的意愿

36. 您与上级领导的关系（请从0～100打分，分数越高，代表关系越好）____分

37. 您期望与上级领导的关系（请从0～100打分，分数越高，代表关系越好）____分

38. 您与学生的关系（请从0～100打分，分数越高，代表关系越好）____分

39. 您期望与学生的关系（请从0～100打分，分数越高，代表关系越好）____分

40. 您认为您与当前职业的匹配度为（请从0～100打分，分数越高，代表关系越好）____分

41. 如果让您为您所在的学校学生工作进行打分，您的打分是（请从0～100打分，分数越高，代表关系越好）____分

答题结束，再次衷心感谢您的支持！

附件二

高校学生工作模式运行现状调查（学生版）

亲爱的同学：

您好！

为了更好推动高校学生工作模式组织转型，提升高校学生工作支持学生发展的实效性，现对高校学生工作模式现状进行调查，请根据您自己的真实心理感受和亲身体验，认真回答以下问题。本问卷采用匿名方式作答，您所填写的资料，仅为学术研究所使用，敬请放心。感谢您的合作与支持！

第一部分　基本信息

1. 性别：A. 男　B. 女

2. 您所在的学校：__________

3. 您所在学校类别：__________

A. 综合类　B. 理工类　C. 师范类　D. 其他______

4. 您所在的年级：__________

A. 本科一年级　B. 本科二年级　C. 本科三年级　D. 本科四年级

5. 您的政治面貌：__________

A. 党员　B. 团员　C. 群众　D. 其他

6. 您是否担任过学生干部？

A. 担任过校级学生干部　　B. 担任过院系学生干部

C. 担任过班级学生干部　　D. 未担任

7. 读大学前，您家所在地属于：

A. 直辖市　B. 省会城市　C. 地级城市　D. 县城　E. 镇区　F. 农村

8. 您是否获得过奖学金？A. 是　B. 否

9. 您是否申请过助学贷款？A. 是　B. 否

10. 您认为您所在学校学生工作组织结构类型为：

A. 垂直科层式结构（如下图示）：行政组织纵向垂直分工

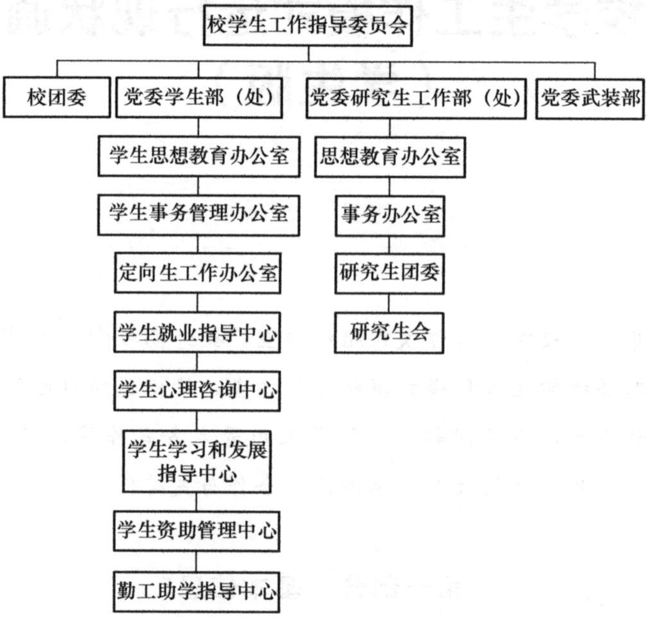

B. 横向职能型结构（如下图示）：各种职能部门分别承担某一管理职能

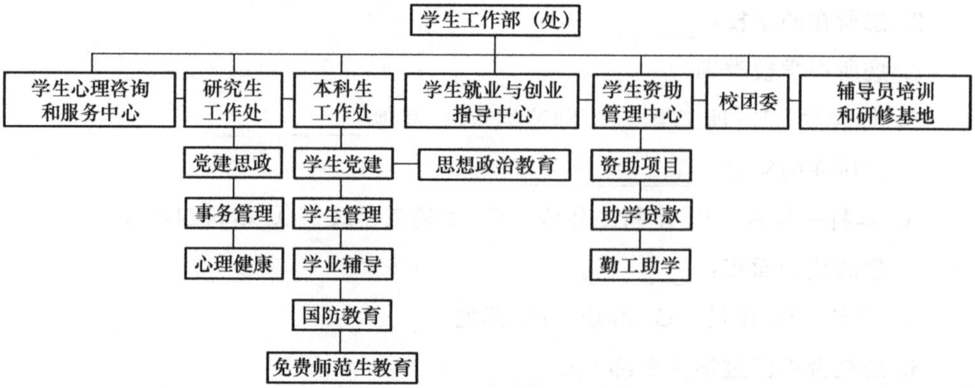

C. 矩阵式结构（如下图示）：在纵向垂直领导系统上建立横向领导系统

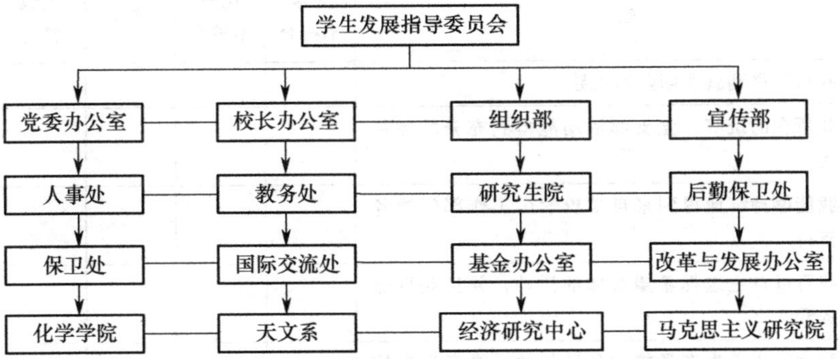

D. 不清楚

第二部分　高校学生工作模式运行现状评价

请您对所在高校学生工作模式运行现状进行评价，1. 完全不符合 2. 比较不符合 3. 符合 4. 比较符合 5. 完全符合。在符合的选项画“√”。

序号	题目	完全不符合	比较不符合	符合	比较符合	完全符合
1	我所在的学校组织机构完备，分工明确，我遇到问题可以联系到对应的老师					
2	我所在的学校不同部门之间能够相互配合，共同解决我所遇到的问题					
3	我的老师可以迅速掌握有关信息，准确及时地处理我的问题					
4	我了解学校学生工作组织各部门的办公地点					
5	我知道学校学生工作部门发布信息的渠道					
6	我所在的学校对学生的管理合理高效					
7	我所在的学校师生关系较为平等，我能够向老师表达自己的想法					
8	我和教师的交往中，教师比较关注我的感受					
9	我所在的学校有大量丰富的活动供我选择，能够满足我不同阶段的需求					
10	我提出的意见会得到有效反馈					
11	我能够在学校获得个性化的学习指导					
12	我可以得到心理健康方面的咨询与指导					

续表

序号	题目	完全不符合	比较不符合	符合	比较符合	完全符合
13	我可以得到就业创业的指导					
14	我所在的班级、党支部活动能得到充分的经费支持					
15	我能够持续地得到来自学校学生工作部门的各种支持					
16	我可以自主选择希望参加的活动，并且获得能力提升					
17	我会关注学生在学校的各种权益，愿意为学校发展建言献策					
18	我认为学生组织在学校发展中具有积极的推动作用，我愿意为学校贡献一份力量					
19	我所在的学校会通过调研、座谈会等形式了解学生的意见					
20	我在学校感受到压力					
21	我常常因为学校通知变通性差而失去参与动力					
22	我愿意在我所在的学校学习更多的知识					
23	我愿意在我所在的学校参与更多的活动					
24	我所在的学校在各类资源配置上都很公平					
25	我所在的学校举办的活动和学生息息相关					
26	我能发挥主观能动性，自由地设计组织活动					
27	我遇到问题时，老师可以为我提供很多种解决问题的方式方法					
28	我认为我的学校在________上的资源配置仍需改善					
29	我所在的学校会强制学生参加活动或工作，如________					
30	我认为我的学校在________的活动或工作中，遵从学生的意愿					
31	我与学校的关系（请从 0～100 打分，分数越高，代表关系越好）					____分
32	我期望与学校的关系（请从 0～100 打分，分数越高，代表关系越好）					____分
33	我与辅导员的关系（请从 0～100 打分，分数越高，代表关系越好）					____分
34	我期望与辅导员的关系（请从 0～100 打分，分数越高，代表关系越好）					____分
35	如果让您为您所在的学校学生工作进行打分，您的打分是？（请从 0～100 打分，分数越高，代表学生工作做得越好）					____分

****答题结束，再次衷心感谢您的支持！****

附件三

“高校学生工作模式现状”半结构式访谈提纲

1. 您对“以学生为中心”是怎么理解的？您认为目前高校学生工作模式符合“以学生为中心”的理念吗？

2. 您认为您所在的学校学生工作模式是“以学生为中心”的吗？具体有哪些表现呢？

3. 您觉得您所在单位（学校或院系）的日常学生工作，是否从学生的发展出发的，是否注重全体学生的发展，是否注重学生的个性发展，是否注重学生的可持续发展，是否发挥了广大教师的主导作用？

4. 您感觉您所在学校学生工作层面是否有哪些工作/机制/安排是体现了“以学生为中心”的？比如：（不仅限）

（1）成立了学生学业指导中心；（2）成立各种围绕学生发展的工作室；

（3）推进各级教师深入学生的制度；（4）围绕学生特征特点开展研究

5. 您认为您所在学校学生工作部门各种计划安排首先考虑的是学生的需求吗？如果不是，您认为一般首先会考虑哪些内容？

（1）上级要求；（2）领导满意度；（3）学校或学院影响力；

（4）教师利益；（5）工作的难易程度

6. 您认为您学校组织的多数学生活动是否会考虑不同背景学生的需求？学校组织的活动您认为学生主动参与的意愿是否比较强烈？

7. 您认为高校学生工作模式如果向“以学生为中心”转型，需要在哪些方面做出调整？比如：(不仅限)

(1) 注重对学生的尊重；(2) 注重根据学生需求给予资源支持；(3) 注重学生的参与；(4) 注重学生工作的效果；(5) 注重学生能力方面的提升

8. 您觉得影响高校学生工作模式向“以学生为中心”转型，主要因素会有哪些？比如：(不仅限)

(1) 领导的认识；(2) 学生工作组织方式；(3) 辅导员的认识；(4) 工作内容

9. 您对构建以学生为中心的高校学生工作模式有哪些好的意见和建议？

附件四

2019 年全国高校学生思想动态滚动调查数据北京高校样本名单

北京大学	清华大学	北京航空航天大学	北京理工大学
北京科技大学	中国传媒大学	对外经济贸易大学	中国人民公安大学
中央戏剧学院	中央民族大学	华北电力大学	中国社会科学院大学
北京工商大学	北京城市学院	北京经济管理职业学院	北京科技职业学院

附件五

2019级新生生活形态调查问卷

亲爱的同学：

您好！

为了解新生的思想、学习和生活等发展状况，为学校人才培养提供支持，为同学们提供更好的服务，特组织本次调查。您填答的信息仅供研究之用，不会以任何形式公开您的个人信息。选择没有对错，请您如实填写。衷心感谢您的支持与合作！

注：如无特别说明，请您在题后的【 】内填写选择的序号或答案。

1. 您的性别是【 】

（1）男　（2）女

2. 您的民族是【 】

3. 您的专业所属学科门类是【 】

（1）哲学　（2）经济学　（3）法学　（4）教育学　（5）文学

（6）历史学　（7）理学　（8）工学　（9）管理学　（10）艺术学

4. 入学前户籍所在地【 】

（1）北京　（2）京外

若选择“（1）”，请继续回答下列提问；若选择“（2）”，请跳过下列提问。

您在读期间预计回家频率【 】

① 每天一次　② 每周两到三次　③ 每周一次

④ 每两周一次　　　⑤ 每月一次

5. 您入学前的户籍在【　】

(1) 城镇　　(2) 农村

6. 您是否为独生子女【　】

(1) 是　　(2) 否

7. 您父母的文化程度，父亲【　】，母亲【　】

(1) 小学及以下　　(2) 初中　　(3) 普通高中

(4) 中等职业/技术/师范学校　　(5) 大专　　(6) 大学本科

(7) 硕士研究生　　(8) 博士研究生

8. 您家庭的一年收入是【　】

(1) 3 万元以下　　(2) 3 万—8 万元　　(3) 8 万—15 万元

(4) 15 万—30 万元　　(5) 30 万—50 万元　　(6) 50 万元以上

9. 您的家庭每月给您提供的生活费是【　】

(1) 500 元以下　　(2) 500—1000 元　　(3) 1000—2000 元

(4) 2000—3000 元　　(5) 3000—5000 元　　(6) 5000 元以上

10. 您的政治面貌是【　】

(1) 中共党员（含中共预备党员）　　(2) 共青团员

(3) 民主党派成员　　(4) 群众

11. 您是否期望在大学期间入党【　】

(1) 是　　(2) 否

若选择“否”，请继续回答下面的提问；若选择“是”，请跳过下面的提问。

请简单写出您不愿意入党的原因：__________

12. 如果您身边的同学积极要求入党，您认为他最主要的动机是【　】

(1) 追求理想和信念　　(2) 寻求政治荣誉感　　(3) 谋求仕途发展

(4) 增强就业竞争力　　(5) 对党的执政地位和执政理念有信心

(6) 其他（请填写）__________

13. 您是否信仰宗教【　】

(1) 是　　(2) 否

若选择“是”，请继续回答下列提问；若选择“否”，请跳过下列提问。

[1] 您信仰的宗教是【　】

① 佛教　　② 道教　　③ 伊斯兰教

④ 天主教　　　⑤ 基督教（新教）　　⑥ 其他（请填写）＿＿＿＿＿

［2］您是否坚持用所信仰宗教的教义指导、规范自己的行为【　】

① 是　　　② 否

［3］您一般在何处参加宗教活动【　】

① 宗教场所内　　② 家庭聚会、朋友小范围组织

③ 个人居所　　④ 其他（请填写）＿＿＿＿＿

［4］您信教的途径【　】

① 受家庭影响　　② 受老师影响　③ 受同学、朋友影响

④ 受网络、新媒体影响　⑤ 受书籍影响　⑥ 受宗教组织及其活动的影响

⑦ 其他（请填写）＿＿＿＿＿

［5］您是否会劝身边同学信教【　】

① 会　　　② 看情况　　　③ 不会

14. 如果在校园里见到了传教行为，您会怎么处理【　】

（1）宗教信仰自由，没什么不对

（2）表示好奇，希望了解一下

（3）依法禁止在校园传播宗教，及时向学校保卫部门报告

（4）与我无关，不予理睬

15. 您能否熟练说出社会主义核心价值观的具体内容【　】

（1）能　　（2）不能　　（3）只能说出部分内容

16. 您对社会主义核心价值观内容感受最深刻的是【　】【　】【　】（限选3项，请按重要程度排序）

（1）富强　（2）民主　（3）文明　（4）和谐

（5）自由　（6）平等　（7）公正　（8）法治

（9）爱国　（10）敬业　（11）诚信　（12）友善

17. Z校是否为您的第一志愿【　】

（1）是　　（2）否

18. 您目前的专业是否为您的第一志愿【　】

（1）是　　（2）否

19. 选择现在专业您依据的是【　】【　】【　】（限选3项，请按重要程度排序）

（1）个人兴趣志向　　　（2）就业前景好

(3) 父母或老师的建议　　　(4) 优势的学科资源
(5) 调剂专业　　　(6) 学费低
(7) 专业便于继续深造　　　(8) 同伴影响
(9) 其他__________

20. 目前所学专业是您期望的选择吗【　】
(1) 同期望一致
(2) 基本符合自己的期望
(3) 完全不一致

21. 您是否有清晰的学业目标【　】，是否已对大学四年的学业发展做了合理规划【　】
(1) 是　　(2) 否

22. 您是否有转专业意向【　】
(1) 是　　(2) 否
(若选择“是”，请继续回答下列提问；若选择“否”，请跳过下列提问)
请选择转专业的原因【　　】(可多选)
①兴趣指引　　②专业的就业前景　　③ 原专业学习难度过高
④他人影响　　⑤个人学术潜质

23. 在今后的考试中，如果有同学希望在考试中作弊互相帮忙，您是否会愿意帮忙【　】
(1) 朋友之托义不容辞
(2) 虽然很不情愿但还是会帮助同学
(3) 视当时考场和自己试卷完成情况而定
(4) 违纪行为坚决反对
(5) 说不清楚

24. 您最喜欢的作家【　　　　】，国籍【　　　】

25. 对您影响最深的一本书【　　　　】，作者【　　　】

26. 您闲暇时间的主要活动是【　】【　】【　】(限选3项，请按重要程度排序)
(1) 网络活动：追剧、网聊、网游、网购等
(2) 社交活动：聚餐、唱歌KTV、泡吧、逛夜店等
(3) 休闲活动：听音乐、旅游、摄影等

（4）学习活动：看书、自习、参观展览等

（5）文化活动：社团活动、社会实践、志愿服务等

（6）体育运动：健身、跑步、瑜伽等

（7）减压活动：睡觉、发呆等

（8）其他__________

27. 您对上课玩手机、上网等现象的看法是【 】

（1）不应该有的现象，不会在课堂上玩手机

（2）只要不影响其他人就会玩

（3）只要不影响自己的学习成绩就会玩

（4）只要老师不反对就会玩

（5）信息智能化社会，每天上课都不能避免玩手机、上网

28. 您现在平均每天玩手机、上网时长大概是【 】

（1）2 小时以内　　（2）2—4 小时　　（3）5—7 小时

（4）8—10 小时　　（5）10 小时以上

29. 您上网经常使用的平台或者 App 有【 】【 】【 】【 】【 】（限 5 项，请按使用频率排序）

（1）社交类：微信、微博、QQ 等

（2）休闲类：抖音、快手、全民 K 歌等

（3）学习类：学习强国、扇贝、百词斩等

（4）购物类：淘宝、京东、小红书、拼多多等

（5）游戏类：和平精英、王者荣耀等

（6）视听类：哔哩哔哩、爱奇艺、酷狗音乐、喜马拉雅等

（7）旅行类：携程、去哪儿网、马蜂窝等

（8）生活类：饿了么、美团、大众点评等

（9）运动类：Keep、咕咚等

（10）美颜类：B612 咔叽、Faceu 激萌、美图秀秀等

（11）知识类：知乎、豆瓣、今日头条等

（12）其他 __________

30. 您希望未来过上怎样的生活【 】【 】【 】（限选 3 项，请按重要程度排序）

（1）有温暖的家庭和知心好友

(2) 收入丰厚、实现财务自由
(3) 获取学业上的更高成就，继续深造
(4) 自由职业，做自己喜欢的事
(5) 拥有稳定的工作，平平淡淡
(6) 努力赢得更高的社会地位
(7) 投身教育事业，帮扶他人
(8) 嫁给高富帅/迎娶白富美
(9) 潜心科学研究，造福人类
(10) 受到众人的追捧和关注
(11) 其他 ________

31. 您认为获得成功最重要的条件是【 】
(1) 个人奋斗　(2) 良师指导　(3) 家庭背景
(4) 良好机遇　(5) 社会关系　(6) 其他________

32. 您期望未来获得的最高学历是【 】，父母对您的最高学历期望是【 】
(1) 本科毕业　(2) 硕士毕业　(3) 博士毕业

33. 大学毕业后预期发展方向【 】
(1) 读研　(2) 求职　(3) 留学　(4) 创业
(5) 服务西部　(6) 自由职业

34. 您期望未来从事的工作单位性质是（单选）【 】
(1) 党政机关　(2) 国有企业　(3) 民营企业
(4) 三资企业　(5) 创业　(6) 科研院所
(7) 高等院校　(8) 中小学校　(9) 幼儿园
(10) 其他事业单位　(11) 自由职业　(12) 暂无打算

35. 大学入学前是否有恋爱经历【 】
(1) 是　(2) 否

若选择“是”，请继续回答下列提问；若选择“否”，请跳过下列提问。
[1] 您第一次谈恋爱的年龄是【 】
[2] 到目前为止您共有几次恋爱经历【 】

36. 现在是否正在恋爱中【 】
(1) 是　(2) 否

37. 您对大学期间谈恋爱的看法是【 】
(1) 上大学一定要谈一场恋爱
(2) 顺其自然，遇到合适的可以谈
(3) 以学业为主，大学期间不谈恋爱
(4) 其他（请填写）__________
38. 您对同性恋的看法是【 】
(1) 表示理解和接纳
(2) 无法理解和接纳
(3) 表示理解却不接纳
(4) 不理解也不接纳
39. 您对自己未来的发展感到乐观吗？【 】
(1) 非常乐观 (2) 比较乐观 (3) 不知道
(4) 不乐观 (5) 悲观
40. 您入学前是否寻求过心理健康咨询【 】
(1) 是 (2) 否
41. 你现在感到的压力程度为【 】
(1) 没有压力 (2) 有一点压力 (3) 有压力
(4) 比较有压力 (5) 很有压力
42. 您目前的主要压力来自【 】
(1) 父母 (2) 自我期望 (3) 老师
(4) 同学朋友等朋辈 (5) 学业压力 (6) 社会压力
(7) 其他（请填写）__________
43. 在目前的学习生活中，您对以下哪些选项感觉到不适应【 】【 】【 】（限选 3 项，请按重要程度排序）
(1) 离开父母，独立的生活
(2) 与同学、舍友等之间的人际交往
(3) 气候等地理生活环境的变化
(4) 饮食生活习惯的不同
(5) 对所学专业的陌生感
(6) 学业难度
(7) 学业目标不清晰
(8) 其他（请填写）__________

44. 当您感到不安和烦恼时，您往往会找谁倾诉（请在相应选项的空格内打“√”）

倾诉对象	经常	有时	偶尔	从不
(1) 父母				
(2) 兄弟姐妹				
(3) 心理咨询教师				
(4) 专业课老师				
(5) 辅导员				
(6) 班主任				
(7) 学长学姐				
(8) 恋人				
(9) 大学同学、朋友、室友				
(10) 大学外的朋友				
(11) 其他（______）				

45. 您可以用哪些关键词来描述现在的自己：

____

46. 您可以用哪些关键词来描述您眼中的2019级同学：

____

47. 您可以用哪些关键词来描述已经开始的这段大学生活：

____

48. 最想对四年后的自己说的一句话：

____

参考文献

1. 赵中建．全球教育发展的研究热点：90年代来自联合国教科文组织的报告［M]. 北京：教育科学出版社，2000：420-422.
2. 唐纳德・肯尼迪．学术责任［M]. 阎凤桥，译．北京：新华出版社，2002：75.
3. 周永坤．法理学——全球视野［M]. 北京：法律出版社，2000：240.
4. 皮埃尔・布尔迪厄，华康德．实践与反思——反思社会学导论［M］. 李猛，李康，译．北京：中央编译出版社，1998.
5. 陈向明．质的研究方法与社会学研究［M]. 北京：教育科学出版社，2000：103.
6. 斯科特・W. 理查德．制度与组织：思想观念与物质利益［M]. 3版．姚伟，王黎芳，译．北京：中国人民大学出版社，2010：131-132.
7. 斯格特・W. 理查德．组织理论：理性、自然和开放系统［M]. 黄洋译．北京：华夏出版社，2002：183.
8. 武杰．非线性思维与跨学科研究［M]. 北京：中国社会科学出版社，2004：104.
9. 切斯特・I. 巴纳德．组织与管理［M]. 杜建芳，译．北京：北京理工大学出版社，2014：151.
10. 宁虹．教师成为研究者——国际运动、理论、路径、实践［M]. 北京：首都师范大学出版社，2002：16-17.
11. 麦克沙恩、格里诺．组织行为学［M]. 3版．赵卫东等，译．北京：机械工业出版社，2007：247-248.
12. 罗纳德・巴尼特．高等教育理念［M]. 蓝劲松，主译．北京：北京大学出版社，2002：172.
13. 罗伯特・伯恩鲍姆．大学运行模式［M]. 别敦荣，主译．北京：中国海洋出版社，2003：79.
14. 金国辉．教育计划管理［M]. 合肥：中国科学技术大学出版社，1992：15.

15. J. 希恩．教育经济学 [M]. 郑伊雍，译．北京：教育科学出版社，1981：87.
16. 潘懋元．潘懋元论高等教育 [M]. 福州：福建教育出版社，2007.
17. 张楚婷．高等教育学导论 [M]. 北京：人民教育出版社，2010.
18. 中共中央编译局．马克思恩格斯选集（第一卷）[M]. 北京：人民出版社，2012：135.
19. 程星．世界一流大学的管理之道——大学管理研究导论 [M]. 北京：北京大学出版社，2018：52.
20. 罗伯特·伯恩鲍姆．大学运行模式 [M]. 别敦荣，译．北京：中国海洋出版社，2003：7.
21. 杜育红，刘亚荣，宁本涛．学校管理的经济分析 [M]. 北京：北京师范大学出版社，2003：143.
22. 鲍威．未完成的转型：高等教育影响力与学生发展 [M]. 北京：教育科学出版社，2014：170-171.
23. 理查德·L. 达夫特．组织理论与设计 [M]. 王凤彬，石云鸣，张秀萍等，译．北京：清华大学出版社，2003：103.
24. 俞可平．权力政治与公益政治 [M]. 北京：社会科学文献出版社，2000：113.
25. 詹姆斯·N. 罗西瑙．没有政府的治理 [M]. 张胜军，译．南昌：江西人民出版社，2001：55.
26. 迈尔·舍恩伯格维克托，库克耶肯尼思．大数据时代：生活、工作与思维的大变革 [M]. 杭州：浙江人民出版社，2013.
27. 程星．细读美国大学 [M]. 3 版．商务印书馆，2015.
28. 邬大光．什么是“好”大学 [J]. 北京大学教育评论，2018（4）：169-182.
29. 潘懋元．高等教育研究在中国发展的轨迹——为《高等教育研究在中国》（英文本）而作 [J]. 高等教育研究，1998（1）：1-7.
30. 周举坤．“以学生为中心”的高校学生工作适应性思考 [J]，学校党建与思想教育，2020（15）：8-13.
31. 董向宇．识读我国高校学生权力 [J]. 高等教育研究，2012（10）：80-86.
32. 宋丹，刘晏如，赵哲．大学治理中的学生权力审视及其实现路径 [J]，大学教育科学，2019（4）：41-46.
33. 刘阳，马翔宇．美国一流大学学生事务管理的经验与启示 [J]. 世界教育信息，2021（8）：35-37.
34. 邬大光．高等教育大众化理论的内涵与价值——与马丁·特罗教授的对话 [J]. 高等教育研究，2003（6）：6-9.
35. 路德维格·冯·博塔兰菲．通用系统理论：新的达到统一性方法的科学 [J]. 人类生物学，1951（12）：302-361.
36. 李立国．大学治理的制度逻辑：融通“大学之制”与“大学之治”[J]. 华东师范大学学报（教育科学版），2021（3）：1-13.
37. 孙长虹．我国传统思维方式及其影响 [J]. 江西社会科学，2012（4）：8-13.
38. 邬大光．重新认识高等教育研究的存在价值——兼论大学治理中的经验与科学 [J]. 大学教育科学，2020（1）：8-13.
39. 王洁松．“互联网＋”时代高校学生工作的新转变［J］．学校党建与思想教育，2016（11）：78-80.
40. 沈千帆．大数据背景下学生工作的理念变革与实践探索［J］．中国高等教育，2018（3）：39-41.
41. 胡玉翠．创新微信环境下高校学生工作模式［J］．中国成人教育，2016（4）：76-80.
42. 闵辉．大学治理现代化视域下高校学生工作新思考［J］．思想理论教育，2016（1）：98-102.
43. 郭树航．基于现代大学治理模式的学生工作系统运行方式研究［J］．中国成人教育，2015（23）：42-45.
44. 邬贺铨．大数据时代的机遇与挑战［J］．求是，2013（4）：47-49.
45. 盛云，杨连生，段志锦．高校发展型学生工作模式理论研究［J］．教育科学，2014（2）：62-68.
46. 王俊，陆林，王洪涛．构建发展型高校学生工作模式［J］．江苏高教，2010（5）：123-124.
47. 洪文建．高等教育学视角下的发展型学生工作模式研究［J］．教育学术月刊，2013（5）：46-51.
48. 金新利．试析院系主导的高校学生工作模式［J］．学校党建与思想教育，2015（5）：49-51.
49. 李永山．中英高校学生工作的比较及启示［J］．比较研究，2008（8）：61-63.
50. 戴佳朋．生态善治目标下的高校学生工作管理模式探究［J］．中国成人教育，2012（4）：26-27.
51. 吴昌政，邢超．生态体验理念在高校学生工作中的运用［J］．江苏高教，2014（2）：140-142.
52. 吕蚕．略论教育生态学视野下的高校学生工作的创新［J］．中国成人教育，2013（10）：94-95.
53. 许莉娅．专业社会工作在学校现有学生工作体制内的嵌入［J］．学海，2012（1）：94-102.
54. 章羽．学校社会工作：高校思想政治工作的新架构［J］．探索与争鸣，2011（12）：111-113.
55. 唐勇，刘伶俐．社会工作模式介入高校学生管理的理论路径［J］．广州大学学报（社会科学版），2014（13）：65-68.
56. 路琳．试论“一二三”学生工作模式［J］．河南师范大学学报（哲学社会科学版），1996（2）：106-108.
57. 池忠军．构建大学生成才服务保障体系［J］．江苏高教，2001（1）：90-92.
58. 黄晓波．关于研究式学生工作模式的探讨［J］．思想教育研究，2008（5）：10-13.
59. 胡元林．论高校学生工作的现代转型［J］．湖北社会科学，2011（9）：178-181.

60. 王文建．谈契约式管理模式下高校学生管理工作［J］．中国成人教育，2013（9）：48-49.
61. 曾波，王年军，房海宁．大类培养和学分制教育模式下本科生学生工作策略研究［J］．学校党建与思想教育，2014（9）：36-37.
62. 吴铭．质量导向的高校学生工作转型［J］．思想理论教育，2017（3）：108-111.
63. 朱平，齐永芹．高校辅导员配置和工作模式的比较与审思［J］．思想理论教育，2017（11）：94-98.
64. 罗金艳．高校学生公寓社会工作模式探索［J］．教育理论与实践，2015（18）：18-19.
65. 韩迎春，邹小华．从灌输型到情感型：思想政治教育的实践指向［J］．湖北社会科学，2009（9）：186-189.
66. 王福胜．论思想政治教育过程中单向灌输型角色预置［J］．思想政治教育研究，2005（4）：35-36.
67. 史建锋，杨美荣．基于知识管理的高校学生工作模式探究［J］．思想政治教育研究，2014（3）：109-111.
68. 龚燕，王丽萍，张明志．内涵式发展背景下高校学生工作的新思考［J］．思想理论教育导刊，2016（6）：147-149.
69. 薛平军．院系主导的高校学生工作模式分析［J］．学校党建与思想教育，2015（17）：52-69.
70. 胡德平．基于流程再造的高校学生工作模式创新［J］．思想教育理论，2009（9）：82-87.
71. 潘世墨．高校学生工作："教育、管理、服务"的辩证关系［J］．中国高等教育，2007（10）：11-13.
72. 杨霄．构建学生工作新模式的原则和内涵［J］．中国高等教育，2011（23）：38-40.
73. 余孟辉，欧阳婵．基于以人为本的新型学生工作模式的构建与实践［J］．学校党建与思想教育，2008（9）：79-80.
74. 沈浩．基于专业认证视角的创新型学生工作模式研究［J］．辽宁大学学报，2014（5）：187-192.
75. 谢荣光．"发展型"高校学生工作模式的探讨［J］．黑龙江高教研究，2006（10）：132-134.
76. 王俊，范赟，倪蛟．高校发展型学生工作模式探赜［J］．学校党建与思想教育，2011（19）：63-64.
77. 冀学锋．论高校发展型学生工作模式［J］．高等教育研究，2016（6）：98-101.
78. 陈发瑶，姜群瑛．高校学生工作"管理-服务-发展"模式研究［J］．黑龙江高教研究，2001（6）：102-105.
79. 于文明，许桂清．新世纪的大学：让学生学会什么［J］．中国高等教育，2003（11）：20-22.
80. 金明媚，吴妍．"基于专业"的高校学生工作模式改革探索［J］．思想教育研究，2013（8）：92-95.
81. 辛希贤．欧美国家高校学生管理模式分析及借鉴［J］．理论导刊，2002（9）：48-49.

82. 蔡国春．中美高校学生事务管理模式比较及启示［J］．高等工程教育研究，2000（3）：65-70.
83. 蔡国春．中美两国高校学生事务管理体制和机制之比较［J］．比较教育研究，2001（7）：37-40.
84. 李江．中美学生工作指导思想［J］．辅导员工作研究，2009（5）：90-93.
85. 陈化水．澳大利亚国立大学学生工作的内涵、特点及启示［J］．高教探索，2019（4）：91-95.
86. 罗伯特·罗茨．新的治理［J］．政治研究，1996（3）：154.
87. 王旭辉．我国高等教育的供求问题研究——基于“专业”层面的探讨［D］．厦门大学，2017.
88. 方跃林．社会阶层化与高等教育入学机会的差异研究［D］．厦门大学，1991.
89. 刘冰．中国高等学校学生权利救济研究［D］．东北师范大学，2007.
90. 林蕙青．高等学校学科专业结构调整研究［D］．厦门大学，2006.
91. 樊明城．中国普通高校专业选择的研究——基于学生主体的视角［D］．厦门大学，2009.
92. 王海龙．我国高考招生录取模式创新研究［D］．天津大学，2010.
93. 谭颖芳．选择与引导：大类招生背景下高校专业分流研究［D］．华中师范大学，2015.
94. 韩梦洁．美国高等教育结构变迁机制研究［D］．大连理工大学，2013.
95. 邬大光．大学治理：从经验走向科学［N］．光明日报，2019-12-3.
96. 陈宝生．努力办好人民满意的教育［N］．人民日报，2017-9-8.
97. 中共中央关于制定国民经济和社会发展第十三个五年规划的建议［N］．人民日报，2015-11-04.
98. 教育部．2020年全国教育事业统计主要结果［EB/OL］．（2021-03-01）［2023-07-15］．http://www.moe.gov.cn/jyb_xwfb/gzdt_gzdt/s5987/202103/t20210301_516062.html.
99. 教育部．国家中长期教育改革和发展规划纲要（2010—2020年）［EB/OL］．（2010-07-29）［2023-07-15］．http://www.moe.gov.cn/jyb_xwfb/s6052/moe_838/201008/t20100802_93704.html? eqid=f39591ec00196153000000002644149c1.
100. 教育部．中国教育现代化2035［EB/OL］．（2019-02-23）［2023-07-15］．http://www.gov.cn/jyb_xwfb/gzdt_gzdt/201902/t20190223_370857.html.
101. 教育部．2017年全国教育事业发展统计公报［EB/OL］．（2018-07-19）［2023-07-15］．http://www.moe.gov.cn/jyb_sjzl/sjzl_fztjgb/201807/t20180719_343508.html.
102. 许慎．说文解字［Z］．北京：中华书局，1997.
103. 中文大辞典编纂委员会．中文大辞典［Z］．台湾：中国文化研究所，1968.
104. 商务印书馆编辑部．词源［Z］．北京：商务印书馆，1981.
105. 辞海编辑委员会．辞海［Z］．上海：上海辞书出版社，1989.
106. 中国社会科学院语言研究所．现代汉语词典［Z］．北京：商务印书馆，2005.
107. 中国社会科学院语言研究所词典编辑室．现代汉语词典［Z］．北京：商务印书馆．1983.

108. Alexander W. Astin. The Methodology of Research on College Impact, Part One [J]. Sociology of Education, Summer, 1970, 43 (3): 223-254.

109. Merchant. K. A. The Control Function of Management [J]. Sloan Management Review, Summer, 1982 (29): 43-55.

110. Eric Flamholtz. Organizationgal Control Systems as a Managerial Tool [J]. California Management Review, Winter, 1979 (31): 55.

111. Barr Margaret. The Handbook of Student Affairs Administration [J]. San Francisco: The Jossey-Bass Higher and Adult Education Series. 1993 (03): 118.

112. European Student Union. Student Centered Learning an Insight into Theory and Practice [EB/OL]. [2016-08-12]. http: //www. esu-online. org/pageassets/projects/projectarchive/2010-T4SCL- Stakeholders-Forum-Leuven-An-Insight-Into-Theory-And-Practice. pdf.

113. European Student Union. Overview on Student-Centered Learning in Higher Education in EUROPE [EB/OL] . [2016-05-10]. http: //pascl. eu/wp-content/uploads/Overview-on-Student-Centred-Learning-in-Higher-Education-in-Europe. pdf.

114. European Student Union. Student Centered Learning Toolkit [EB/OL] . [2016-11-08]. https: //www. hochschule-trier. de/fileadmin/groups/99/PDF/SCLToolkit. pdf.

后　记

沉寂，有时让人孤独，有时让人迷茫，有时让人深邃，有时也让人顿悟。2020 年初春的沉寂一直延续到夏初，人们在沉寂中汇聚希望，在自我搏击中赢得生机。我在这动与静、行与止的沉寂间，思量人生。

过往的二十年，我的人生和学生融为一体，我的思索和高校学生工作融为一体。能用二十年始终从事我爱的事业，以此刻的沉寂回眸这二十年，顿悟人生，探索未来，将是我对于学生、学生工作最有力的“支持”。

这份沉寂，从做学生工作之初，便已经慢慢汇聚，有时是一种压力，有时是一种兴奋。在模糊中，总希望找寻到本质，探寻出究竟，如何在已有的学生工作中找到新的意义成了自己读博期间挥之不去的思索。一些时候，常常质疑自己，能力何在，能有所发现吗？阅读、检索、思考、写作将一个行动的实践者转向了一个理性的沉思者。从一名院系辅导员到院系学生工作负责人，再到一所高校学生工作职能部门负责人，在实践中很多疑问常常萦绕在自己的思索中，时常问自己是什么在左右自己往日的实践，是什么在影响着我做工作的决策，是什么主导了我与学生的关系，学生在我这里得到了什么，在学生工作中学生又得到了什么，问题的延展，找寻问题背后的答案，在答案间探索关联，让这些滞留在大脑中的疑问在沉寂中变得活跃，让自己在沉寂中得到新的变化，这种过程时而变得压抑时而又是异常的快乐。

为了找寻答案，2016 年，我南下求学，从首都北京到南方之南，攻读博士。厦门大学，这所在我心中最美的大学，这所南方之强，以她的“自强不息，止于至善”将我内心沉寂已久的激情、活力激发出来，“自强！自强！学海何洋洋！谁欤操钥发其藏”。仰望厦门大学高等教育研究院，学术星斗璀璨。G324 和

G325 次高铁将我与厦门大学、北京串联在了一起，无数次 11 小时静坐式的穿越，让求学的记忆更加深刻。在厦门大学教育研究院，与学界交互，开阔了视野；与师长的交流，增加了学养；与同窗们畅谈，汇聚了情谊；与压力并行，锻造了韧性。从三十多岁跨越到四十岁，人到中年的求学之路更是让自己感慨万千。在思索中，洞察环境，在前行中，感受变化，在时代滚滚向前的潮流中领悟人生，沉寂的是力量，汇聚的是生机。面向变化的学生以及越发复杂的环境，从万千现象之中寻找结构，从模糊之间思索支配的力量，从不确定中求得支持不断适变，沧海洪流，搏击而起。

《新时代高校学生工作模式转型研究》是我对事业发展的理性探寻。它既是自己二十年实践的集结，也是自己从本科到硕士到博士对“学校教育、教育经济与管理、高等教育”专业的不断深入。

回看这沉寂的一幕幕，此时此刻，千言万语化为两个字：感谢。

感谢我的博士生导师邬大光教授，您的远见卓识、您的敏锐洞察、您的勤于投入，让弟子受益匪浅。还记得您到京飞机刚落地，您便让我前往住处，在下榻处促膝夜谈；也还记得我匆忙返校，您不顾一下午的授课疲劳，边吃盒饭边听取我的选题汇报。作为您的学生，我时常“恐惧”您的一个又一个追问，但又常常享受那种追问，那种对真理的探寻。面对学问您是严肃的也是高深的！但面对生活，您又是和蔼可亲、充满活力的，还记得第一次在厦门大学过中秋节，第一次您带着我们“博饼”，幸运的我得了两次“状元”。回看这些，印记在笔尖和脑海的将是您给予我毕生拥有的一种人生态度，面向学问严谨踏实、面向生活积极乐观。

感谢潘懋元先生，此生有幸聆听您的课，有幸得到您的教诲与指导，有幸与您结识，是我的福气与运气。2016 年那次十七级的台风，我感受到台风震撼的同时，更感受到了您对学生的关爱和您对课堂的坚守，大海与您让我感受到了我们厦门大学之大、之强。学习期间，先后还聆听了史秋衡教授、王洪才教授、张亚群教授、刘海峰教授、李泽彧教授和徐岚教授等老师的课程，让我受益匪浅，借此表达深深的谢意。同时，还要特别感谢厦门大学别敦荣教授、刘振天教授、陈武元教授、谢作栩教授、郭建鹏教授、吴凡教授、郑宏副教授和薛成龙等老师的指导与帮助。

在此，我也要特别感谢我的硕士生导师——首都师范大学孟繁华教授，正是在您的引荐下，我深入到教育学领域，更是在您的推荐和引见下，我才有机会得到邬老师的指导，有机会走进厦门大学。您不仅为我铺了一条探寻的路，更指引我不断向理想迈进。在此，还要感谢首都师范大学原党委书记郑萼老师、原党委副书记缪劲翔老师，两位领导的理解、支持与帮助让我的求学之路更加顺畅，以此还要感谢首都师范大学孙建老师、康丽颖老师的支持帮助，还有我首都师范大学学生部（处）工作的同事战友以及首都师范大学学生工作系统的众多老师，正是你们的支持、帮助才使得我有了更多的时间投入学习与思考。此外，还要感谢北京大学阎凤桥老师、鲍威老师，正是受到老师们的启迪支持我才会继续深入。

感谢好友华北电力大学王硕博士、中影集团于学友博士，特别感谢张树军博士，感谢你们助我打开思路，同时还要感谢我的同窗和我的同门师兄师姐师弟师妹们，你们不仅在生活中给予了我帮助，更帮我不断地拓展学术思维空间。

最后，我想特别感谢我的家人，感谢我的爱人何垠、我的儿子周建通，感谢我的父母、我的岳父岳母，正是你们无微不至的关怀付出，才让我能够安心于自己的工作和学习。

至此，我将所有感谢汇聚成自己成长的力量，在未来人生的道路上我将忘我地努力工作，回报培育我的母校首都师范大学和厦门大学，为国家培育更多栋梁！

周举坤

于首都师范大学